国家社会科学基金（教育学）重大项目（VDA200004）阶段性研究成果
北京外国语大学"双一流"建设标志性项目（BW202018）阶段性研究成果

"一带一路"国家文化教育大系　　　　　总主编　王定华

泰国文化教育研究

การวิจัยด้านการศึกษาและวัฒนธรรมไทย

石筠弢 等著

外语教学与研究出版社
FOREIGN LANGUAGE TEACHING AND RESEARCH PRESS
北京 BEIJING

图书在版编目（CIP）数据

泰国文化教育研究 / 石筠弢等著. -- 北京：外语教学与研究出版社，2022.10
（2023.12 重印）
（"一带一路"国家文化教育大系 / 王定华总主编）
ISBN 978-7-5213-4074-7

Ⅰ. ①泰… Ⅱ. ①石… Ⅲ. ①教育研究－泰国 Ⅳ. ①G533.6

中国版本图书馆 CIP 数据核字（2022）第 211317 号

出 版 人　王　芳
项目负责　孙凤兰　巢小倩
责任编辑　巢小倩
责任校对　孙凤兰
装帧设计　李　高
出版发行　外语教学与研究出版社
社　　址　北京市西三环北路 19 号（100089）
网　　址　https://www.fltrp.com
印　　刷　北京盛通印刷股份有限公司
开　　本　787×1092　1/16
印　　张　19.5　彩插 1 印张
版　　次　2023 年 3 月第 1 版 2023 年 12 月第 3 次印刷
书　　号　ISBN 978-7-5213-4074-7
定　　价　150.00 元

如有图书采购需求，图书内容或印刷装订等问题，侵权、盗版书籍等线索，请拨打以下电话或关注官方服务号：
客服电话：400 898 7008
官方服务号：微信搜索并关注公众号"外研社官方服务号"
外研社购书网址：https://fltrp.tmall.com

物料号：340740001

"一带一路"国家文化教育大系编写委员会

顾　问： 顾明远　　马克垚　　胡文仲

总主编： 王定华

委　员（按姓氏音序排列）：

常福良	戴桂菊	郭小凌	金利民	柯　静	李洪峰
刘宝存	刘　捷	刘生全	刘欣路	钱乘旦	秦惠民
苏莹莹	陶家俊	王　芳	谢维和	徐　辉	徐建中
杨慧林	张民选	赵　刚			

"一带一路"国家文化教育大系编审委员会

主　任： 王　芳

副主任： 徐建中　　刘　捷

秘书长： 孙凤兰

委　员（按姓氏音序排列）：

蔡　喆	柴方圆	巢小倩	杜晓沫	华宝宁	焦缨添
刘相东	刘真福	马庆洲	彭立帆	石筠弢	孙　慧
万作芳	王名扬	杨鲁新	姚希瑞	苑大勇	张小玉
赵　雪	祝　军				

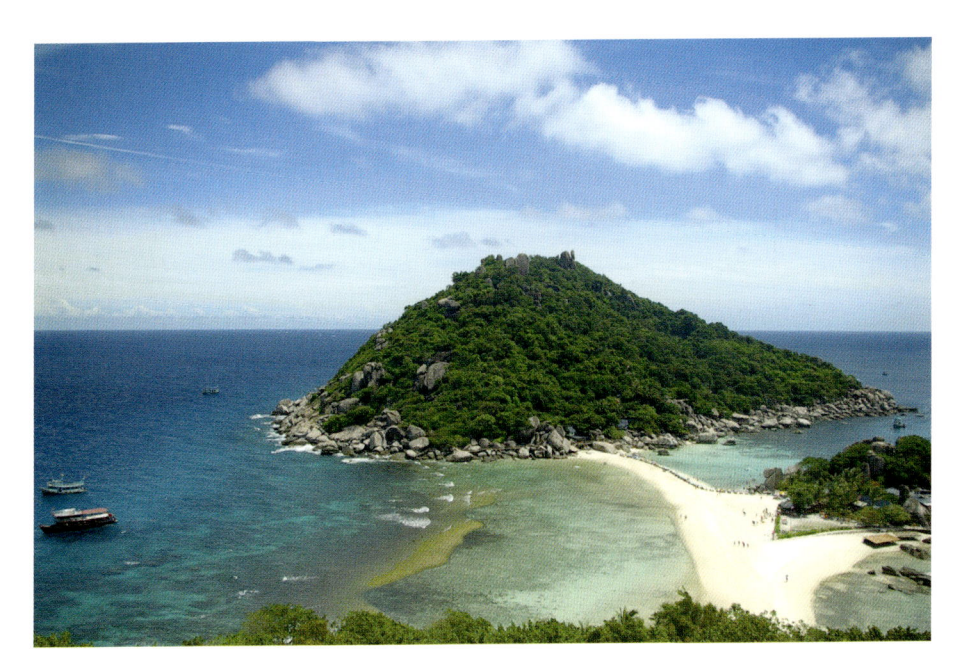

苏梅岛风光

素可泰历史遗址公园

甲米风光

大街上行走的僧侣

泰式婚礼

儿童节舞蹈表演

幼儿园手工课

幼儿园小朋友

小学科学课

小学生汇报学习项目

初中童军课

初中科学课

庆祝泰老第四座友谊大桥开通的泰国师生

孔敬府成人学习中心

泰国教育部工作人员在考察学校

孔敬大学教育学院

孔敬市中泰友谊园一角

泰国学生在上中国文化课

出版说明

2013年9月7日，国家主席习近平提出共建"丝绸之路经济带"重大倡议。2013年10月3日，习近平主席提出共建"21世纪海上丝绸之路"重大倡议。两者合称"一带一路"倡议。以2013年金秋为起点，"一带一路"倡议作为构建人类命运共同体的伟大设想，在开拓和平、繁荣、开放、绿色、创新、文明之路的非凡征程中，孕育生机和活力，汇聚信心和期待，在世界范围内广受欢迎和响应。

文化交流、文明互鉴是构建人类命运共同体的人文基础。文化发展，教育先行。作为"共和国外交官的摇篮"、文化教育的主动践行者、"一带一路"倡议的踊跃响应者和构建人类命运共同体的积极参与者，北京外国语大学在党委书记王定华教授的带领下，放眼世界，找准坐标，勇于担当，主动作为，深耕文化教育相关领域，研究、策划并组织编写了"一带一路"国家文化教育大系（以下简称大系）。国内相关高校和研究机构的众多专家学者献计献策，踊跃参加，形成了一个范围广泛、交流互动、共同进步的"一带一路"国家文化教育学术研究共同体。大系旨在填补国内相关研究领域的学术空白，实现"一带一路"国家教育研究全覆盖，为中国教育"走出去"和相关国家先进教育理念"请进来"提供科学理论和实践指导，具有重要的学术价值。同时，大系服务国家重大战略，通过分期分批出版，形成规模和品牌，向中国共产党建党一百周年和"一带一路"倡议提出十周年献礼，具有深远的意义。

作为国家社会科学基金（教育学）重大项目"新时代提升中国参与全球教育治理的能力及策略研究"、北京外国语大学"双一流"建设标志性项目"'一带一路'国家文化教育研究"的课题研究成果和北京外国语大学党委的"奋进之举"，大系秉承学术性与可读性兼顾的原则，对"一带一路"国家文化教育理论与实践问题展开深入研究，从国情概览、文化传统、教育历史、学前教育、基础教育、高等教育、职业教育、成人教育、教师教育、教育政策、教育行政、教育交流等方面，全景擘画"一带一路"国家的教育风貌，帮助读者了解"一带一路"国家教育的历史与现状、经验与特点，为我国教育的发展和对外交流合作提供有益的借鉴、思考与启迪。

肆虐全球的新冠肺炎疫情严重影响了各国人民的生产生活，带来了二战以来人类面临的最严重的全球性危机，同时也再次阐述了人类命运共同体深刻内涵的世界性意义。在疫情防控常态化背景下，大系所有专家学者不畏困难，齐心协力，直面挑战，守望相助，化危为机，切实履行了响应和支持"一带一路"倡议的承诺。在此，特别感谢大系总策划、总主编王定华教授，以及所有顾问、编委和作者的心血倾注、智慧贡献和努力付出。

外语教学与研究出版社对大系的编写和出版工作给予了高度重视。自2019年项目启动以来，外研社抽调精锐力量成立大系工作组，多次组织相关部门和人员召开选题论证会，商建编委会，召开全体作者大会，制订周密、科学的出版计划，以保证项目的顺利开展和图书的优质出版。目前，大系的出版工作已取得阶段性成果，预计在2023年"一带一路"倡议提出十周年前后，将分期分批推出数量和规模可观的、具有相当科研价值和学术价值的系列专著。期望大系的编写和出版能为"一带一路"建设、中外教育交流及我国文化教育发展发挥基础性、服务性、广远性的作用。

外语教学与研究出版社
2021 年 4 月

总　序

王定华

改革开放以来，中国各项事业取得了巨大成就。中国经济和世界经济高度关联，中国一以贯之地坚持对外开放的基本国策，构建全方位开放新格局，深度融入世界经济体系。2013年9月和10月，习近平主席在出访中亚和东南亚国家期间，先后提出共建"丝绸之路经济带"和"21世纪海上丝绸之路"的重大倡议（以下简称"一带一路"倡议），得到国际社会的高度关注。其中，"丝绸之路经济带"东边牵着亚太经济圈，西边系着发达的欧洲经济圈，是世界上最长、最具发展潜力的经济大走廊；"21世纪海上丝绸之路"串起连通东盟、南亚、西亚、北非、欧洲等各大经济板块的市场链，发展面向南海、太平洋和印度洋的战略合作经济带，以亚欧非经济贸易一体化为发展的长期目标。

一、精准把握"一带一路"倡议的时代意蕴

"经济带"概念是对地区经济合作模式的创新。其中经济走廊涵盖中蒙

俄经济走廊、新亚欧大陆桥、中国–中亚–西亚经济走廊、孟中印缅经济走廊、中国–中南半岛经济走廊等，以经济增长极辐射周边，超越了传统发展经济学理论。"丝绸之路经济带"概念不同于历史上所出现的各类"经济区"与"经济联盟"，同后两者相比，经济带具有灵活性高、适用性广以及可操作性强的特点，各国都是平等的参与者，本着自愿参与、协同推进的原则，发扬古丝绸之路兼容并包的精神。

"一带一路"倡议是我国在新时代推进全方位对外开放的重要举措，为当今世界提供了一个充满东方智慧、实现共同发展的中国方案，也是对历史文化传统的高度尊重，凝聚了世界各国利益的最大公约数。丝绸之路是起始于古代中国，连接亚洲、非洲和欧洲的古代陆上商业贸易路线，最初的作用是运输古代中国出产的丝绸、瓷器等商品，后来成为东方与西方之间在经济、政治、文化等方面进行交流的主要通道。1877年，德国地质、地理学家李希霍芬（F. P. W. Richthofen）在其著作《中国》一书中，把公元前114年至公元127年，中国与中亚、中国与印度间以丝绸贸易为媒介的这条西域交通道路命名为"丝绸之路"，这一名词很快为学术界和大众所接受，并正式运用。其后，德国历史学家赫尔曼（A. Herrmann）在20世纪初出版的《中国与叙利亚之间的古代丝绸之路》一书中，根据新发现的文物考古资料，进一步把丝绸之路延伸到地中海西岸和小亚细亚，并确定了丝绸之路的基本内涵，即它是中国古代与中亚、南亚、西亚以及欧洲、北非的陆上贸易交往通道。进入21世纪，海上丝绸之路也被纳入丝绸之路的涵盖范围，即从中国沿海港口过南海到印度洋并延伸至欧洲，从中国沿海港口过南海到南太平洋。随着时代的发展，"丝绸之路"成为古代中国与西方所有政治经济文化往来通道的统称。

推进"一带一路"建设既是中国扩大和深化对外开放的需要，也是加强和世界各国互利合作的需要，中国愿意承担更多责任和义务，为人类和平发展做出更大的贡献。文明交流互鉴是构建人类命运共同体的重要途径，是推动人类文明共同进步、实现世界和平发展的重要动力。共建"一带一路"要顺应世界多极化、经济全球化、文化多样化、社会信息化的潮流，秉持开放的区域合作精神，致力于推动"一带一路"各国实现经济政策协调，开展更大范围、更高水平、更深层次的区域合作，共同打造开放、包容、均衡、普惠的区域经济合作架构，维护全球自由贸易体系和开放型世界经济格局。

"一带一路"贯穿亚欧非大陆，一头是活跃的东亚经济圈，一头是发达的欧洲经济圈，中间广大腹地国家经济发展潜力巨大。根据"一带一路"走向，陆上依托国际大通道，以中心城市为支撑，以重点经贸产业园区为合作平台，共同打造新亚欧大陆桥以及中蒙俄、中国–中亚–西亚、中国–中南半岛等国际经济合作走廊；海上以重点港口为基点，共同建设通畅安全高效的运输大通道。

"一带一路"建设是有关国家开放合作的宏大经济愿景，需要各国携手努力，朝着互利互惠、共同安全的目标相向而行：努力实现区域基础设施更加完善，安全高效的陆海空通道网络基本形成，互联互通达到新水平；投资贸易便利化水平进一步提升，高标准自由贸易区网络基本形成，经济联系更加紧密，政治互信更加深入；人文交流更加广泛深入，不同文明互鉴共荣，各国人民相知相交、和平友好。

"一带一路"倡议是具有开放性和包容性的友好建议。当今世界是一个开放的世界，开放带来进步，封闭导致落后。中国认为，只有开放才能发现机遇、抓住并用好机遇、主动创造机遇，才能实现国家的奋斗目标。"一带一路"倡议就是要把世界的机遇转变为中国的机遇，把中国的机遇转变为世界的机遇。正是基于这种认知与愿景，"一带一路"倡议以开放为导向，冀望通过加强交通、能源和网络等基础设施的互联互通建设，促进经济要素有序自由流动、资源高效配置和市场深度融合，开展更大范围、更高水平、更深层次的区域合作，打造开放、包容、均衡、普惠的区域经济合作架构，以此来解决经济增长和平衡问题。"一带一路"倡议的开放包容性是区别于其他区域性经济倡议的一个突出特点。

"一带一路"倡议是超越地缘政治的务实合作的广阔平台。"和平合作、开放包容、互学互鉴、互利共赢"的丝路精神是人类共有的历史财富，"一带一路"倡议就是秉承这一精神与原则提出的新时代重要倡议，通过加强相关国家间的全方位多层面交流合作，充分发掘与发挥各国的发展潜力与比较优势，形成互利共赢的区域利益共同体、命运共同体和责任共同体。在这一机制中，各国是平等的参与者、贡献者、受益者。因此，"一带一路"倡议从一开始就具有平等性、和平性特征。平等是中国坚持的重要国际准则，也是"一带一路"建设的关键基础。只有建立在平等基础上的合作才能是持久的合作，也才会是互利的合作。"一带一路"倡议平等包容的合作特征为其推进减轻了阻力，提升了共建效率，有助于国际合作真正"落地生根"。同时，"一带一路"建设离不开和平安宁的国际环境和地区环境，和平是"一带一路"建设的本质属性，也是保障其顺利推进所不可或缺的重要因素。这些就决定了"一带一路"倡议不应该也不可能沦为大国政治较量的工具，更不会重复地缘博弈的老路。

"一带一路"倡议是政府、企业、团体共同发力的项目载体。"一带一路"建设是在双边或多边联动基础上通过具体项目加以推进的，是在进行充分政策沟通、战略对接以及市场运作后形成的发展倡议与规划。2017年5月发布的《"一带一路"国际合作高峰论坛圆桌峰会联合公报》强调了建设"一带一路"的合作原则，其中就包括市场运作原则，即充分认识市场作用和企业主体地位，确保政府发挥适当作用，政府采购程序应开放、透明、非歧视。可见，"一带一路"建设的核心主体与支撑力量并不是政府，而是企业，根本方法是遵循市场规律，并通过市场化运作模式来实现参与各方的利益诉求，政府在其中发挥构建平台、创立机制、政策引导等指向性、服务性功能。

"一带一路"倡议是与现有相关机制对接互补的有益渠道。参与"一带一路"建设的国家要素禀赋各异，比较优势差异明显，互补性很强。有的国家能源资源富集但开发力度不够，有的国家劳动力充裕但就业岗位不足，有的国家市场空间广阔但产业基础薄弱，有的国家基础设施建设需求旺盛但资金紧缺。我国目前经济总量居全球第二，外汇储备居全球第一，优势产业越来越多，基础设施建设经验丰富，装备制造能力强、质量好、性价比高，具备资金、技术、人才、管理等综合优势。这就为我国与其他"一带一路"建设参与方实现产业对接与优势互补提供了现实可能与重大机遇。因而，"一带一路"倡议的核心内容就是要加强基础设施建设和促进互联互通，对接各国政策和发展战略，以便深化务实合作，促进协调联动发展，实现共同繁荣。由此可见，"一带一路"倡议不是对现有地区合作机制的替代，而是与现有机制互为助力、相互补充。实际上，"一带一路"建设已经与俄罗斯主导的欧亚经济联盟、印尼全球海洋支点发展规划、哈萨克斯坦光明之路经济发展战略、蒙古国草原之路倡议、欧盟欧洲投资计划、埃及苏伊士运河走廊开发计划等实现了对接与合作，并形成了一批标志性项目，如中哈（连云港）物流合作基地。作为新亚欧大陆桥经济走廊建设成果之一，中哈（连云港）物流合作基地初步实现了深水大港、远洋干线、中欧班列、物流场站的无缝对接。该项目与哈萨克斯坦光明之路经济发展战略高度契合。

"一带一路"倡议是促进人文交流的沟通桥梁。"一带一路"倡议跨越不同区域、不同文化、不同宗教信仰，但它带来的不是文明冲突，而是各文明间的交流互鉴。"一带一路"倡议在推进基础设施建设、加强产能合作与发展战略对接的同时，也将"民心相通"作为工作重心之一。民心相通是"一带一路"建设的社会根基。民心相通就是要传承和弘扬丝绸之路友好合作精神，广泛进行文化交流、学术交流、人才交流往来、媒体合作、青年和妇女交往、志愿者服务等，为深化双边和多边合作奠定坚实的民意基础。一是扩大相互间留学生规模，开展合作办学；国家间互办文化年、艺术节、电影节、电视周和图书展等活动，深化国家间人才交流合作。二是加强旅游合作，扩大旅游规模，联合打造具有丝绸之路特色的国际精品旅游线路和旅游产品。三是强化与周边国家在传染病疫情信息沟通、防治技术交流、专业人才培养等方面的合作，提高合作处理突发公共卫生事件的能力。四是加强科技合作，共建联合实验室（研究中心）、国际技术转移中心、海上合作中心，促进科技人员交流，合作开展重大科技攻关，共同提升科技创新能力。五是整合现有资源，开拓和推进参与国家在青年就业、创业培训、职业技能开发、社会保障管理服务、公共行政管理等共同关心领域的务实合作。六是充分发挥政党、议会交往的桥梁作用，加强国家之间立法机构、主要党派和政治组织的友好往来，互结友好城市。七是加强各国民间组织的交流合作，重点面向基层民众，广泛开展教育、医疗、减贫开发、生物多样性和生态环保等主题的各类公益慈善活动，改善贫困地区生产生活条件；加强文化传媒领域的国际交流合作，积极利用网络平台，运用新媒体工具，塑造和谐友好的文化生态和舆论环境；通过强化民心相通，弘扬丝绸之路精神，开展智力丝绸之路、健康丝绸之路等建设，在科学、教育、文化、卫生、民间交往等领域广泛合作，使"一带一路"建设的民意基础更为坚实，社会根基更加牢固。"一带一路"建设就是要以文明交流超越文明隔阂，以文明互鉴超越文明冲突，以文明共存超越文明优越，为相关国家人民加强交流、增进理解搭起新的桥梁，为不同文化和文明加强对话、交流互鉴织就新的纽带，推动各国相互理解、相互尊重、相互信任。

"一带一路"是促进共同发展、实现共同繁荣的友谊之路。共建"一带一路"旨在促进各国发展战略的对接和耦合，有利于发掘区域市场的潜力，推动经济要素有序自由流动、资源高效配置和市场深度融合，促进投资和消费，创造需求和就业，增进各国人民的人文交流与文明互鉴，从而让各国人民相逢相知、互信互敬，共享和谐、安宁、富裕的生活。共建"一带一路"符合国际社会的根本利益，彰显了人类社会的共同理想和美好追求，是国际合作及全球治理新模式的积极探索，将为世界和平发展增添新的正能量。中国政府倡议秉持和平合作、开放包容、互学互鉴、互利共赢的理念，全方位推进务实合作，打造政治互信、经济融合、文化包容的利益共同体、命运共同体和责任共同体。

"一带一路"倡议已经得到世界上众多国家和地区的积极响应，成为维护全球自由贸易体系和开放型世界经济的重要支撑。截至2021年1月30日，中国已经同171个国家和国际组织签署205份共建"一带一路"合作文件。[1] 特别是2017年5月第一届"一带一路"国际合作高峰论坛、2019年4月第二届"一带一路"国际合作高峰论坛和2019年5月亚洲文明对话大会的成功举办，充分彰显了我国开放、包容的大国外交风范。在此背景下，我们一方面应致力于向世界介绍中国，推动中国文化"走出去"，讲好中国故事；另一方面也应加强对"一带一路"国家的历史、文化、语言、教育、艺术等方面的介绍和研究，让中国人民更多地了解"一带一路"国家的具体国情，特别是文化传统和教育体系。

"一带一路"倡议合作范围不断扩大，合作领域愈加广阔。它不仅给参与各方带来了实实在在的合作红利，也为世界贡献了应对挑战、创造机遇、强化信心的智慧与力量。

当今世界，新冠肺炎疫情带来诸多挑战，局部战争风险依然存在，经济增长动能不足，"逆全球化"思潮涌动，地区动荡持续，恐怖主义蔓延。和平赤字、发展赤字、治理赤字带来的严峻问题，已摆在全人类面前。这充分说明现有的全球治理体系面临结构性问题，亟须找到新的破解之策与应对方略。作为一个新兴大国，中国有能力、有意愿同时也有责任为完善全球治理体系贡献智慧与力量。面对新挑战、新问题、新情况，中国给出

---

[1] 中国一带一路网. 我国已签署共建"一带一路"合作文件205份 [EB/OL].（2021-01-30）[2021-02-23]. https://www.yidaiyilu.gov.cn/xwzx/gnxw/163241.htm.

的全球治理方案是：构建人类命运共同体，实现共赢共享。"一带一路"倡议正是朝着这个目标努力的具体实践。"一带一路"倡议强调各国的平等参与、包容普惠，主张携手应对世界经济面临的挑战，开创发展新机遇，谋求发展新动力，拓展发展新空间，共同朝着人类命运共同体方向迈进。正是本着这样的原则与理念，"一带一路"倡议针对各国发展的现实问题和治理体系的短板，创立了亚洲基础设施投资银行、丝路基金等新型国际机制，构建了多形式、多渠道的交流合作平台。这既能缓解当今全球治理机制代表性、有效性、及时性难以适应现实需求的困境，在一定程度上扭转公共产品供应不足的局面，提振国际社会参与全球治理的士气与信心，又能满足发展中国家尤其是新兴市场国家变革全球治理机制的现实要求，大大增强了新兴国家和发展中国家的话语权，是推进全球治理体系朝着更加公正合理方向发展的重大突破。

"一带一路"倡议涵盖了发展中国家与发达国家，实现了"南南合作"与"南北合作"的统一，有助于推动全球均衡可持续发展。"一带一路"建设以基础设施建设为着眼点，促进经济要素有序自由流动，推动中国与相关国家的宏观政策的对接与协调。对于参与"一带一路"建设的发展中国家来说，这是一次搭中国经济发展"快车""便车"，实现自身工业化、现代化的历史性机遇，有利于推动"南南合作"的广泛展开，同时也有助于增进"南北对话"，促进"南北合作"的深度发展。不仅如此，"一带一路"倡议的理念和方向同联合国《2030年可持续发展议程》也高度契合，完全能够加强对接，实现相互促进。联合国秘书长古特雷斯表示，"一带一路"倡议与《2030年可持续发展议程》都以可持续发展为目标，都试图提供机会、全球公共产品和双赢合作，都致力于深化国家和区域间的联系。

二、深入推动"一带一路"国家的教育交流

2020年6月印发的《教育部等八部门关于加快和扩大新时代教育对外开放的意见》指出，教育对外开放是教育现代化的鲜明特征和重要推动力，要以习近平新时代中国特色社会主义思想为指导，坚持教育对外开放不动摇，主动加强同世界各国的互鉴、互容、互通，形成更全方位、更宽领域、更多层次、更加主动的教育对外开放局面。

教育为国家富强、民族繁荣、人民幸福之本，在共建"一带一路"中具有基础性和先导性作用。教育交流为各国民心相通架设桥梁，人才培养为各国政策沟通、设施联通、贸易畅通、资金融通提供支撑。各国间教育交流源远流长，教育合作前景广阔，大家携手发展教育，合力共建"一带一路"，是造福各国人民的伟大事业。推进"一带一路"国家教育共同繁荣，既是加强与各国教育互利合作的需要，也是推进中国教育改革发展的需要，中国愿意在力所能及的范围内承担更多责任和义务，为区域教育大发展做出更大的贡献。

（一）教育合作的原则

"一带一路"国家教育合作应遵循四个重要原则。

一是育人为本，人文先行。加强合作育人，提高区域人口素质，为共建"一带一路"提供人才支撑。坚持人文交流先行，建立区域人文交流机制，搭建民心相通桥梁。

二是政府引导，民间主体。政府加强沟通协调，整合多种资源，引导教育融合发展。发挥学校、企业及其他社会力量的主体作用，活跃教育合作局面，丰富教育交流内涵。

三是共商共建，开放合作。坚持共商、共建、共享，推进各国教育发

展规划相互衔接，实现各国教育融通发展、互动发展。

四是和谐包容，互利共赢。加强不同文明之间的对话，寻求教育发展最佳契合点和教育合作最大公约数，促进各国在教育领域互利互惠。

（二）教育合作的重点

"一带一路"各国教育特色鲜明、资源丰富、互补性强、合作空间巨大。中国将以基础性、支撑性、引领性三方面举措为建议框架，开展三方面重点合作，对接各国意愿，互鉴先进教育经验，共享优质教育资源，全面推动各国教育提速发展。

1．开展教育互联互通合作

一是加强教育政策沟通。开展"一带一路"国家教育法律、政策协同研究，构建各国教育政策信息交流通报机制，为各国政府推进教育政策互通提供决策建议，为各国学校和社会力量开展教育合作交流提供政策咨询。积极签署双边、多边和次区域教育合作框架协议，制定各国教育合作交流国际公约，逐步疏通教育合作交流政策性瓶颈，实现学分互认、学位互授联授，协力推进教育共同体建设。

二是助力教育合作渠道畅通。推进"一带一路"国家间签证便利化，扩大教育领域合作交流，形成往来频繁、合作众多、交流活跃、关系密切的携手发展局面。鼓励有合作基础、相同研究课题和发展目标的学校缔结姊妹关系，逐步深化和拓展教育合作交流。举办校长论坛，推进学校间开展多层次、多领域的务实合作。支持高等学校依托优势学科和专业，建立"产学研用"相结合的国际合作联合实验室（研究中心）、国际技术转移中心，共同应对各国在经济发展、资源利用、生态保护等方面面临的重大挑战与机遇。打造"一带一路"国家学术交流平台，吸引各国专家学者、青年学生开展研究和学术交流。推进"一带一路"国家优质教育资源共享。

三是促进语言互通。研究构建语言互通协调机制，共同开发语言互通开放课程，逐步将国家语言课程纳入各国的学校教育课程体系。拓展政府间语言学习交换项目，联合培养、相互培养高层次语言人才。发挥外国语院校人才培养优势，推进基础教育多语种师资队伍建设和外语教育教学工作。扩大语言学习国家公派留学人员规模，倡导各国与中国院校合作在华开办本国语言专业。支持更多社会力量助力孔子学院和孔子课堂建设，加强汉语教师和汉语教学志愿者队伍建设，全力满足不同国家的汉语学习需求。

四是推进民心相通。鼓励学者开展或合作开展中国课题研究，增进各国对中国发展模式、国家政策、教育文化等各方面的理解。建设国别和区域研究基地，与对象国合作开展经济、政治、教育、文化等领域研究。逐步将理解教育课程、丝路文化遗产保护纳入各国中小学教育课程体系，加强青少年对不同国家文化的理解。加强"丝绸之路"青少年交流，注重通过志愿服务、文化体验、体育竞赛、创新创业活动和新媒体社交等途径，增进不同国家青少年对其他国家文化的理解。

五是推动学历学位认证标准联通。推动落实联合国教科文组织《亚太地区承认高等教育资历公约》，支持联合国教科文组织建立世界范围学历互认机制，实现区域内双边、多边学历学位关联互认。呼吁各国完善教育质量保障体系和认证机制，加快推进本国教育资历框架开发，助力各国学习者在不同种类和不同阶段教育之间进行转换，促进终身学习社会的建设。共商、共建区域性职业教育资历框架，逐步实现就业市场的从业标准一体化。探索建立各国教师专业发展标准，促进教师流动。

2．开展人才培养培训合作

一是实施"丝绸之路"留学推进计划。设立"丝绸之路"中国政府奖学金，为各国专项培养行业领军人才和优秀技能人才。全面提升来华留学人才培养质量，把中国打造成为深受各国学子欢迎的留学目的地。以国家公派留学为引领，推动更多中国学生到"一带一路"其他国家留学。坚持"出国留学和来华留学并重、公费留学和自费留学并重、扩大规模和提高质量并重、依法管理和完善服务并重、人才培养和发挥作用并重"，完善全链条的留学人员管理服务体系，保障平安留学、健康留学、成功留学。

二是实施"丝绸之路"合作办学推进计划。有条件的中国高等学校开展境外办学要集中优势学科，选好合作契合点，做好前期论证工作，构建科学的人才培养模式、运行管理模式、服务当地模式、公共关系模式，使学校顺利落地生根、开花结果。发挥政府引领、行业主导作用，促进高等学校、职业院校与行业企业深度产教融合。鼓励中国优质职业教育配合高铁、电信运营等行业企业"走出去"，探索开展多种形式的境外合作办学，合作设立职业院校、培训中心，合作开发教学资源和项目，开展多层次职业教育和培训，培养当地急需的各类"一带一路"建设者。整合资源，积极推进与各国在青年就业培训等共同关心领域的务实合作。倡议国家之间开展高水平合作办学。

三是实施"丝绸之路"师资培训推进计划。开展"丝绸之路"教师培训，加强先进教育经验交流，提升区域教育质量。加强"丝绸之路"教师交流，推动各国校长交流访问、教师及管理人员交流研修，推进优质教育模式在各国的互学互鉴。大力推进各国优质教学仪器设备、教材课件和整体教学解决方案的输出，跟进教师培训工作，促进各国教育资源和教学水平均衡发展。

四是实施"丝绸之路"人才联合培养推进计划。推进国家间的研修访学活动。鼓励各国高等院校在语言、交通运输、建筑、医学、能源、环境工程、水利工程、生物科学、海洋科学、生态保护、文化遗产保护等国家发展急需的专业领域联合培养学生，推动联盟内或校际教育资源共享。

3. 共建丝路合作机制

一是加强"丝绸之路"人文交流高层磋商。开展国家间的双边、多边人文交流高层磋商，商定"一带一路"教育合作交流总体布局，协调推动各国建立教育双边和多边合作机制、教育质量保障协作机制和跨境教育市场监管协作机制，统筹推进"一带一路"教育共同行动。

二是充分发挥国际合作平台作用。发挥上海合作组织、东亚峰会、亚太经合组织、亚欧会议、亚洲相互协作与信任措施会议、中阿合作论坛、东南亚教育部长组织、中非合作论坛、中巴经济走廊、孟中印缅经济走廊、中蒙俄经济走廊等现有双边、多边合作机制的作用，增加教育合作的新内涵。借助联合国教科文组织等国际组织力量，推动各国围绕实现世界教育发展目标形成协作机制。充分利用中国-东盟教育交流周、中日韩大学交流合作促进委员会、中阿大学校长论坛、中非高校20+20合作计划、中日大学校长论坛、中韩大学校长论坛、中俄综合性大学联盟等已有平台，开展务实的教育合作交流。支持在共同区域、有合作基础、具备相同专业背景的学校组建联盟，不断延展教育务实合作平台。

三是实施"丝绸之路"教育援助计划。发挥教育援助在"一带一路"教育共同行动中的重要作用，逐步加大教育援助力度，重点投资于人、援助于人、惠及于人。发挥教育援助在"南南合作"中的重要作用，加大对相关国家尤其是最不发达国家的支持力度。统筹利用国家、教育系统和民间资源，为相关国家培养培训教师、学者和各类技能人才。积极开展优质教学仪器设备、整体教学方案、配套师资培训一体化援助。加强中国教育培训中心和教育援外基地建设。倡议各国建立政府引导、社会参与的多元化经费筹措机制,通过国家资助、社会融资、民间捐赠等渠道,拓宽教育经费来源,做大教育援助格局,实现教育共同发展。

三、精心组织"一带一路"国家文化教育大系的编著出版

在编写"一带一路"国家文化教育大系过程中,应当全面了解国内外对"一带一路"倡议的响应情况,关注进展,总结做法;应当在新冠肺炎疫情得到控制后到对象国去走一走,看一看,实地感受其教育情况和发展变化;应当广泛收集对象国一手资料,认真阅读,消化分析,吐故纳新;应当多方检索专家学者已经开展的相关研究,虚心参阅已有的研究成果。肆虐全球的新冠肺炎疫情,给人类身体健康和生命安全带来了巨大威胁,对世界格局和世界治理体系产生了重大影响,给全球各行各业带来了巨大挑战。教育置身其间,影响十分明显。因而,对"一带一路"国家文化教育进行研究时,必须观察分析疫情对相关国家文化教育和全球教育治理的深刻影响。

"一带一路"倡议提出后,中外已形成多个"一带一路"多边大学联盟。2015年5月22日,由西安交通大学发起的新丝绸之路大学联盟成立,迄今已吸引38个国家和地区的150余所大学加盟。该联盟是海内外大学结成的非政府、非营利性的开放性、国际化高等教育合作平台,以"共建教育合作平台,推进区域开放发展"为主题,推动"新丝绸之路经济带"国家和地区大学之间在校际交流、人才培养、科研合作、文化沟通、政策研究、医疗服务等方面的交流与合作,增进青少年之间的了解和友谊,培养具有国际视野的高素质、复合型人才,服务"新丝绸之路经济带"及欧亚地区的发展建设。

2015年10月17日,丝绸之路(敦煌)国际文化博览会筹委会文化传承创新高端学术研讨会在敦煌举行。中国的复旦大学、北京师范大学、兰州大

学和俄罗斯乌拉尔国立经济大学、韩国釜庆大学等46所中外高校在甘肃敦煌成立了"一带一路"高校战略联盟，以探索跨国培养与跨境流动的人才培养新机制，培养具有国际视野的高素质人才。46所高校当日达成《敦煌共识》，联合建设"一带一路"高校国际联盟智库。联盟将共同打造"一带一路"高等教育共同体，推动"一带一路"国家和地区大学之间在教育、科技、文化等领域的全面交流与合作，服务"一带一路"国家和地区的经济社会发展。

2016年9月，中国、中亚及丝绸之路经济带沿线7个国家的51所高校共同发起成立了中国-中亚国家大学联盟，旨在打造开放性、国际化互动平台，深化"一带一路"科教合作。

此外，高等教育合作研讨会也日渐增多，既有官方推动形成的研讨会，也有民间自发举办的研讨会。比如，中外大学校长论坛、新加坡-中国-印度高等教育论坛、"一带一路"教育对话论坛，以及北京师范大学举办的"一带一路"国家教育交流与合作高端研讨会，北京外国语大学举办的"一带一路"与行业国际化人才培养高峰论坛，北京理工大学主办的"一带一路"高等教育研究国际会议，浙江大学举办的"一带一路"背景下的工程科技人才培养国际研讨会等。这些多边研讨会的召开，不仅吸引了大量"一带一路"沿线国家的教育研究者与实践者参会，推动了研究与实践合作，而且创新了教育合作模式，促进了国际化高端人才培养，为"一带一路"建设奠定了民意基础。

"一带一路"倡议提出之后，中国学术界迅速开展了关于"一带一路"的研究活动，有关"一带一路"主题的图书主要有以下五类。第一类是倡议解读类图书，一般是梳理"一带一路"倡议的提出、发展及其理论内涵与外延。第二类是经济贸易类图书，专业性较强，主要为理论研究型图书。第三类是国情文史类图书，多为介绍"一带一路"国家国情概览、历史情况、发展概况的工具书，语言平实，部分图书学术性较强。第四类是丝路历史类图书，一般回顾古代丝绸之路的形成与发展、丝绸之路上的人物和大事记等，追古溯源，以便更好地开启"一带一路"新篇章。第五类是法律税收类图书，多为法律指引、税务规范手册等。

可以看出，国内对"一带一路"国家的研究已有一定基础，但是囿于语言翻译的障碍，已经出版的"一带一路"图书，大多是政策解读、数据报告、概况介绍等，对对象国的研究广度和深度还很不够，尤其是针对"一带一路"国家文化教育的系统研究还比较少。

在"一带一路"国家中，遴选具有代表性的对象，对其文化、教育进行系统性的研究，并在此基础上编写"一带一路"国家文化教育大系，分期分批出版，对于帮助中国普通读者和研究人员了解"一带一路"国家的文化教育情况，以及对于拓展我国比较教育研究领域、丰富比较教育研究文献，乃至对于促进中外文明互通、更好地参与推进"一带一路"建设，都具有重要意义。基于对选题背景与意义、相关出版产品调研和北京外国语大学比较优势的分析，"一带一路"国家文化教育大系坚持学术性、可读性兼顾原则，分批次推出，不断积累，以形成规模和品牌。

大系在内容上，一方面呈现"一带一路"国家的文化概貌，展示"一带一路"国家教育发展的文化背景和社会依托。大系采用专题形式，力求用简洁平实的语言生动活泼地介绍"一带一路"国家的自然地理、人文景观、历史发展、风土人情、文化遗产等内容，重点呈现对象国独有的文化现象和独特风貌，集中揭示其民族文化内涵、民族精神、人文意蕴。另一方面，大系重点研究、评价、介绍"一带一路"国家教育的基本情况、发展历史、发展战略、政策法规、现存体系、治理模式与师资队伍等，这方面内容占较大篇幅，是全书的重点和主要内容。

"一带一路"倡议正在成为我国参与全球开放合作、改善全球治理体系、促进全球共同发展繁荣、推动构建人类命运共同体的中国方案。作为国家社会科学基金（教育学）重大项目"新时代提升中国参与全球教育治理的能力及策略研究"的部分研究成果和北京外国语大学"双一流"建设重大标志性成果，"一带一路"国家文化教育大系计划在2021年中国共产党建党100周年和北京外国语大学建校80周年之际，推出首批图书。2023年"一带一路"倡议提出10周年时，推出该项目二期成果。同时积极参与党和国家相关主题纪念活动，以及国家重大图书项目的申报评选工作。

北京外国语大学以外语见长，国际交往活跃，被誉为"共和国外交官的摇篮"，先后培养了400多位大使、2 000多位参赞，以及更多的外交外事外贸工作者。凡是有五星红旗飘扬的地方，都能看到北外人的身影。北外不仅承担着培养各类国际化人才的任务，更担负着向中国介绍世界、向世界介绍中国的历史使命。迄今为止，北外已获批开设101种外国语言，成立了37个区域与国别研究中心，丰富的涉外资源正在助力"一带一路"国家的研究。

大系由外研社具体组织实施。外研社隶属北外，多年来致力于"一带一路"国家的合作交流，服务讲好"中国故事"，在中华思想文化传播、打造中外出版联盟、推动中外学术互译等方面积累了丰富经验，对于协助研究、编著、出版"一带一路"国家文化教育大系具有良好的工作基础。这也是北外及外研社的使命和担当之所在。

大系编著者以北外教师为主。服务国家重大战略，北外人责无旁贷。同时，国内有研究专长和研究意愿的专家学者也踊跃参与，他们或独自撰著一书，或与北外同仁合作。大系还邀请了驻外使领馆的同志和对象国的学者参加撰写或审稿，他们运用一手资料，开展实地调研，力图提升大系的准确性。

四、结语

"一带一路"倡议植根历史，更面向未来；源于中国，更属于世界。"一带一路"作为文明互鉴的桥梁，从亚欧大陆延伸到非洲、美洲、大洋洲，与世界各国发展战略及众多国际和地区组织的发展实现对接联通，在通路、通航的基础上更好地通商,进而开展文化教育交流与沟通,加强商品、资金、技术、文化、教育流通,达成互学互鉴的文明愿景。"一带一路"倡议的目标是中国与"一带一路"国家在互联互通基础上分享优质产能,共商项目投资,共建基础设施,共享合作成果,内容包括政策沟通、设施联通、贸易畅通、资金融通、民心相通"五通"。"一带一路"倡议肩负重大使命,它要探寻经济增长之道,将中国自身的产能优势、技术与资金优势、经验与模式优势转化为市场与合作优势,实行全方位开放,共享中国改革发展红利;它要实现全球化再平衡,鼓励向西开放,带动西部开发以及中亚、蒙古等内陆国家和地区的开发,在国际社会推行全球化的包容性发展理念,主动向西推广中国优质产能和比较优势产业,惠及沿途、沿岸国家,避免西方国家所开创的全球化造成的贫富差距和地区发展不平衡情况,推动建立持久和平、普遍安全、共同繁荣的和谐世界;它要开创地区新型合作,强调共商、共建、共享原则,超越了马歇尔计划和传统的对外援助活动,给21世纪的国际合作带来了新的理念。所以,新时代中国的教育学者应当将"一带一路"国家文化教育研究作为比较教育新的增长点,全面深入开展研究,以自己的聪明才智丰富学术,为国出力,服务国家重大发展战略;在加强与"一带一路"国家的交流合作中,推动"一带一路"建设高质量发展,努力建设高质量的中国教育体系,并积极参与后疫情时代全球教育治理体系改革,加快构建以国内大循环为主体、国际国内双循环相互促进的新发展格局。

2023 年春
于北京外国语大学

(王定华,北京外国语大学党委书记、博士、教授、博士生导师,国家督学。历任河南大学教师、中国驻纽约总领事馆教育领事、教育部基础教育一司司长、教育部教师工作司司长等。)

本书前言

泰国全称泰王国，位于东南亚地区，是东南亚国家联盟成员国，也是"一带一路"沿线国家。

泰国拥有独特的政治制度、历史文化和民族特色，实行独立的外交政策。泰国是多民族国家，以泰族为主体，30多个民族共同发展。泰国还是多宗教信仰国家，全国大约90%的人口信奉佛教，佛教文化色彩浓厚。泰国人的世界观、价值观、文学艺术和生活习俗深受佛教影响，佛教在社会生活中占据主导地位，泰国也因此被称为"黄袍佛国"。

泰国是中国的友好邻邦，是与中国相伴千年的好友。自古以来，中泰两国就有千丝万缕的联系，并在长期的交往中结下了深情厚谊。自1975年中国与泰国正式建立外交关系以来，两国政府交往合作不断加深、加宽、加强，建立了全面战略伙伴关系，两国人民谱写了互帮互助、交流合作、共同发展繁荣的友好史话，成为不同政治制度国家友好相处的光辉典范。

全面而深入地了解和研究泰国文化教育，其必要性和意义不言而喻。文化教育作为泰国人民精神生活的重要组成部分，在国家繁荣发展、人民生活实现富足、国际地位提升等方面，都发挥了重要作用。关注泰国文化，研究泰国教育，必将加深中国对泰国的了解和理解，有助于更好地认识泰国，并增强中泰两国人民和政府间的交流与合作。

近年来，中泰两国对彼此的研究和认识不断加深，尤其是"一带一路"倡议提出以来，中国关于泰国文化教育的研究成果成倍增长。但美中不足的是，汇集全面分析、讨论泰国各级各类教育于一体的图书尚付阙如。

恰逢其时，北京外国语大学党委书记王定华教授成功申报并主持的国家社会科学基金（教育学）重大项目"新时代提升中国参与全球教育治理的能力及策略研究"和北京外国语大学"双一流"建设标志性项目——"'一带一路'国家文化教育研究"，将《泰国文化教育研究》列入其中，以期促成一次对泰国教育的全面探析，这无疑是具有战略眼光的明智之举。本人也为能加入这项研究而深感荣幸，唯愿能对推进泰国教育的全面研究尽上绵薄之力。

有必要说明的是，本人对泰国教育虽有兴趣，但的确了解不多，更谈不上研究，主持编写本书困难不少。值得庆幸的是，几位泰国高等教育界的朋友欣然接受了本人的邀请，和我们一起组成了相互砥砺的协作团队，抱着共同目标，开展了这次富有意义的尝试性合作。我们的学习探索成果，就构成了本书的基本内容。

本书共有十二章。第一、二章概括介绍泰国的自然地理、国家制度、社会生活、文化传统等方面，以便读者大致了解泰国的基本国情，为集中了解泰国的教育提供宏观背景。第三章以时间为线索简单勾勒泰国教育历史。第四章至第九章分别介绍泰国的学前教育、基础教育、高等教育、职业教育、成人教育、教师教育的历史沿革、基本现状、主要特征、取得的成就与经验、面临的问题和挑战，以及未来的发展对策，以便读者对泰国的各级各类教育进行比较全面和整体的了解。第十、十一章聚焦泰国的教育政策和教育行政，介绍泰国中央层面和地方层面的教育政策和行政状况，分析泰国教育政策与行政的关系及特点。第十二章介绍中泰两国的教育交流情况，特别是两国正式建立外交关系以来在教育的各个领域、各个阶段、各个层面开展的交流与合作，并以泰国的汉语教育为例，具体描述了合作交流状况，总结了交流合作经验和成就，展望了未来全面深入开展交流合作的前景。

在撰写过程中，我们遇到了肆虐全球的新冠肺炎疫情的冲击，特别是三位泰国朋友，他们克服重重障碍，艰难地完成了相关稿件的撰写。在此，我首先向编写团队的其他几位合作者表示诚挚的谢意。没有他们的共同努力，本书不可能完稿。应该说，本书的撰写工作对我们而言并不轻松，但通过学习研究我们颇有收获。我们的愿望是通过共同的探索，为读者了解泰国教育增加一些参考。

我们分工合作，互相帮助，互通信息，交流分享，尽最大努力对书稿进行充实与完善。各章节的具体分工是：石筱殳（人民教育出版社）负责本书前言，第一、五章及结语；徐晖（中国教育科学研究院）负责第二、六、十二章；石筱殳、宋洁勤（泰国拉卡邦先皇理工大学）负责第三章；王婉婉（海口经济学院）、卢双双（浙江大学）负责第四章；宋洁勤负责第七章；郭贤（泰国孔敬大学）负责第八、九章；洪德坤（泰国普吉皇家大学）负责第十、十一章。本书文前彩插图片提供者分别为：李前东（第1—5、8、13张）、宋洁勤（第6、7、9—12、15张）、郭贤（第14、16、17张）、洪德坤（第18张）。全部书稿由石筱殳最后修改、审定。

特别需要指出的是，泰国教育问题对于本人来说是一个相对陌生的领域。本人抱着边学习边研究的态度，试图努力认识并探析泰国教育，但也自知努力的结果未必尽如人意，只能留憾于此，唯有未来可期。在编撰书稿的过程中，本人和其他几位合作者参阅了报刊、网站的大量相关研究文献和专著，在此谨向这些宝贵文献的著作者以及相关媒体等致以深切的敬意和诚挚的谢意。

北京外国语大学党委书记、中国教育学会国际教育分会理事长、"一带一路"国家文化教育大系总主编王定华教授，外语教学与研究出版社党委副书记、常务副社长刘捷编审，对本书的编撰始终予以高度关注、热切指导、鞭策鼓励和大力支持，成为书稿得以完成并最终付梓的精神动力和重要保障，本人至感于心，在此特别地表达由衷的谢意。外语教学与研究出版社孙凤兰编审、巢小倩副编审、焦缨添编辑为本书的编辑、加工和出版付出了热情、认真、耐心、精诚和辛劳，在此一并致谢，并对她们的乐业、敬业精神表示敬意。

最后，希望本书的出版能对泰国教育研究产生点滴作用。由于我们学习研究尚浅，书中错讹恐难以避免，诚请读者善加匡正，不吝赐教。

石筠弢

2023 年 2 月于人民教育出版社

目　录

第一章　国情概览 ·· 1
第一节　自然地理 ·· 1
　　一、地形地貌 ·· 1
　　二、山河湖泊 ·· 2
　　三、气候条件 ·· 3
　　四、自然资源 ·· 4
　　五、世界遗产 ·· 5
第二节　国家制度 ·· 7
　　一、国家象征 ·· 7
　　二、行政区划和主要城市 ·· 7
　　三、立法和司法 ··· 9
　　四、政党和政府 ··· 10
　　五、军队和国防 ··· 10
　　六、外交关系 ·· 11
第三节　社会生活 ·· 12
　　一、人口和民族 ··· 12
　　二、经济概况 ·· 13
　　三、交通和通信 ··· 17
　　四、旅游和休闲 ··· 19
　　五、医疗卫生 ·· 20
　　六、体育运动 ·· 21
　　七、新闻出版传媒 ·· 23

第二章 文化传统 ... 25
第一节 风土人情 ... 25
一、生活习俗 ... 25
二、节日文化 ... 27
第二节 文学艺术 ... 30
一、语言文字 ... 30
二、文学 ... 30
三、其他艺术 ... 35
第三节 独特的文化和文化名人 ... 39
一、独特的文化 ... 39
二、文化名人 ... 41

第三章 教育历史 ... 46
第一节 历史沿革 ... 46
一、19 世纪之前的古代教育 ... 47
二、19 世纪的教育发展 ... 48
三、20 世纪教育的巨大发展 ... 50
四、进入 21 世纪以来的教育 ... 54
第二节 教育人物 ... 57
一、朱拉隆功 ... 58
二、溥力·西班披塔 ... 59
三、素查威·素瓦萨万 ... 61

第四章 学前教育 ... 62
第一节 学前教育的发展和现状 ... 62
一、学前教育的发展历程 ... 62
二、学前教育的发展现状 ... 71

第二节 学前教育的特点 ... 77
一、遵循"从做中学"原则 ... 77
二、政府主导，有法可依 ... 78
三、强调社区化育儿服务与家庭配合的重要性 ... 79
四、幼儿教师的职业素质不断提高 ... 80
五、注重培养儿童的"泰国身份"认知 ... 80

第三节 学前教育的挑战和对策 ... 81
一、学前教育的挑战 ... 81
二、学前教育的对策 ... 82

第五章 基础教育 ... 84
第一节 基础教育的发展和现状 ... 84
一、基础教育的发展历程 ... 84
二、基础教育的发展现状 ... 90

第二节 基础教育的特点和经验 ... 106
一、基础教育的特点 ... 106
二、基础教育的经验 ... 111

第三节 基础教育的挑战和对策 ... 114
一、基础教育的挑战 ... 114
二、基础教育的对策 ... 116

第六章 高等教育 ... 118
第一节 高等教育的发展和现状 ... 118
一、高等教育的发展历程 ... 119
二、高等教育的发展现状 ... 126

第二节 高等教育的特点和经验 ... 137
一、高等教育的特点 ... 137

二、高等教育的经验……………………………………143
　第三节　高等教育的挑战和对策……………………………148
　　一、高等教育的挑战……………………………………148
　　二、高等教育的对策……………………………………150

第七章　职业教育……………………………………………153
　第一节　职业教育的发展和现状……………………………153
　　一、职业教育的发展历程………………………………153
　　二、职业教育的发展现状………………………………156
　第二节　职业教育的特点和经验……………………………164
　　一、职业教育的特点……………………………………164
　　二、职业教育的经验……………………………………166
　第三节　职业教育的挑战和对策……………………………168
　　一、职业教育的挑战……………………………………168
　　二、职业教育的对策……………………………………170

第八章　成人教育……………………………………………172
　第一节　成人教育的发展和现状……………………………172
　　一、成人教育的发展历程………………………………172
　　二、成人教育的发展现状………………………………178
　第二节　成人教育的特点和经验……………………………190
　　一、成人教育的特点……………………………………190
　　二、成人教育的经验……………………………………192
　第三节　成人教育的挑战和对策……………………………193
　　一、成人教育的挑战……………………………………193
　　二、成人教育的对策……………………………………194

第九章 教师教育 ······ 196
第一节 教师教育的发展和现状 ······ 196
一、教师教育的历史发展 ······ 196
二、教师教育的发展现状 ······ 200
第二节 教师教育的特点和经验 ······ 207
一、教师教育的特点 ······ 207
二、教师教育的经验 ······ 209
第三节 教师教育的挑战和对策 ······ 210
一、教师教育的挑战 ······ 210
二、教师教育的对策 ······ 212

第十章 教育政策 ······ 214
第一节 教育政策规划 ······ 215
一、背景及目标 ······ 215
二、国家资格框架 ······ 216
三、国家教育政策 ······ 217
四、教育部政策 ······ 218
第二节 教育政策实施 ······ 223
一、教育愿景 ······ 223
二、教育理念 ······ 223
三、原则与目标 ······ 224
四、教育规划实施 ······ 226

第十一章 教育行政 ······ 229
第一节 中央教育行政 ······ 230
一、教育部 ······ 231

二、高等教育与科学技术创新部 ················ 234
　　三、其他政府部门的教育管理机构 ················ 235
第二节　地方教育行政 ················ 236
　　一、地区教育委员会 ················ 238
　　二、地方教育管理和监督机构 ················ 238
第三节　教育行政的主张与实践 ················ 239
　　一、早期佛教组织的教育主张与实践 ················ 239
　　二、现代化的教育主张与实践 ················ 240

第十二章　中泰教育交流 ················ 241
第一节　交流历史 ················ 242
　　一、建立外交关系前的教育交流 ················ 242
　　二、建立外交关系后的教育交流 ················ 245
第二节　交流现状、模式与原则 ················ 252
　　一、现状与模式 ················ 253
　　二、交流原则 ················ 260
第三节　泰国的汉语教育 ················ 264
　　一、泰国汉语教育的状况 ················ 264
　　二、泰国汉语教育成功的主要原因 ················ 265
　　三、泰国汉语教育的挑战 ················ 268
　　四、泰国汉语教育的展望 ················ 270

结　语 ················ 274
参考文献 ················ 277

第一章 国情概览

第一节 自然地理

泰国位于东南亚的中南半岛。从总体上看，泰国版图北宽南窄，最宽处东西约 780 千米，最窄处约 10.5 千米，南北长约 1 640 千米。泰国国土面积大约 51.3 万平方千米，在东盟十国中位居第三，仅次于印度尼西亚和缅甸。泰国西部和西北部与缅甸相邻，北部和东北部与老挝接壤，东部毗邻柬埔寨和泰国湾，南邻马来西亚，西南是安达曼海。泰国的陆地边境线为 5 326 千米，海岸边境线长 2 615 千米，陆海边境线总计 7 941 千米。

一、地形地貌

泰国的地理面貌复杂多样，山岭、河流、平原、高原、峡谷、洼地交错，大部分地区为地势低缓的山地和高原。总体上来看，泰国地势从西北向东南倾斜。

全国地势最高的北部以高山峡谷居多，平均海拔 1 600 米，西部多山岭峡谷。北部山脉众多，主要有登老山、仲通山、匹班南山、坤丹山和琅勃拉邦山等，也是一些河流的发源地，如宾河、旺河、永河、难河等，还有各种各样的动植物，蕴藏着丰富的自然资源。

东北部地区的呵叻高原上崇山峻岭起伏不断，土质为沙土，土层薄，水土保持比较差，经常发生洪水和旱灾。呵叻高原地势由西向东南倾斜，形成了两个盆地：呵叻盆地土质肥沃，盛产水稻；沙功那盆地有湄公河支流颂堪河和蓬河流经。

中部为平原，位于湄南河两岸，是泰国最大的冲积平原，面积约3.84万平方千米。这里河流密布，纵横交错，土地肥沃，是著名的鱼米之乡。

南部的半岛多山。半岛的东海岸和西海岸差别很大：东海岸比较平直开阔，海湾较少；西海岸为下沉海岸，海岸线曲折，大陆架狭窄。半岛上原始森林茂密，人迹罕至，矿藏资源非常丰富。

东南沿海地区雨量充沛，河流众多，虽然面积不大，但适合种植橡胶、水果、甘蔗、木薯等。这里海岸线曲折，分布着大大小小的海岛。

二、山河湖泊

泰国各地都有山分布，但总体上说海拔都不高。最高的是位于清迈的海拔2 595米的因他暖山，帕洪朴山和琅勃拉邦山分别以海拔2 279米和2 159米位居第二和第三。

东部地区的山脉主要有占他武里山和邦塔山。占他武里山东西走向，绵延280多千米，其最高峰为梭道带峰，海拔1 670米；邦塔山呈西北-东南走向，就像一道天然的边界线，将泰国和柬埔寨划分开来，其最高峰为达班雅峰，海拔900多米，绵延140多千米。西部地区的山脉主要有他农通差山和达劳习山，两者都是泰国与缅甸的天然分界线。他农通差山为西北-东南走向，绵延880千米，最高峰为雅山峰，海拔2 150多米；达劳习山绵延830多千米，自北向南，依次跨过多个府。普吉山、那空是贪玛咖山和桑伽拉克哩山为南部地区主要山脉。北部偏东地区的山有帕农丹那山、桑甘攀山和普攀山。中部地区主要有碧差汶山和东帕牙岩山，前者绵延580多千米，后者绵延约130千米。这些山脉纵横贯穿泰国的东、西、南、北、中部，就像彩色的笔，在泰国大地上勾勒出美丽的画卷。

如果说山脉是泰国的筋骨，那么河流就是泰国的血脉。发源于中国的湄公河全长4 900多千米，是东南亚最长的一条河流。湄公河在中国境内的一段叫澜沧江，出中国后流经老挝、缅甸、泰国、柬埔寨、越南，最后注入太平洋。这条河流把中泰两个国家连接在一起，也构筑了两国人民的友好情谊。

湄南河是泰国另一条重要的河流，全长1 352千米，流域面积达17万平方米，约为泰国国土面积的1/3。湄南河发源于泰国北部山区，向南注入泰国湾，千百年来奔腾不息，与其支流一起形成了富饶的湄南河三角洲平原，也就是著名的泰国中部平原。湄南河河谷宽阔，每年9—10月河水大涨，汹涌澎湃，十分壮观，但河水肆虐也会造成洪灾。

泰国有近60条河流长度超过100千米，比较重要的河流还有蒙河、难河、宾河、永河、帕因河、锡河、旺河、达比河、汶河、北大年河等。这些河流就像一根根血管，滋养着泰国的万物，孕育了万千生灵。

泰国也是个多湖泊的国家。南部的宋卡湖是泰国最大的湖泊，其北部与海湾相连，中部的母拉碧湖面积212平方千米，东北部的农汉湖面积170平方千米。此外，泰国还有一些较小的淡水湖，如公博哇丕湖、农雅湖等。

三、气候条件

泰国是世界上受季风影响最明显的地区之一。每年的4、5月份到11月份，海洋季风影响泰国，带来大量降水；自11月到来年春天，亚洲大陆季风也会影响泰国。泰国位于典型的热带地区,光照充足,常年高温,全国平均最低气温为20℃。3—5月为旱季,炎热干燥,4月是泰国最热的月份;6—10为雨季,多受西南季风影响,雨水丰沛。泰国各地由于地形不同,气温存在一定的差异:南部半岛属于海洋性气候,常年温暖湿润,温差小;北部气温低于其他地区,在一些山区,最低气温可达0℃,有时也会看到纷纷扬扬的雪花。

泰国的降水与其他东南亚国家相比较少,国内各地存在旱涝不均的情况:东南沿海地区年均降水量4 700多毫米,南部半岛的年均降水量超过4 300毫米,而有的地区年均降水量不足1 000毫米,如素可泰府、甘烹碧府、达府等地。干旱或洪灾也不时侵扰泰国。

四、自然资源

泰国地处热带,总体上来说,雨水丰沛,河湖众多,拥有十分丰富的动植物资源,又因地形地貌比较复杂,矿产资源也比较丰富。

泰国地处典型的热带雨林。这样的生态环境为动植物的生长和繁殖提供了非常适宜的条件,许多古老的珍稀动植物汇聚于此。大象是泰国的标志性动物,不仅是重要的交通工具,也是非常重要的旅游资源,为泰国发展旅游产业做出了积极贡献。

泰国的森林主要分为常绿林和落叶林两种。常绿林主要分布在东部和南部雨水丰沛的平原地区,落叶林主要分布在北部和东北部。泰国政府非常重视对森林资源的保护,严格控制森林的商业采伐。据泰国自然资源与环境部林业厅2010年的统计,泰国的森林面积超过17万平方千米,森林覆盖率达33%。全国有5个府的森林覆盖率超过70%,北部地区覆盖率高达56%,东北部地区的覆盖率比较低,仅为16%。20世纪初,泰国森林覆盖率一度达到

75%，但随着人口的增长和对森林的砍伐，70 年代时下降到 27%。[1] 近年来，泰国政府采取了积极措施保护森林，森林覆盖率有了明显增长。

泰国的矿产资源十分丰富，大致分为金属矿、非金属矿和燃料矿三类。

金属矿有锡、钨、锑、铁、锌、锰、铜、钼、镍、铬、铀、钍等。锡是泰国最重要的矿产，储量 150 万吨，居世界之首；钨是泰国仅次于锡的重要矿产品；铁矿几乎各府都有，已探明的储量为 4 670 多万吨，有赤铁矿、磁铁矿和褐铁矿。[2]

非金属矿有萤石、重晶石、石膏、岩盐、碳酸钾、磷酸盐、高岭土、石墨、石棉、石灰岩、大理石等。泰国是萤石的重要产地。

燃料矿有天然气、石油、煤炭和油页岩。20 世纪 80 年代以来，泰国在泰国湾和内陆先后发现了天然气和石油。泰国的煤炭主要是褐煤和烟煤。

五、世界遗产

泰国是拥有深厚历史文化底蕴的国家，有五大景点被联合国教科文组织列入世界遗产，其中三处为世界文化遗产，两处为世界自然遗产。

素可泰古城及相关历史城镇，1991 年入选世界文化遗产名录，位于泰北中部，占地面积约为 6 600 平方千米。这里曾经是 13 世纪和 14 世纪暹罗第一王国的首府，矗立着许多引人注目的纪念性建筑，反映了泰国早期建筑的艺术风格。素可泰王国时期逐步形成的灿烂文明迅速吸收了各种文化成分，并结合当地的古老传统，由此构成现在所谓的"素可泰风格"。作为泰民族最初建国时的首都，素可泰是泰国历史、文化、艺术的主要发源地。

---

[1] 陈晖，熊韬. 泰国概论 [M]. 北京：世界图书出版广东有限公司，2012：13.

[2] 中国经济网. 泰国矿产资源 [EB/OL].（2005-07-05）[2022-07-11]. https://www.ce.cn/ztpd/tszt/hgjj/2005/dmgh/js/zrst/kczy/200507/05/t20050705_4122339.shtml.

阿育他亚历史城及相关城镇，1991年入选世界文化遗产名录。阿育他亚历史城大约建于1350年，18世纪被缅甸人摧毁。它的遗迹圣骨塔和大清真寺至今还依稀显露出昔日的辉煌。圣骨塔建于17世纪中期，建造过程贯穿了整个大城时代，直至进入曼谷时代后，它的建造还在继续。

班清遗址，1992年入选世界文化遗产名录，位于乌隆地区，是呵叻高原诸多遗址中广为人知的一处，也是研究最为彻底的一个遗址。20世纪60—70年代，不断有青铜器在遗址的墓穴中被发掘出土。随着研究不断深入，班清遗址被视为东南亚地区最重要的史前聚居地之一，是人类文化、社会、科技进步的中心。

童-艾-纳雷松野生动物保护区，1991年入选世界自然遗产名录，位于泰国西部的泰缅边境，面积6 000多平方千米，是泰国最大的自然保护区。保护区内有本地区77%的大型哺乳动物（特别是大象和老虎），50%的大型鸟类和33%的陆地脊椎动物，海拔在1 100米以上的山峰很常见，中部有辽阔的草原。

东巴耶延山-考爱山森林保护区，2005年入选世界自然遗产名录，横跨在泰国东部边缘的巴耶延国家公园和西部的考爱山国家公园之间，绵延230千米，总面积6 000多平方千米。北部有孟河的几条支流汇聚，南边有许多瀑布、河谷和由四个溪流汇聚而成的巴真武里河。这里栖息着800多个动物种群，丰富的热带森林生态系统为这些动物的生存提供了适宜的栖息所。

第二节 国家制度

一、国家象征

泰国实行的是君主立宪制，国王是国家元首。国旗、国徽和国歌是泰国的国家象征。

泰国的国旗是三色旗，长方形，长与宽之比为3∶2，于1917年启用。由红-白-蓝-白-红五条横带组成，蓝带比红白带宽一倍。上下方为红色，蓝色居中，代表王室，蓝色上下方为白色。红色代表民族，象征各族人民的力量与献身精神。泰国以佛教为国教，白色代表宗教，象征宗教的纯洁。

泰国的国徽图案是大鹏鸟，鸟背上蹲坐着那莱王。泰国国徽于1910年启用。

泰国的国歌为《泰王国歌》。每天 8 点和 18 点，泰国所有公园、学校、电台都要演奏国歌。听到国歌，每个人都必须立即肃立，以示敬意。国歌歌词如下：

全泰之民，血肉相连，泰之寸土，全民必卫，历来无异，同德同心，弗怠弗懈，平和安宁，国人所爱，倘有战事，我等无惧。独立主权，誓死捍卫，为国作战，淌尽鲜血，在所不惜，以骄傲和胜利，献给我们的祖国，万岁！

二、行政区划和主要城市

泰国全国主要分为中部、南部、东部、北部和东北部 5 个地区，有曼谷（泰国唯一的直辖市）和孔敬、清迈、素可泰、宋卡等 77 个府（省级行政区）。府下设县、区、村。

府是泰国最大的地方行政区划，由中央政府直接管辖。公署是府的行政机构，行政长官叫府尹，由中央政府的内政部任命。府下设县，县长也由内政部直接任命，在府尹的领导下管理本县的事务；县下设区，区长由村长会议选举产生，行政上归县长管辖；区下设行政村，村长由村民直接选举产生，任期不固定。

曼谷是泰国首都，是全国政治、经济、文化、科技、教育、宗教中心，也是现代与传统相交融的大都市。曼谷地处湄南河东岸，南临泰国湾，是中南半岛最大的城市，也是东南亚第二大城市。曼谷属热带季风气候，常年炎热，年平均气温27.5℃，11月至次年1月是凉季，月平均气温17—24℃，年均降水量1 500毫米。曼谷交通便利，轨道交通、水路交通、航空交通都很发达，有著名的廊曼国际机场和素万那普国际机场，还有泰国最大的港口曼谷港。曼谷工商业发达，是世界著名米市，拥有碾米、纺织、制造、建筑材料等工厂，也是泰国贵金属和宝石交易中心。泰国90%的外贸货物通过曼谷港，老挝、柬埔寨的部分进出口货物也经过此处。曼谷教育发达，著名大学有暹罗大学、玛希隆大学、朱拉隆功大学等。其中，朱拉隆功大学是泰国最古老的大学，被尊为"全国最有威望的大学"，也是泰国最好的大学之一。作为著名的旅游城市，曼谷旅游业十分发达，著名的景点有大皇宫、四面佛、考山路、暹罗广场、曼谷唐人街等，各种名胜古迹每年都吸引着大批游客前往观光，令人流连忘返。曼谷是一个国际化大都市，超过半数的人口具有华人血统。此外，每年都有大量外国移民涌入曼谷。这里设有联合国教科文组织亚太总部和世界银行、世界卫生组织、国际劳工组织等20多个国际机构的区域办事处，每年举办众多国际活动。另外，曼谷也被誉为"佛教之都"，是世界佛教徒联谊会总部所在地。

清迈是泰国的第二大城市，清迈府的首府，泰国北部政治、经济、文化中心。清迈市气候宜人，冬暖夏凉，是著名的旅游胜地。清迈古城、素贴山、艺术中心、柴迪隆寺、松达寺、帕邢寺都是清迈的重要景点。

孔敬是孔敬府的首府，是泰国东北部政治、商业、金融、交通、教育、医疗和稻米贸易中心。这里自然风光秀丽，民族风情浓郁，旅游资源丰富。孔敬大学是泰国东北部最大的高等学校。孔敬机场为国际机场，友谊高速公路连接曼谷和老挝。

宋卡是宋卡府的首府，是建于素可泰王朝前的千年古城，原名沙庭城，海上贸易繁忙，是泰国通往新加坡和马来西亚的南大门。宋卡属热带季风气候，东海岸主要受东北季风影响，每年10月到来年4月雨量充沛，年平均气温27.5℃。宋卡海滩是著名的风景区，这里的海滨浴场环境宜人，旅游者众多。宋卡市内有南方工艺学院、宋卡六世王中学、宋卡周末步行街、宋卡海岸养殖研究中心等。

三、立法和司法

泰国现行宪法于2017年4月经哇集拉隆功国王御准生效，系泰国第20部宪法。泰国宪法对泰国国王、国会、内阁和法院的职责做了明确的划分和规定。

泰国国会是泰国的最高立法机构，由下议院和上议院组成。国会一般四年举行一次选举。2019年5月新一届国会成立，上议院250人，下议院498人。

泰国司法制度属大陆法系，以成文法作为法院判决的主要依据。司法系统由宪法法院、行政法院、军事法院和司法法院构成。宪法法院的主要职能是对议员或总理质疑违宪、对已经国会审议的法案及政治家涉嫌隐瞒资产等案件进行终审裁定。行政法院主要审理涉及国家机关、国有企业及地方政府间或公务员与私企间的诉讼纠纷。行政法院分为最高行政法院和初级行政法院两级,并设有由最高行政法院院长和9名专家组成的行政司法委员会。军事法院主要审理军事犯罪和法律规定的其他案件。司法法院主要审理不属于宪法法院、行政法院和军事法院审理的所有案件,分最高法院、上诉法院和初审法院三级,并设有专门的从政人员刑事庭。

四、政党和政府

泰国的党派很多,主要政党有为泰党、民主党、泰自豪党、远进党等。民主党是泰国历史最悠久的政党。

内阁是泰国的中央政府,行使行政权力,向国会负责。内阁由总理、副总理和各部部长、副部长组成,一般任期4年。总理在众议院通过后由国会主席呈国王任命。泰国政府主要的部门有总理府、国防部、财政部、外交部、农业合作部、交通部、内政部、司法部、科学技术部、教育部、工业部和公共卫生部等。

五、军队和国防

泰国于19世纪中叶仿效西方建立陆、海军,1915年建立空军。宪法规定国王为武装部队最高统帅。国家安全委员会为最高国防决策机构,隶属内阁,总理兼任主席,成员包括武装部队最高统帅、国防部部长、财政部部长、外交部部长、内政部部长和交通部部长等,秘书长负责处理日常事务。国防部为最高军事行政机关,负责制定和实施国防政策和计划。最高司令部为军队最高指挥机构,下设陆海空三个军种司令部,负责指挥和协调三军行动。

泰国皇家军队效忠于泰国国王和人民，有协助政府保障社会公共安全、参与社会发展、抢险救灾以及禁毒的责任，也通过联合国维和部队参与一些国际维和工作。

泰国实行义务兵役制。宪法规定，每个公民都有保卫国家的义务，18—29周岁的泰国籍男性公民必须服兵役，服役期2年。泰国还实行预备役制度。军队实行军衔制，海、陆、空军官的军衔制度基本一致，分4等10级，即元帅、将官（上将、中将、少将）、校官（上校、中校、少校）和尉官（上尉、中尉、下尉）。

国防组织体系由国家安全委员会、国防部和武装部队司令部构成。国防部下设的国防委员会为国防最高咨询机构。武装力量由正规军和准军事部队组成。正规军包括陆、海、空三军，准军事部队包括"猎勇"部队、国家安全志愿团、海上警察、航空警察、边境巡逻警察等。国王名义上是三军统帅，但实际上是由国务院通过国防部和最高司令部对全国武装力量实施领导和指挥。

六、外交关系

泰国在历史上长期受中华文化的影响，并与中国、日本等国家保持密切交往。1975年7月1日，中泰两国政府在北京签署了建交的联合公报，开启了中泰关系的新篇章。联合公报表达了两国在和平共处五项原则的基础上发展友好关系的愿望。此后，中泰两国在各领域的交流与合作迅速发展，先后签署了多个协定和协议，为两国携手前进创造了良好环境和政治条件。

泰国奉行独立自主的外交政策；重视周边外交，积极发展睦邻友好关系，维持大国平衡；重视区域合作，2012—2015年担任中国-东盟关系协调国，积极推进东盟一体化和中国-东盟自贸区建设，支持东盟与中日韩合作；重视经济外交，推动贸易自由化；发起并推动亚洲合作对话机制；积极参加亚太经济合作组织、亚欧会议、世界贸易组织、东盟地区论坛、博鳌亚洲论坛、澜沧江-湄公河合作、大湄公河次区域经济合作等多边合作机制，2018年6月主办"伊洛瓦底江-湄南河-湄公河三河流域经济合作战略"第八届峰会；谋求在国际维和、气候变化、粮食安全、能源安全及禁毒合作等地区和国际事务中发挥积极作用。2016年，泰国担任77国集团主席国，2019年担任东盟轮值主席国。

第三节 社会生活

一、人口和民族

泰国2020年总人口为6 619万，出生率为1.07%，死亡率为0.83%。劳动力人口3 945万，每年新增劳动力人口80万。[1]

泰国有30多个民族，泰族为第一大民族，其他民族还有华族、老挝族、马来族、高棉族、苗族等。泰国大约90%的民众信奉佛教，其余信仰包括伊斯兰教、基督教、天主教、印度教和锡克教。

---

[1] 资料来源于泰国投资促进委员会官网。

二、经济概况

2019年，泰国国内生产总值（GDP）约为5 437亿美元，是东南亚第二大经济体，仅次于印度尼西亚，国内人均收入约为7 996.2美元。[1] 泰国基础设施建设完善，航空、陆地、海上运输系统发达，其高效率的数据连通、高素质的劳动力和高质量的生活水平，使泰国在成本效益考量中凸显出独特的优势与价值。泰国国内市场广阔，中产阶级规模不断壮大，私营部门是经济增长的主要动力。

泰国经济的优势在于其金融体系、市场规模、商业发展活力，以及平稳健康运行的宏观经济。泰国经济一直具有强大的适应力，在世界的排名不断提高。2020年新冠肺炎疫情暴发以来，像许多深刻融入全球供应链的国家一样，泰国的经济也受到了由于疫情而导致的全球经济活动中断的影响。但是，泰国已经实施经济措施，包括发放软贷款、延期偿付债务、现金拨款、延长纳税期限以及设立稳定企业债券流动性基金等，以减轻疫情对民生的冲击。

作为一个经济政策自由的开放型经济体，泰国已经签署了13个自贸协定，这使泰国成为东南亚地区国际旅行和贸易中心，以及多种工业产业的枢纽。此外，泰国率先采用国家"单一窗口"通关体系，以增强东盟十国之间的连通性。由于通关手续得到简化，区域贸易壁垒得以减少，区域金融体系效率得以提高。

泰国位于东南亚的心脏地带，完善的交通基础设施建设，与快速发展的柬老缅越次区域形成良好的互联互通，为其跨境贸易和投资带来巨大机遇，推动其成为理想的投资目的地。得益于良好的投资环境、精简的政府立法、不断扩大的国内市场、可共享的资源、创业精神以及开放的社会，

---

[1] 泰国经济状况 [J]. 泰国：泰王国与中华人民共和国建交45周年纪念特刊，2020：28.

许多公司和组织都选择在泰国设立办事处甚至总部。

泰国的国际排名在不断提高,世界银行集团发布的《2020年营商环境报告》显示,泰国在领先的190个国家中名列第21位。《美国新闻与世界报道》将泰国列为2018—2019年最佳创业目的地。凭借强大的医疗卫生系统、全面的公共卫生体系以及有保障的食品安全,泰国以优越的区位条件和安全的环境进一步推动东部经济走廊成为东盟地区的主要投资目的地。在2020年全球最佳投资国家中,泰国排名第二。[1]

为了实现经济的可持续发展,泰国提出英文缩写为"BCG"的新型经济模式:"生物经济"(Bio economy),注重国家在生物多样性方面的优势,并凭借先进的技术和创新来创造更大价值;"循环经济"(Circular economy),尽可能发挥自然资源的最大价值,同时控制废弃物总量,将其降到最低,甚至实现零浪费;"绿色经济"(Green economy),缓解全球环境问题的经济发展模式,学习国际上成功的实践,实现可持续发展目标。BCG经济模式有助于泰国更有效地利用资源,降低污染,并减少对环境的影响。

(一)工业和农牧业

泰国的工业为出口导向型,其主要门类有采矿、纺织、电子、食品加工、玩具、汽车装配、建材、石油化工、软件、轮胎、家具等。工业在国内生产总值中的比重不断上升。

农业是泰国的传统经济产业。全国可耕地面积约占其国土面积的41%。主要作物有稻米、玉米、木薯、橡胶、甘蔗、绿豆、麻、烟草、咖啡豆、棉花、棕油、椰子等。泰国是世界重要的大米生产国和出口国,稻米在泰国农业中占有重要地位。根据泰国海关公布的信息,2022年1—4月,泰国出口大

---

[1] 搜狐网. 泰国在2020年最佳投资国家中排名第2位![EB/OL].(2020-09-15)[2022-07-03]. https://www.sohu.com/a/418562654_120121400.

米超过229万吨，出口增长52.7%，与2021年同期相比增长36.4%。[1]

泰国的渔业得益于其辽阔的海域。泰国湾和安达曼海是得天独厚的天然海洋渔场。此外，还有总面积1 100多平方千米的淡水养殖场。曼谷、宋卡、普吉等地是重要的渔业中心和渔产品集散地。泰国还是世界主要鱼类产品供应国之一，也是继日本和中国之后的亚洲第三大海洋渔业国。

（二）对外经济贸易

泰国的对外经济贸易包括对外贸易、对外投资、外国投资。

在对外贸易方面，泰国经历了几个阶段。20世纪60年代前，泰国主要是通过出口比较初级的农矿产品，比如大米、橡胶、柚木、锡，与其他国家交换工业产品。工业化后，泰国的产业升级，开始进口原材料、半成品和生产设备，出口劳动密集型工业产品。20世纪80年代，资本密集型产品开始出口。近年来，泰国的出口贸易量不断增加，不仅对传统市场的美国、日本和东盟的出口在增加，对新兴市场中国、南亚、中东、非洲的出口也在增加，逐渐形成了多元化、全方位的出口格局。食品、饮料、烟草、原材料、矿物燃料、润滑油、植物油、化学制品、工业制成品等，都是泰国的外贸商品。为拓宽出口渠道，扩大出口市场，增加外汇收入，泰国政府奉行多层次、多元化的对外贸易原则，在国家层面、区域层面和全球层面开展合作：主动与各国签订自由贸易协定；努力推动亚太经合组织、东盟自由贸易区合作，"10+3"合作，"10+1"合作，湄公河次区域合作；积极参加世贸组织，融入全球经济一体化。

泰国主要的进口产品有机电产品及零配件、工业机械、电子产品零配件、汽车零配件、建筑材料、原油、造纸机械、钢铁、集成电路板、化工

---

[1] 腾讯网.2022年首4月泰国出口大米逾229万吨，创收394亿泰铢[EB/OL].（2022-06-08）[2022-07-03]. https://xw.qq.com/cmsid/20220608A07CH400.

产品、电脑设备及零配件、家用电器、珠宝金饰、金属制品、饲料、水果及蔬菜等。

在对外投资方面，泰国主要对美国、东盟、中国投资。2020年1—12月，泰国对华投资1.1亿美元，同比增长2.7%。[1]

在吸引外资方面，泰国1961年开始实行开放的市场经济政策，采取一系列优惠政策鼓励外商赴泰投资。近年来，泰政府加大投入，大力推进"泰国4.0"战略和"东部经济走廊"（EEC）战略，加强基础设施建设，完善立法，创造良好环境吸引外资。据《泰国中华日报》2022年2月4日报道，泰国投资促进委员会通报，2021年招商引资总额超过6 400亿泰铢，日本、中国、新加坡居前三位。泰国"东部经济走廊"依旧是最受外资欢迎的投资地，2021年吸引外资453项，总额2 205亿泰铢，涨幅34%。[2]

2012年，中泰建立了全面战略合作伙伴关系，为中泰贸易的深化发展铺平了道路。在经济方面，中国连续7年成为泰国的第一大贸易伙伴，两国双边贸易发展势头强劲。2021年，中泰双边贸易额1 040亿美元，同比增长30.2%。其中，泰国对华出口372亿美元，同比增长24.8%；泰国自华进口665亿美元，同比增长33.6%。[3]

泰国积极参与中国政府提出的"一带一路"倡议，积极开展对华贸易关系，中泰经济贸易展现出广阔美好的前景。中泰之间良好的经济贸易互动，必将进一步增强双方的共享互利共赢关系，给两国人民带来实实在在的益处，增加两国人民的福祉。

---

[1] 中华人民共和国商务部. 2020年1—12月中国-泰国经济贸易合作简况 [EB/OL].（2021-10-15）[2022-07-09]. http://yzs.mofcom.gov.cn/article/t/202103/20210303042842.shtml.

[2] 驻宋卡总领事馆经贸之窗. 2021年泰国吸引投资6 400亿铢 [EB/OL].（2022-02-07）[2022-07-09]. https://www.investgo.cn/article/gb/tjsj/202202/577164.html.

[3] 搜狐网. 泰国企业渴望推动更深层次与中国的联系 [EB/OL].（2022-04-22）[2022-07-03]. https://m.sohu.com/a/54c.

（三）东部经济走廊

为转型成为创新驱动型经济体，泰国政府提出了"泰国 4.0"战略，旨在通过提升制造业生产技术，向"工业 4.0"时代迈进。"东部经济走廊"项目是"泰国 4.0"战略的核心，以高端产业和知识型产业为发展重点。"东部经济走廊"项目优先发展区域经济，延伸建设 20 世纪 80 年代以来国家主要的工业枢纽——东海岸，计划重点开发东部沿海的罗勇、春武里和北柳三府，项目包括升级现有的实体和数字基础设施，完善社会福利，以及建设智能城市。

东部经济走廊地区是中国"一带一路"倡议的重要节点之一，连接中国南部大湾区与东盟国家。通过整合对接中国的"一带一路"倡议，东部经济走廊不仅是东盟国家的连通枢纽，而且是通往南亚、中东和欧洲市场的东南亚门户。[1] 东部经济走廊也是中国投资者的重要投资目的地之一。泰国投资促进委员会发布的数据显示，2019 年东部经济走廊的引资额达 4 448.8 亿，占投资促进委员会全年引资额的 59%，其中中国对泰直接投资额高达 2 600 亿泰铢，首次超过日本（630 亿泰铢），成为最大投资国。[2] 由此可见，对中国投资者来说，东部经济走廊在区域供应链中扮演着重要的角色。

三、交通和通信

泰国的交通以首都曼谷为中心，由公路、铁路、河运、海运和航空五部分构成。

---

[1] 泰国东部经济走廊：正在崛起的区域先进工业中心及物流枢纽 [J]. 泰国：泰王国与中华人民共和国建交 45 周年纪念特刊，2020：37.
[2] 中国一带一路网."一带一路"倡议背景下中国企业在泰投资分析 [EB/OL].（2020-11-19）[2022-07-03]. https://baijiahao.baidu.com/s?id=1683791986242374648&wfr=spider&for=pc.

公路是泰国最重要的运输线，承担着全国 85% 的货运量、90% 的客运量，公路网覆盖城乡各地。

泰国铁路网以曼谷为中心，分为北线、东北线、东线和南线几个主干线。泰国的铁路设备比较老旧，行驶速度比较慢。近年来，泰国政府已经积极推进铁路建设，计划升级窄轨，新建复线铁路和高铁，并将国内铁路与中国、印度的铁路网相连，构建连通中国、老挝、泰国、缅甸、印度的交通大动脉。

泰国的河运比较发达，曾经是泰国最主要的运输方式，但 20 世纪后逐渐为陆路交通取代。中部平原地区河道密布，构成了泰国主体水网。湄南河是其主航道，湄公河也有部分河道可通小型船只。

泰国临近太平洋、印度洋和安达曼海，有 120 多个港口、码头，其中 8 个是国际深海港口，如曼谷港、林查班港、宋卡港、被大年港、普吉港等，可容纳进行国际贸易的船舶。海运承担着泰国 95% 的国际贸易量。近年来，泰国的集装箱港发展迅速，集装箱运输成为海运的主要方式。

泰国航空业比较发达，国内航线遍布 21 个大中城市，还有 80 多条国际航线连接 50 多个国家。泰国国际航空公司是泰国最大的航空公司，曼谷廊曼国际机场是国内最大的航班起降地，素万那普国际机场是拥有世界最高指挥塔的国际机场。泰国主要航空公司有 8 家、民用机场 37 座（包括国际机场 8 座）。

泰国的通信服务较发达，特别是在曼谷等大都市。固定电话服务能充分满足办公和居民需要。泰国的信息技术工业发展迅速，能提供充足的固定电话、移动电话、互联网和宽带服务。

泰国通信局所属的公共电话有限公司是泰国国有电信公司，拥有泰国国际电信基础设施，包括国际网络、卫星通信和海底电缆及互联网络。泰国通信局负责运营国际电话业务，提供国际电话直拨服务。泰国电话局拥有超过 200 万用户的电话网，提供即时数字通信和长途电话服务。除了向全国提供基本的电话服务外，还提供电子传真、网络在线、广播电话、视频等方面的服务。

固定电话服务依然是泰国电信基础设施的重要组成部分，其主要运营商包括 AIS 集团、DTAC 集团、泰国通信局和泰国电话组织等。全国 11.48% 的家庭用户拥有一部固定电话。2020 年，泰国全国有 248 万部固定电话[1]。

四、旅游和休闲

旅游业是泰国社会经济发展的重要支柱，为泰国创造了大量外汇收入，不仅促进了交通运输业、商业、食品加工业的发展，推动了泰国的基础设施建设，还创造了大量就业机会，同时也促进了文化多元和文化交流。

泰国政府十分重视发展旅游业。早在 20 世纪 60 年代，泰国政府就拨专款发展旅游业。从第五个国民经济与社会发展计划（1982—1986 年）开始，泰国政府就将旅游业正式列入计划，并对旅游业各类发展目标做出了明确规定。2006 年，泰国政府出台了《可持续旅游国家议程》，提出：旅游应该是泰国国民享受的一项基本权利；为了保护好旅游资源，应该对旅游实行统一综合管理；必须把旅游作为教育年轻人和向国民提供学习机会的一种手段；旅游业必须建立一套创造就业机会、增加收入的办法；必须利用现代技术保持泰国旅游业在国际上的竞争力，提高服务质量和管理标准。泰国旅游业也因此获得了巨大发展，吸引了各国游客光顾泰国，实现了良好效益。

泰国的主要风景名胜相对集中在曼谷、清迈、乌汶、春武里、碧武里、宋卡、普吉等地。比较热门的旅游项目有骑大象、参观大皇宫、卧佛寺体

---

[1] 资料来源于泰国投资促进委员会官网。

验泰式古法按摩、普吉岛芭东海滩休闲观光、攀牙海湾乘坐皮划艇、西米兰岛潜水等。美丽的自然风光、独特的文化、友好的人民和令人垂涎的美食，使泰国成为世界各地游客向往的地方。

五、医疗卫生

政府在泰国医疗领域占据主导地位。在国家层面，泰国公共卫生部负责全国的医疗卫生事业，规划全国的医疗卫生发展战略，制定医疗卫生法律、法规，并对地方的医疗卫生服务实行宏观调控、监督和技术指导，以及进行全国的医疗财政分配。公共卫生部设常务秘书办公室，任命医疗服务官员负责执行部门的决定。公共卫生部全权负责公立医疗机构人员、经费和资产事务，同时监督私立医疗机构。

泰国的公立医疗机构分为四级。第一级是农村的志愿医疗服务人员，负责防疫，提供急救，发布卫生信息，进行临时诊断等。第二级是医疗服务中心，经费来自政府和患者。第三级是社区医院，每个社区医院的从业者一般为3—5人，经费自行解决。第四级是地区医院和府级医院，中央政府负责60%的经费，其余由医院自行解决。

除了公立医疗机构，泰国也有私立医院，但几乎都在城市，其中一半在曼谷。农村医疗卫生服务条件相对落后。

泰国的医疗卫生队伍包括医生、药剂师和护士。在很长的一段时间内，泰国面临医护人员短缺状况，特别是在边远地区和农村，医护人员更加缺乏。医护人员往往集中在曼谷这样的大城市，且公立医院的人员短缺情况较私立医院好一些。20世纪90年代以来，医疗人员从公立医院向私立医院流动的速度加快，兼职的现象也有所增加。近年来，泰国政府采取了一些措施，医护人员短缺的状况有了较大改观。

泰国医院是亚洲第一家通过国际医疗卫生机构认证联合委员会（JCI）认证的医院，其质量和服务均符合 JCI 标准。截至 2019 年，泰国约有 66 家医院已获得了 JCI 认证，并为外国游客提供相关服务。这一发展使泰国医疗保健产业的服务质量位列亚洲第一和世界第六。[1]

泰国的医疗技术水平比肩发达国家。泰国政府重视公共卫生和医疗的发展。国家相关机构全力支持推进医疗技术的进步及全球医疗技术设备的引进，因此，全国范围内的医院都配备了世界上最先进的医疗设备和技术。此外，泰国有不少医务人员在保健领域已被全球公认为领先专家。泰国的医疗机构与世界各地的著名医疗机构保持着密切的合作和频繁的交流。

六、体育运动

泰国重视体育运动，以强健国民的体魄，磨炼人民的意志，振奋民族精神。泰国的体育运动包括传统体育项目和现代体育项目。

泰国传统的体育运动主要有泰拳、藤球、斗鱼、放风筝等。这些运动大多由民间活动演变而来，广为流传，不仅丰富了民众的体育生活，也丰富了民众的精神生活。

泰拳是泰国非常著名的传统体育运动，具有悠久的历史，由古代赤手空拳与敌人格斗的招数发展而来。古代泰拳比较野蛮、血腥，现代泰拳增加了许多规则，文明性增强。第二次世界大战后，泰拳与现代拳击结合，成为体育运动项目。泰拳的特点是力量大，进攻激烈勇猛。泰拳比赛中除了不能咬人和用头部撞击外，可以用身体的任何部位击打对方。泰拳在泰国北部被视为年轻人勇于接受挑战的象征。今天的泰拳不仅深受泰国人民

---

[1] 在微笑的国度里尊享世界级医疗服务 [J]. 泰国：泰王国与中华人民共和国建交 45 周年纪念特刊，2020：78.

喜爱，也吸引了众多外国拳击爱好者。这项运动已经走向世界。

藤球是泰国已有上千年历史的传统运动项目，在泰国农村的体育项目中占据主导地位，在城市也比较流行。这种运动受时间和空间的限制性小，开展比较方便。藤球由藤条编制而成，周长约42厘米，重100克。运动时，除了不能用手外，可用身体的任何部位接触球体，使球围绕身体旋转而不掉落。头顶、脚踢、膝顶、胸挡都是可行的方法。藤球有多种玩法，光是踢法就有6种，如过网藤球、人篮投球、单头球等。藤球是男子专项体育项目，也是亚运会、东南亚运动会的比赛项目。

斗鱼是泰国颇受喜爱的民间活动，在农村地区尤其盛行，每年的5—12月均可开展。斗鱼的鱼种为不能食用的热带雄性鱼，它们生性好斗。大小相似、颜色各异的雄性斗鱼在玻璃缸里展开比赛，互相撕咬对方。斗鱼过程中遵守一些游戏，例如。比赛累了的鱼游出水面换气时不会受到攻击，如果一条鱼游走了就是宣告失败。

放风筝在泰国最初只是一种民间娱乐活动，后来才增加了一些竞技性，变成了体育运动项目，称为"赛风筝"或"斗风筝"。每年的三四月间，曼谷的皇家田广场都会举行放风筝比赛。比赛时，参赛双方分立广场两边，用自己的风筝把对方的风筝"斗"下来，最后留在空中的风筝多者获胜。放风筝的最佳季节是旱季。泰国的放风筝水平很高。泰国风筝队经常参加国际比赛。

泰国人民既喜欢传统和本土运动，也喜爱现代运动。泰国的现代体育运动丰富多彩，项目繁多。球类运动有篮球、排球、网球、羽毛球、足球、乒乓球等，还有游泳、田径、赛马等其他运动。

高尔夫是泰国最受欢迎的运动之一。泰国气候温暖，全年都适宜打高尔夫球，高尔夫球场遍布全国各地。泰国的水上运动也很热门，这里拥有世界级的海滩，为潜水尤其是浮潜提供了良好条件。芭堤雅、苏梅岛、普吉岛、皮皮岛以及其他岛屿和海滩都配备有完善的潜水设施。在曼谷，几乎所有的酒店和度假村都有羽毛球、壁球和网球球场供游客使用。在芭堤雅的中天海滩，风帆运动也相当流行。

泰国国家层面重视体育运动和全民健身活动，不仅积极参与区域和国际体育赛事，而且多次主办亚运会和东南亚运动会，并取得了不错的成绩。在亚洲特别是在东南亚，泰国的体育运动水平较高。泰国还是东南亚运动会的发起国之一。在2011年第26届东南亚运动会上，泰国获得金牌109枚、银牌100枚、铜牌120枚，总计329枚奖牌，位居第二名，仅排在东道国印度尼西亚之后。在2022年第31届东南亚运动会上，泰国又获得了奖牌总数第二名的好成绩。

泰国有一批专业的体育场馆，最著名的是法政大学体育中心、孟通他尼体育中心、华目体育中心。这些场馆为泰国举办区域性运动会、开展国际体育交流发挥了积极作用。

七、新闻出版传媒

泰国宪法保障新闻自由，除非涉及国家安全和自由、他人的尊严和名誉、公共秩序或道德规范，以及维护公众的精神和健康，任何个人不得干预新闻工作。总理办公室下设公共关系局，负责对大众媒体进行监督和管理。泰国的记者和编辑实行自我审查制度。

泰国媒体以私营为主，按市场规则运作。泰文媒体是主流媒体，英文、华文媒体居辅助地位。

泰国有泰文报、英文报和华文报等，主要的泰文报纸有《民意报》《泰叻报》《经理报》《每日新闻》等，主要的华文报纸有《新中原报》《中华日报》《星暹日报》《亚洲日报》《京华中原报》《世界日报》等，主要的英文报纸有《曼谷邮报》《民族报》等。其中，《泰叻报》和《每日新闻》的发行量位列全国前两位，《中华日报》在中泰建交后为中泰友好发挥了积极作用。泰国主要的期刊有《政府公报》《沙炎叻评论》《太阳》。

泰国国家通讯社，简称泰通社，是泰国唯一的通讯社，1974年4月成立，为国家所有。

泰国的广播电视事业发展很快，广播电视台数量多，不仅有政府和军队主办的，也有民间主办的，总量超过230家。其中，创立于1930年的泰国国家广播电台是国家电台，也是泰国最大的广播电台，由政府民众联络厅管理，在全国各府设近60个分台，并设有国际部，用泰、英、法、中、马来、越、老、柬、缅、日等国家的语言广播。

泰国有6家可免费收看的模拟地面电视台，播放新闻、音乐、舞蹈、体育和电影等节目。广告在电视节目中所占比例很大。泰国第三电视台于1970年建立，使用语言为泰语，主要播放中国的言情、武打以及古装片，从下午4点一直播放至午夜。

第二章 文化传统

泰国文化丰富多彩,并受到其他文化的影响,其中包括印度文化、中国文化、东南亚其他国家文化,是一个多元文化国家。在长期的发展过程中,泰国形成了自己独特的历史文化传统,并在新时代焕发出蓬勃的生命力。

第一节 风土人情

一、生活习俗

衣、食、住、行是人的基本活动,反映了一个国家或民族的风俗习惯,表现着一个国家或民族的文化特色。泰国各民族在长期的繁衍和发展过程中,也形成了自己独特的风俗习惯。

(一)服饰

泰国的传统服饰颇具特色,主要有纱笼、女筒裙。其中,纱笼是一种下装，男女都能穿，是泰国民间流传最久的服装之一。

此外，为了体现泰国女子的优雅和端庄，发扬民族传统文化，泰国对女子服饰加以规范，把九种类型的服饰确定为女子传统服饰，比如兰顿服、吉叻达服、阿玛林服、布笼皮曼服、却克里服、杜锡服等。

（二）饮食

泰国物产丰富，历史上与周边国家交往甚密，吸收了多国饮食文化的精粹，形成了本国独特的饮食文化。泰国菜肴种类繁多，风味独特，口味通常以酸、辣、咸为主，尤喜酸辣。泰国的水稻闻名遐迩，是泰国中部和南部地区人民的主食。河粉、米粉、米线等米制品受到人们的喜爱。鱼、虾、蟹等水产品也是泰国人民日常生活中的所爱。鱼、米在泰国饮食中占有重要地位。

泰国传统的烹饪方法有蒸煮、烘焙或烧烤，烧烤食物广受欢迎。受中国文化的影响，泰国也引入了煎、炒、炸等烹饪法。

泰国菜肴另一大特色是善于使用调料，将各种天然的味料调出多种复合味道。考究的配料和烹饪方法给食客们带来了味觉盛宴：酸味、咸味、甜味、辣味，以及浓郁的椰奶味。丰富的口感为泰国菜肴赢得了极高的知名度。泰国料理的原料种类繁多，大量使用药草以及香料，泰式菜品也因此被视为健康料理，在国际上的接受度很高。例如，玛莎曼咖喱以其浓郁、辛辣的味道吸引了众多外国人前去品尝，也是海外泰国餐馆最受欢迎的菜式。此外，泰国料理还有一些招牌菜久负盛名，如冬阴功汤、泰式炒粉、木瓜沙拉、绿咖喱汤、泰式炒饭和泰式辛辣猪肉沙拉等。

泰国料理表现出浓厚的地域特色，不同地域的口味各不相同：南部菜系味道辛辣，几乎每道菜都有标志性成分姜黄；北部多山，气候凉爽，多食用可以增加脂肪的菜肴来为身体保暖；东北部伊森地区盛行咸和辣两种口味，糯米是这里的主食；中部地区是美食天堂，各种各样的美味在此汇集，比如特色小吃、辛辣沙拉和泰式甜点等。

泰国盛产各种优质水果，是名副其实的水果天堂。这里气候宜人，几乎适合任何热带水果生长。泰国水果的丰富多样还得益于很多其他因素，如肥沃的土壤、从国外引进的新品种、科学的种植方法。总的来说，泰国拥有浓厚的水果文化，当地人民都有各自偏爱的水果。

在泰国，品尝水果的方式也非常新奇，很多水果都配上调料食用，如西瓜配鱼干、葱和糖，番石榴配盐和辣椒，青芒配鱼露、椰子糖、葱虾仁，醋栗配虾酱，芒果配椰奶和糯米……泰国人民早已掌握了酸甜咸苦之间的微妙平衡，并懂得如何激发出每种水果最好的味道。

泰国料理以其完美的口感和味道闻名于世，其水果文化也毫不逊色，充满了诱人探索发掘的乐趣。

（三）居住

泰国的民居在不同的地区表现出不同的特点。例如，中部地区是平原地带，河流较多，人们多以种田和捕鱼为生，故喜欢傍水而居。人们所居住的房屋多为双层高脚屋，上层住人，下层储存物品或饲养牲口。这种房屋是泰国民居中最为流行的样式，既可以防潮、通风散热，又可以防止野兽蛇虫等袭扰，被称为"泰式房屋"。

二、节日文化

节日，特别是传统节日，体现了泰国的文化传统。泰国的节日与四个方面相关：与佛教关系密切的节日有万佛节、佛诞节、守夏节，与农业生产相关的节日有春耕节、水灯节，与国家庆典和纪念日有关的有国王登基纪念日、万寿节、宪法日等，还有一些国际性节日如元旦、春节等。泰国几乎每个月都有重要的节日，体现了泰国人民生活的丰富多彩。

1月的重要节日有元旦和清迈博桑纸伞节。元旦是公立新年的第一天。为迎接新年的到来，全世界的人们都会以不同的方式欢度。在元旦前夜，曼谷多地会举行以音乐会、烟花秀和街头美食节为特色的新年倒计时晚会。购物中心也会推出诱人的折扣和活动。清迈博桑纸伞节是泰国的传统节日，也是泰国的重要节日，起源于清迈的博桑村。该村以手工纸伞闻名，村民们从事手工纸伞制作已有二百余年的历史。纸伞简约的设计、精美的绘画和精细的技艺代代相传。每年的1月，整个城镇都会被五颜六色的纸伞包围，令人流连忘返。

2月的节日有董里水下婚礼节。董里水下婚礼自1997年创办后，迅速成为全球潜水爱好者和情侣们最喜爱的活动之一，并于2000年获吉尼斯世界纪录，被授予"世界最大水下婚礼"称号。董里水下婚礼节在每年的2月14日举行，届时新人们将一同体验丰富多彩的泰式婚礼仪式及令人难忘的活动。

3月中旬有芭堤雅国际音乐节，届时不同音乐流派和风格的知名歌手昼夜进行演出。音乐节为一些优秀的音乐家提供了登台演绎新作品的机会，一般持续三天。

4月有宋干节（泼水节）。每年4月13—15日的宋干节是泰国的新年，也是泰国的法定假日，届时举国欢庆。宋干节包含着极具象征意义的泰国传统仪式：清晨，人们会向僧人布施，向长辈致敬，并享受家庭团聚的时光。泼水最热闹，也最有趣，前后一般持续七八天。这个节日以"水的狂欢"而闻名世界，无论男女老少、泰国人还是外国人，都会出门参加"街头水战"。最有代表性的泼水活动在清迈，人们在大街小巷尽情泼洒，寓意除旧布新，虽然会全身湿透，但仍兴致盎然。一些青年男女也会在此时借泼水表达爱意。

5月有农耕节，也叫春耕节，是泰国的重要传统节日。节日期间，人们庆祝水稻种植季节开始，举行祈祷风调雨顺、农业丰收的传统仪式。农耕节始于素可泰王朝，一直延续至今。近年来，曼谷的皇家田广场也会举行庆祝仪式，也是泰国的宫廷大典之一。仪式上会播撒稻米，观看仪式的民众涌入田地收集种子，以祈求吉祥如意。

6月中旬有鬼节，在黎府举行。在为期三天的节日里，镇上的居民们戴着五彩缤纷的鬼怪面具，在街头游行队伍中与围观者共同起舞。鬼节不但没有半点惊悚气氛，反而洋溢着欢乐和兴奋。

7月有守夏节，在每年7月16日（泰历八月十八日），是泰国的传统佛教节日。这个节日在泰国意义重大。僧侣们不能在寺院外过夜，还要学习佛法、修行。善男信女们也要通过戒酒、戒杀生等来远离罪孽，修身养性。在守夏节的早晨，佛教徒会向僧侣布施食物和一些生活必需品。根据传统，人们会聚集在一起制作巨型蜡烛，并在斋戒期间敬献给僧侣。游客可以在街上欣赏美丽的蜡像游行，并敬拜佛像。

10月有朱拉隆功大帝纪念日。泰国许多重大的现代化进程发生在朱拉隆功大帝在位期间（1868—1910年），朱拉隆功为现代泰国的社会发展奠定了坚实的基础。朱拉隆功大帝于1910年10月23日逝世，这一天后来被定为朱拉隆功大帝纪念日，是全国法定假日。泰国民众和政府官员这一天会在他的塑像前敬献花圈。

11月有水灯节。节日期间，人们用芭蕉叶做成水灯或小花篮，上面装饰鲜花和蜡烛，以此来酬谢水神。弥漫的花香和闪烁的烛光让水灯之夜充满了欢乐与浪漫的气氛。

第二节 文学艺术

一、语言文字

语言文字是文化的基本载体,也是文化的基本组成内容。泰国不仅拥有自己独特的语言,而且拥有自己独特的语言文字。

泰语和汉语都属于汉藏语系,在语法上基本相同。汉语普通话的语音有4个声调,泰语有5个。泰语和汉语一样,都没有形态变化,而且词汇丰富。泰语的外来词约占30%,主要来自印度巴利语和梵语,其次来自英语,也有一些来自汉语。泰语主要靠语序和虚词来表达意思。在语序方面,泰语和汉语有区别,比如,泰语说"花美丽",汉语往往说"美丽的花"。

泰国的文字看上去好像五线谱音符,大多数字母都有一个小圆圈。泰国的文字与柬埔寨、缅甸、老挝的文字非常相似,研究表明它们同出一源。泰语属于表音文字,由42个辅音字母和一些表示元音和声调的符号组成。在拼写时,元音符号写在辅音字母的周围。

二、文学

在泰文产生之前,泰国文学以口头形式流传。泰国文学的产生、发展可分为古代阶段、近代阶段和现当代阶段。

(一)古代阶段

泰国文学的古代阶段是从素可泰王朝到曼谷王朝拉玛四世时期(1851—

1868年），而这个阶段又可细分为以下几个时期。

13世纪中叶素可泰王朝时期，兰甘亨国王参照巴利文、高棉文和孟文修订统一了全国的文字，奠定了泰国文学的文字基础，可以说，泰国的书面文学从此诞生。一般认为，兰甘亨碑文是泰国最早的文学作品，记录了兰甘亨国王的身世、治理国家的业绩、泰文的产生、泰国人的宗教信仰和风俗习惯，其中的名言佳句数百年来为人们口口相传。这个时期的代表作品《三界经》是一部宗教文学著作，由素可泰王朝的利泰王根据30部佛经编纂而成。它用优美的散文式语言阐发了泰国人的宗教观、哲学观，是泰国文学中的精品。此外，这个时期的文学作品还有巴玛芒寺碑文、《帕朗格言》《帕朗三界》《娘诺玛》等。

阿瑜陀耶王朝时期（1350—1767年），此时泰国的封建国家制度已经基本形成，宫廷文学逐渐发展起来。这400余年的时间里，文学的发展又可分为初期、中期和晚期三个阶段。

阿瑜陀耶王朝初期比较有代表性的作品大多是诗歌，主要有《誓水赋》《律律阮白》《大世词》和《帕罗长诗》（又名《坤昌坤平》）。其中，《帕罗长诗》是这个时期非常著名的长篇叙事诗，描写了一个青年坚贞不渝的爱情故事，语言优美，通俗易懂，人物形象栩栩如生。书中描写了古代泰国人的社会观念、信仰和民俗，在泰国文学史上具有很高的文学价值，是泰国文学专业学生的必读书目。

阿瑜陀耶王朝中期，松贪国王下令编写《大世赋》。该书讲述了佛祖前世的故事，取材于《本生经》。西巴拉创作了泰国第一部真正意义上的抒情诗《西巴拉伤怀诗》，玛哈拉查克鲁创作了第一首禅体故事诗《舍阔堪禅》，霍拉笛巴拉采用大事记方式撰写了泰国历史上不可多得的史书《阿瑜陀耶史书》和泰国第一本教科书《金达玛尼》。

阿瑜陀耶王朝晚期，戏剧繁荣，主要舞剧剧本有《拉玛坚》等15部作品。这一时期的代表作还有《南陀巴南属》《帕玛莱》《贡王子长歌》等。

吞武里王朝（1767—1782年）时期很短暂，只存在了15年，文学作品不多，著名作家也不多，文学上成就不高。《伊瑙》《树屯和玛诺拉》《十二姑娘》《广东纪行诗》等是这个时期比较重要的作品。

泰国古代文学在曼谷王朝进入鼎盛时期，作家和文学作品大量涌现。拉玛一世和帕康亲王是这个时期最重要的作家。拉玛一世对文学的贡献最大，他组织人力物力抢救了一批文化典籍，组织创作整理了五部作品，包括四部诗歌和一部纪行诗。帕康亲王创作的《大世长莱》中的《孩童篇》《曼陀利篇》至今依然为读者所喜爱。他还主持翻译了《三国演义》等一批中国文学作品，对泰国文学产生了重要影响。特别值得一提的是，《三国演义》被翻译为泰文时取名《三国》，在泰国影响巨大，泰国的中学语文课本至今还选用《草船借箭》《火烧战船》等篇目作为课文。《三国》成功引发了泰国社会对中国古典历史演义小说的翻译热。在之后的一百多年间，有36部中国历史演义小说被翻译为泰文，其中包括《说汉》《隋唐演义》《水浒传》《西游记》《武则天》《龙图公案》等。

拉玛二世时期（1809—1824年）最重要的作家首推拉玛二世本人。他不但组织人员创作文学作品，还亲自创作、整理、改写了12部作品，包括著名的《拉玛坚》《伊瑙》。

拉玛三世时期（1824—1851年）最著名的作家是顺吞蒲，他是一名高产的古代作家，先后创作了长篇诗歌23首和1部剧本，代表作是长篇故事诗《帕阿派玛尼》。该诗长达24 500行，从思想内容到表现方法，都有独创性，在泰国古代大型文学作品中独一无二。顺吞蒲是泰国古典文学鼎盛时期的一座高峰。

拉玛四世时期（1851—1868年），国际形势发生了巨大变化，泰国先后与英国、美国、法国、意大利等国签订了不平等条约，丧失了部分主权。国内社会也发生了很大的变化，社会根基开始发生动摇，并在文学上有所反映。这个时期，文学内容和形式变化不大，顺吞蒲等老一辈作家依然主导着文坛，散文类文学发展较快。

总的来看，古代泰国是"诗的国度"，诗歌在文学作品中占有重要地位。直到今天泰国古代诗歌仍然具有旺盛的生命力。

（二）近代阶段

泰国文学发展到近代，表现出一些新的特点。从拉玛五世到拉玛七世，大致19世纪末到20世纪20年代，是泰国古代文学向现代文学的过渡阶段。这个时期西方文学作品开始被译入泰国，逐渐对泰国文学产生影响，文学的内容和思想都呈现出复杂性。

拉玛五世前期，读者最喜欢的作品依然是长篇叙事诗和从中国翻译过来的历史演义故事。但是，随着西方文学开始通过各种渠道进入泰国，翻译文学的影响逐渐扩大。总的来看，泰国近代文学经历了三个阶段：翻译原作阶段、模仿改写阶段、借鉴创作阶段。

1900年，泰国第一部长篇翻译小说《仇敌》问世，这也是泰国第一部新小说。这部小说的原作者是一位英国女作家。此后，各种关于爱情、推理、冒险等题材的小说被翻译为泰文，其中比较著名的有大仲马的《玛莲娜》《三剑客》，狄更斯的《匹克威克外传》，柯南·道尔的"福尔摩斯系列"等。

拉玛五世时，有人开始模仿和改写小说，比如《歧途》一书就是模仿之作。拉玛六世时，模仿的水平提高了，《通因的故事》就是拉玛六世模仿《福尔摩斯探案集》而作的。模仿的同时，一些作家开始了借鉴创作，而读者对泰国本土文学作品的喜爱，促使作家们创作出内容更加充实和更接近生活的作品。这个阶段，主要的作家有拉玛五世和拉玛六世，他们的创作对推动泰国近代文学的发展发挥了重要作用。到拉玛七世时，泰国的模仿文学已经脱胎换骨，在思想内容上已经基本本土化，近代文学完成了自己的使命,现代文学开始走上历史舞台。

(三)现当代阶段

20世纪20年代中后期,泰国文学进入现当代时期。这个时期也可以分为几个小阶段。

1928—1937年为泰国现当代文学的发展初期。这个阶段国内动荡不安,统治阶级无暇他顾,人们思想自由,追求平等和个性解放,可谓文学自由发展的黄金时代。爱情小说、家庭小说、以异域为背景的小说流行,作品的浪漫色彩浓重。

1938—1945年是泰国文学的禁锢期。由于日本帝国主义的侵略,统治阶级推行文化专制和民族沙文主义政策,泰国文学步入低谷。但是,仍然有一些作家不畏强权奋起反抗,用自己的笔对统治阶级进行抨击,创作了一些历史小说和剧本,例如高·素朗卡娘的长篇小说《潘蒂帕》和尼米蒙空·纳瓦拉的《理想国》。

1946—1957年,泰国民族民主运动高涨,文坛上提出了"文艺为人生,文艺为人民"的口号,现实主义和批判现实主义文学作品开始出现。这个阶段的主要作家有西巫拉帕,代表作为《后会有期》《向前看》。社尼·沙瓦蓬的《魔鬼》则标志着20世纪50年代泰国文学的最高成就;奥·乌拉恭的作品站在时代前列,成为泰国一流的小说。

1958—1973年,由于军事政变,一些作家遭逮捕,一些作品被查禁,"文艺为人生,文艺为人民"运动被镇压,宪法被废,议会、政党被解散,大多数进步作家只能保持沉默,泰国文学走入黑暗。虽然严肃文学受压制,但通俗文学一枝独秀。《人类之船》《日落》等都是此时受欢迎的作品。克立·巴莫的长篇历史小说《四朝代》《芸芸众生》构思精巧,广受赞扬。高·素朗卡娘的《隆阿仑》《萍开夫人》《绝代佳人》《如此爱情》《金沙屋》

也比较著名，她的爱情小说、家庭小说具有里程碑意义。

1974—1976年，泰国文坛百花齐放，但1976年军人头目他宁上台，实行独裁，几百种图书被禁，泰国文学再入低谷。1978年后，泰国文学进入新的发展时期，现实主义作品开始重现。20世纪80年代以后，泰国文学的发展环境有了好转，短篇小说获得大发展，每年有400多部小说发表，一批青年作家涌现。他们对题材进行大胆突破，在文坛引起巨大反响。值得注意的是，这个时期，泰国的华文文学也出现了繁荣的景象。

总的来说，泰国虽然算不上文学大国，但泰国人民创作的丰富的文学作品仍然光彩本目，如同璀璨的珠玑装点着世界文学大厦。

三、其他艺术

除了文学以外，泰国也发展了丰富多彩的其他艺术形式，创造了灿烂的艺术成果，主要涉及音乐、舞蹈、电影、戏剧、绘画、雕塑等领域。

（一）音乐和舞蹈

音乐是泰国人民生活的重要组成部分，是人们追求和享受的美好艺术形式，它与泰国人民的精神信仰、社会生活紧密相关。无论是在民俗礼仪、节日庆典、佛教仪式中，还是在日常生活劳动中，音乐无时不在。泰国的传统音乐体现了泰国人民对真、善、美的追求，以及宽容、豁达、典雅、细腻的民族气质，是泰国人民宝贵的精神财富。

泰国的传统音乐主要有两大类：古典音乐和民间音乐。这两大类音乐都受到印度宗教神话、戏剧和音乐的重要影响，也受到中国、柬埔寨等国家的音乐的影响。

古典音乐在阿瑜陀耶王朝时期形成。柬埔寨的宫廷音乐对泰国古典音乐的形成产生了重要影响，奠定了今天泰国古典音乐的基础。后来，古典音乐又融入了其他国家的音乐元素，于20世纪初开始在舞台上单独演出。泰国古典音乐题材比较单一，大多取材于印度史诗《罗摩衍那》（泰语称《拉玛坚》）。该剧完整上演要400个小时，为其创作的乐曲有1 200首之多，反映人们的喜怒哀乐和爱情、婚嫁、战争等方面的内容。

泰国民间音乐主要为劳动唱曲和歌舞曲调，或产生于劳动人民的劳作过程中，或源于风俗节庆，比较有代表性的有民歌《割稻子》《收割歌》《催眠曲》《绍歌》《排笙》等，这些民歌是泰国人民生活的真实写照。南旺歌曲是流行最广的一种民间集体舞蹈的伴奏歌曲。

泰国的传统乐器历史悠久，种类多，主要分为打击乐器、弹拨乐器、拉弦乐器和吹奏乐器。打击乐器又分为木制、金属制、皮制等类别，如各种梆子、拍板、锣鼓等；拉弦乐器有三弦胡、乌胡等；弹拨乐器有琵琶琴、四弦琴、鳄鱼琴等；吹奏乐器有管、箫、笛子等。

泰国各族人民能歌善舞，舞蹈是人民生活的重要内容。在发展过程中，泰国舞蹈受到印度、中国、柬埔寨等国的影响，同时又融入了本民族的文化，形成了自己的风格和特色。泰国舞蹈分为古典宫廷舞蹈和民间舞蹈两大类。古典宫廷舞源于印度卡达卡利舞，同时又受到中国皮影戏的影响，是泰国舞蹈艺术的精华，已有300多年历史。主要的剧目有《孔》《洛坤》。传统舞姿多为下肢半蹲，身体手臂弯曲，形成"三道弯"造型。

民间舞蹈更是丰富多彩，具有浓重的地方特色。比如，中部地区流行长鼓舞、丰收舞，北部地区流行蜡烛舞、长甲舞等，东北部地区流行笙舞。这些舞蹈各具特色，深受人民喜爱。

（二）电影和戏剧

电影在泰国已经有 100 多年的历史。1897 年，法国影片首到泰国。1923 年，美国影片《苏万姑娘》在泰国上演，获得热烈反响。二战期间，泰国电影陷入困境，二战后复苏，其中《泰国斗士》颇具代表性。20 世纪 70 年代，泰国政府推动电影业发展，各种影片层出不穷。1999 年，《鬼妻》掀起了泰国电影的复兴浪潮，该片于 2000 年获得 7 项大奖，促进了泰国"鬼片"的繁荣。2005 年，《鬼影》获得亚洲最佳电影奖，成为泰国"鬼片"的经典作品。2000 年后，泰国电影艺术开始商业化，展现出巨大的生命活力。其中，《素丽瑶泰》(又译《暹罗女王》) 创下票房纪录，被泰国人誉为"国片"。此外，《拳霸》《你好陌生人》《初恋这件小事》等都是不错的电影。

总之，泰国电影题材具有民族特色，充分利用其独特的民族文化资源，将独特的宗教传统和奇幻的民俗融入现实语境，获得了国内民众的广泛认同和国外民众的喜爱。泰国电影通过本土文化的重建不断增强主体性，以小博大，塑造了迥异于美国好莱坞电影的泰式电影，在严酷的商业化环境中顽强生存，成为亚洲影业崛起的新生力量。

泰国的戏剧与其他艺术形式一样，在吸收其他国家文化精髓的基础上加以创作，形成了自己民族的独特性，具有很高的艺术欣赏价值。泰国戏剧的代表有孔剧、洛坤剧、木偶剧、皮影戏和礼该戏。

孔剧是泰国民间戏剧的精华，也是泰国最美丽的舞剧艺术。演员演出时要戴面具，因而被称为"面具舞剧"。孔剧已经有 400 多年的历史，据称源自印度古代史诗巨作《罗摩衍那》的改编剧《拉玛坚》，讲述的是拉玛王子与妻子悉达之间悲欢离合的故事。孔剧在表演时没有台词，只有舞蹈动作，每个动作都有特定步伐，演员用各种手势来表达心情，有音乐伴奏和诗歌韵白解说剧情。

洛坤剧是另一种古老的戏剧形式，将舞蹈、音乐、唱曲、对白等融为一体，并具有故事情节。这种戏剧题材广泛，内容多样，表演自由活泼、动作流畅，演员在表演时不戴面具，可边舞边白。《玛诺拉》《金海螺》《卡维》都是洛坤剧的代表性作品。

木偶剧和皮影戏是泰国传统戏剧艺术，在古代经常在宫廷的重大活动中表演，后来才逐渐在民间流行。木偶戏分为"大木偶"和"小木偶"。大木偶高约1米，多由木头、竹筒等材料制作而成，头、手、脚等一应俱全，木偶底部由一木棍支撑，四肢由线联结，身体各部可活动。大木偶剧多表《拉玛坚》《乌纳鲁》等。"小木偶"分泰式和中式。中式小木偶剧与中国的木偶剧类似，多表演《三国演义》《岳飞传》等。

皮影戏是泰国民间的另一种艺术形式，受中国皮影戏的影响。泰国皮影戏分为"南雅""南达隆"两种。南雅又分为单影和故事，只有一两个人物，配有宫殿和花木等场景；南达隆流行于泰国南部，一般演出民间传说故事，并夹杂一些讽刺社会或政治时事的幽默笑话等。

礼该戏的初期表演形式模仿洛坤剧，演员全是男性，后来也加入了女性。该戏的唱腔与其他戏剧不同，基本上是一韵到底。现在，礼该戏的剧本题材基本上源于传统历史故事，也有中国的《三国演义》等作品。

（三）绘画和雕塑

泰国的绘画艺术很有特色，分为传统画、现代画和抽象画。传统画有很强的宗教色彩，多讲述宗教故事。泰国庙宇壁画是泰国传统绘画的代表，很多著名的作品就存于庙宇之中。壁画的内容多讲述佛教故事，也有描述宫廷生活。传统画的画法比较简单，多由线条组成，缺乏立体感，谈不上透视效果，色彩也比较简单，多为赭色和土色。现代画受西方绘画的影响较大，水彩画、油画和素描的技法运用其中，体现了强烈的现代感。

泰国的雕塑分传统雕塑和现代雕塑。传统雕塑的代表作品多是供奉在寺庙中的佛像，它们个个栩栩如生，体现了高超的技艺。今天，世界各地的旅游者在泰国的寺庙里依然可以看到不少古老的佛像，作为泰国古代雕塑艺术的呈现者，它们神采各异，令人印象深刻。

20世纪以来，受到西方文化的影响，泰国的现代雕塑有了进一步发展。意大利雕塑家卡拉多·费洛诗在泰国政府的支持下建立了艺术学院，专门培养现代绘画和雕塑人才。他还亲自为泰国的拉玛五世、拉玛六世等制作雕像，对泰国的雕塑产生了重要影响。

第三节 独特的文化和文化名人

一、独特的文化

泰国在历史发展过程中形成了自己非常独特的文化。佛教寺庙文化、王室宫廷文化、微笑文化、象群表演文化，都展现了泰国文化的独特风情。

（一）佛教寺庙文化

泰国的佛教文化独具特色。泰国佛教兴盛，佛教教义及其哲学理论对泰国文化影响深远，这突出地表现在以下几个方面。一是信奉佛教的人数众多，而且涉及人群面广。泰国盛行小乘佛教，积极参与宗教活动的人口比例是世界之最，高达95%左右。在泰国，上至国王，下至平民，一生尊佛、礼佛。泰国王室也会在特定的佛教节日宣扬佛教文化。二是泰国的佛教文化深刻地影响着人们的日常生活和行为方式。人们经过寺庙时，必定恭敬礼拜。每逢寺庙举办活动，人们带着各种粮食前往供养，并聆听佛法。

三是泰国的佛教节日多，四个佛教节庆日都是法定假日。四是泰国的佛教寺庙遍布全国各地，寺庙不仅是佛教道场，而且既像学校又像医院，人们在此接受教育，化解心灵创伤和生活烦恼，缓解压力。浓厚的佛教氛围成为泰国独特的文化风景。

（二）王室宫廷文化

国王是国家的象征和人民心目中的精神领袖。泰国宪法规定，国王神圣不可侵犯，任何人不可指责或控告国王。泰国王室经历几个王朝的发展，在人民心中建立了权威和威信。以第四世普密蓬为代表，国王的正直、善良、仁慈、宽容、简朴和怜悯赢得了泰国人民的衷心拥戴。泰国大街小巷随处可见国王和王后的画像，显示了人民对王室的崇高敬意。泰国王室成员也始终为改善百姓的生活而积极努力。例如，泰国公主诗琳通深受泰国人民的拥护和爱戴，她一心为国为民，成为泰国王室文化的优秀继承者和传播者。在今天的泰国，古老的皇宫依旧富丽堂皇，王室成员身份显赫华贵，独特的王室宫廷文化，令国际游人赞叹。

（三）微笑文化

泰国是颇负盛名的"微笑王国"。在泰国文化中，"笑"具有特别的含义，著名的"泰式微笑"是泰国的一张名片。来到泰国，随处可见微笑的泰国人民。泰国之所以被称为"微笑王国"，源于20世纪80年代发起的一场营销推广活动。当时，泰国旅游局认为"微笑王国"的形象能很好地表现泰国人民的热情友好：这里阳光灿烂，人们笑容和煦……很快这个说法得到了广泛认可，现在已经成为人们对泰国的普遍印象。"泰式微笑"可以是友好和善意的表现，也可以是对他人自信的激励，还可能是在尴尬的情况下不安的掩饰。总之，泰式微笑确实让人们之间的交往变得愉快轻松起来。[1]

（四）象群表演文化

大象是人类的好朋友，也是泰国人民心中的吉祥之宝，在泰国拥有很高的地位。人们只有来到泰国看一场妙趣横生的象群表演，才能感受到大象之于泰国人的重要，才能体会到"微笑王国"的和谐魅力。泰国的大象充满灵性，能力十足，它们会骑三轮摩托车、投篮、射门、投掷保龄球，还会伴随音乐翩翩起舞；它们能与人互动，为人做按摩，还能用鼻子作画。泰国人关心爱护大象，能与大象进行深度情感交流。

二、文化名人

泰国文化具有悠久的历史，在长期的发展过程中，出现了许多文化名人，创造了许多文化作品。在此只选取部分文化名人做简单介绍。

（一）兰甘亨

兰甘亨（1239—1298）是泰国素可泰王朝第三代国王。他在位期间，人民安居乐业。他颁布了有关土地所有权和财产继承权的法律，这是泰国最早的成文法典。其最大贡献是对流行于素可泰地区的巴利文、吉蔑文加以改造，于1283年创制了泰文字母，为泰国民族文化的发展立下了不可磨灭

---

[1] 泰国，走进"微笑王国"[J].泰国：泰王国与中华人民共和国建交45周年纪念特刊，2020:: 50.

的功绩。他与中国元朝建立了友好睦邻关系，多次遣使访问中国。他既是佛教的热心推广者，也是艺术的极力赞助推广者。

（二）丹隆拉差努帕

丹隆拉差努帕（1862—1943），作家、评论家。早年任军政职务，后专门研究文学、历史和考古学；创办丹隆图书馆，长期任泰国国家图书馆馆长。整理出版了古典名著《帕銮三界》《坤昌坤平》。著名作品《那坤瓦游记》记叙了1924年乘船游览柬埔寨的情景，还写有散文《史话》《讪颂德》，以及根据《坤昌坤平》改编的歌剧剧本《社帕銮》。

（三）诺·摩·梭

诺·摩·梭（1876—1945），即披德耶隆功亲王，作家。生于曼谷，毕业于皇宫学校，曾留学英国，创办了《科学基础》等杂志。主要诗作《帕暖》取材于印度古典史诗《摩诃婆罗多》，讲述了帕暖王子因失足赌场而遭不幸的故事；史诗《三朝代》描述阿瑜陀耶王朝的覆灭、吞武里王的复国和曼谷王朝的建立；长诗《黄金城》根据梵文诗《故事海》改编；还著有《英国大学生故事》和不少散文，并译有外国文学作品。

（四）帕蒙固告

帕蒙固告（1880—1925），即曼谷王朝拉玛六世国王，作家、诗人、翻译家，毕业于英国牛津大学。他当政期间建立文学俱乐部，组织创作交流，并整理、校订古典文学作品，创作、翻译和改编剧本100多种，其中翻译和改编的英文、法文和梵文话剧、歌剧近30种。主要作品有诗歌《帕暖堪銮》

《摇船曲》，散文《〈拉玛坚〉的起源》《游帕銮城》《醒醒吧，泰国！》和话剧《爱神受辱》《战士的心》《帕銮》等。

（五）披耶阿努曼拉查东

披耶阿努曼拉查东（1888—1969），出生于曼谷，先后在朱拉隆功大学、政法大学、艺术大学任教，曾任海关总署署长、艺术厅厅长、泰国教科文组织委员、暹罗学会会长、加尔各答大学和剑桥大学博士学位海外考察人等重要职务，被授予"白象"高级勋章和"披耶"等荣衔。学术著述达200多种，例如《泰族古代生活》《文化与人类》《印度支那半岛古代史》，专论多以笔名"沙天哥色"发表，学术成就蜚声海内外。

（六）阿卡丹庚·拉披帕

阿卡丹庚·拉披帕（1905—1932），作家。早年在印度求学，后赴英、美攻读法学，1928年回国。曾在政府任职。中学时曾创办学报，并以"瓦腊沙维"的笔名翻译英国小说。1929年开始创作长篇小说《生活的戏剧》，描写一名泰国留学生在西欧的经历，曾引起争论。次年写成其续篇《黄种人和白种人》。著有中篇小说《明星之恋》《世俗之路》《妙龄时期》《无庙之神》《上层社会》），以及短篇小说集《毁坏的天堂》《世界主义者》，是泰国1932年新文艺运动中涌现的首批浪漫主义作家之一。

（七）多迈索

多迈索（1905—1963），原名蒙銮卜帕·宁曼赫明，泰国现代文学开拓者之一，泰国文学史上享有盛誉的第一位女作家。1929年开始创作，第一部长篇小说《她的敌人》发表后引人瞩目，后陆续写有《第一个错误》《銮纳勒班的胜利》《百中之一》《三个男子》《如此世界》《贵族》等长篇小说和优秀短篇小说《好公民》。作品开家庭小说之先河，大多描写家庭日常生活和风俗人情，表现人们的内心感受，手法细腻，富有哲理。

（八）西巫拉帕

西巫拉帕（1905—1974），原名古腊·柿巴立，在泰国现代文学早期作家中，作品为数最多。1924年，他开始创作活动，仅1928—1929年就创作了近10部长篇小说。他的长篇小说《男子汉》很有影响，摒弃了以王公贵族生活为题材的旧传统，直接取材于现实生活，有力地批判了封建贵族的等级观念和社会不合理现象，表现了新生知识阶层的愿望。

（九）马来·初披尼

马来·初披尼（1906—1963），作家。曾任泰国出版协会副主席，创办了两家报纸。20世纪30年代开始发表作品。其长篇小说《终身伴侣》《无声的美》《娜拉的心》都以爱情为题材，讲述妇女为获得自由和幸福而同封建势力进行斗争的故事。作品反映了当时青年的思想追求，出版后风靡一时，被不少作家竞相仿效。还著有长篇小说《林中漫游》和优秀短篇小说《灭顶之灾》等。

（十）索·古拉玛洛赫

索·古拉玛洛赫（1908—1978），作家。14岁开始写诗，早年参加新文学团体"君子社"。1931年到中国燕京大学进修，1936年回国在泰国教育部任职，1940年转入新闻界，并从事文学创作。参加过"新力量运动"右翼组织，曾任泰国作家协会主席。所著长篇小说19部，多以中国为背景，《北京——难忘的城市》《中国自由军》曾获泰国金象奖。此外，他还有《世界所不需要的好人》《当积雪融化的时候》《蒋飞》《褐色的血》等作品，行文流畅，以抒情见长。另有诗歌、戏剧、电影剧本及文学、政治、经济等评论文集多部。

第三章 教育历史

第一节 历史沿革

  泰国的教育到底从什么时候开始的？回答这个问题，牵涉教育的标准，或者说是什么教育，比如是传统教育、正规教育，还是现代教育。不同的教育在泰国产生的时间和标志也是不同的。这里所谈到的泰国教育是广义的教育，就是与泰国人民生产生活相伴的对下一代的学习发展具有积极影响的活动。它涵盖泰国社会历史中的一切有积极意义的教育活动。在一定意义上说，泰国作为一个国家产生了，它的教育也就产生了。

  13世纪前后，泰国立国，至今大约有700多年的历史。泰国曾被称为"暹罗"，1949年改为"泰国"。如果从泰国立国算起，泰国的教育有700多年的历史。700多年的泰国教育，可以分为不同的历史分期，各个时期又表现出不同的特点。一些研究者往往把泰国教育划分为四个阶段，但他们具体的历史分期却不尽相同，所依据的标准也不同。比如，田禾、周方冶把泰国教育划分为19世纪以前的旧式教育时期、19世纪初期近代教育的开创时期、19世纪中期教育的振兴时期和20世纪至今的改革发展时期，[1] 而陈晖、熊韬则将之划分为19世纪中叶以前以寺院教育为主时期、19世纪中叶

---

[1] 田和，周方冶. 泰国[M]. 3版. 北京：社会科学文献出版社，2016：261-262.

到 1932 年的近代教育形成时期、1932—1997 年的现代教育发展时期和 1997 年以来的教育改革深化时期，[1] 如此等等。

综合多家观点，根据泰国教育的具体历史情况，本书按照时间先后，把泰国教育大致划分为以下四个时期，依次概述其情况。

一、19 世纪之前的古代教育

泰国的古代教育经历了几百年。1238 年，泰族人建立了素可泰王朝，开始形成统一的国家。伴随国家的建立，泰国教育历史开始了。直至 19 世纪，这近 600 年的泰国教育基本表现出相同的特征，这一时期的教育可以称为泰国的古代教育。

泰国的古代教育包括两部分，一是宫廷教育，一是寺院教育。泰国宫廷教育是统治阶级为其子女实行的教育，教育对象是皇家子弟和王公贵族子弟，教育内容主要是宫廷礼仪、宫廷文化以及相关的统治谋术，目的是提高王公贵族子弟的礼仪文化水平并更好地维护统治阶级的利益。寺院教育在寺院进行，寺院就是学校，僧人就是老师，佛经就是课本。普通百姓把子弟送入寺院当僧人的差使，或者短期出家，向僧人学习佛教教义，接受佛教礼仪和道德训练，以及文字、算术、工艺技术知识等。寺院教育为提高普通百姓的礼仪文化水平和生产生活技能发挥了积极作用，在一定意义上又传递了佛教教义，促进了社会稳定。

在这个漫长的时期，泰国的教育表现出相对封闭和分割的特点。宫廷教育和寺院教育的对象、内容各不相同。宫廷教育不会惠及普通百姓，一般的王公贵族子弟也不会去寺院接受教育。这种特点与泰国的农业社会形

---

[1] 陈晖，熊韬. 泰国概论 [M]. 广州：世界图书出版广东有限公司，2012：187-195.

态紧密相关，其封闭性和分割性也是自然形成的。两种不同的教育，培养造就了不同的阶层，又在一定程度上固化了阶层，进而巩固了农业社会的阶级基础。

泰国是个佛教文化盛行的国家，教育被深深地打上佛教文化的烙印。泰国教育与泰国佛教的关系非常密切，古代教育突出的佛教文化特点是研究泰国教育必须予以高度关注的。

二、19世纪的教育发展

19世纪，泰国教育经历了宫廷教育改革、寺院教育改革、创办现代意义上的学校、开启高等教育、设立教育部、颁布第一份国家教育发展规划、提出创建完整的教育体系、大体形成近代泰国教育框架等重大事件。19世纪是泰国教育发展的重要时期，开创了泰国教育的新纪元。按照教育发展的情况，19世纪的泰国教育又可以划分为两个不同的历史阶段。

（一）近代教育的开创时期

19世纪初期，外国传教士进入泰国，打破了泰国闭关锁国的状态。传教士在泰国不仅传播基督教，还开办男女学校，创办发行报纸，发展印刷业，出版泰文和英文书刊，传播西方科学文化，打破了泰国传统教育的平静，泰国近代教育从此产生。

拉玛三世以来，美国教会学校就成为泰国设立新学校的样板。也就是在这个时期，泰国开始兴建高等学校。受西方的影响，曼谷王朝拉玛四世在宫廷推行西方教育、开设学校、设置英语课程。

由此可见，西方文化特别是美国文化的引入传播，改变了泰国古老的教育文化传统，开启了泰国教育西方化的历程，对于逐渐改变泰国教育原有面貌起到了推动作用。

（二）19 世纪中叶以后的教育振兴

在泰国教育的发展进程中，拉玛五世朱拉隆功居功至伟。他考察了新加坡、印度和欧洲国家的教育，开阔了视野，对不能适应当时国家发展需要的寺院教育进行改革，建立新的教育制度，设立各级各类学校和专门的教育管理机构，推动了教育的世俗化：1871 年，创办泰国历史上第一所现代意义上的学校"王子学校"，主要开设泰语、算术等课程，为政府培养人才；1881 年，创办朱拉隆功大学的前身宫廷侍卫学校并在大皇宫内设图书馆；1884 年，兴办泰国第一所普通学校玫瑰园学校，开设自然科学课程，供中低级公务员和普通商人子弟学习；1887 年，设立教育厅，开启泰国教育近代化进程；1889 年，建立泰国第一所医学专科学校，开启泰国高等教育；1892 年，效仿欧美正式设立教育部，负责管理国家教育和规范国家教育体制；1898 年，改革教育部，成立专门的地方教育管理机构，推动地方教育发展。拉玛五世在位 42 年，泰国在教育方面的改革可以说是比较成功的。

随着泰国对外教育、经济、文化交流的增多，泰国社会发生了巨大变化，社会对各种人才的需要促进了教育改革发展，泰国现代教育体系逐渐建立起来。1898 年，泰国颁布了第一份国家教育发展规划，提出了一套从学前教育、初等教育、中等教育、职业教育到高等教育的完整的教育体系。这份教育规划具有重要的历史意义，标志着泰国现代教育框架大体形成，泰国教育以新的形象进入 20 世纪。

三、20世纪教育的巨大发展

20世纪是泰国教育获得巨大发展的时期。这一时期,泰国政府高度重视教育,把教育作为国家建设与发展的重要支柱,采取了一系列重要举措,不断增加教育投资,逐步完善教育制度和教育设施,制定教育发展规划,颁布《义务教育法》,使泰国教育在东南亚居于领先水平。

(一) 20世纪30年代以前

1902年,泰国颁布法令,在全国推行全民教育。

1910年后,拉玛六世执政,大力推进教育改革,创办医学、师范、法律等方面的中等专业学校。1913年,泰国创办培训学校,提供农业、手工业和商业领域的培训,以满足社会对熟练劳动者的需求。1917年,泰国创办了历史上第一所大学朱拉隆功大学。这所大学设有医学、工程学、政治学、法学、文学、工艺学等学科专业,后逐渐发展为泰国最著名的高等学府。1918年,为了加强私立学校的管理,泰国颁布了《私立学校法》和《民办学校管理条例》。

1921年,泰国颁布了第一部《义务教育法》,规定年满7周岁的儿童都要接受免费义务教育。特殊情况下,经教育部统一,入学年龄可以放宽到10岁。违反条例的家长将被处以罚款。条例还规定,18—60岁的男子必须缴纳基本的教育费,最低不少于1泰铢,最多不超过3泰铢。该条例的颁布使泰国成为继日本之后第二个实施义务教育的亚洲国家,大大促进了泰国小学教育的发展。1926年,泰国绝大部分地区设立了公立学校。1928年,高中阶段开始分科,即普通科、文科和理科。该条例颁布后10年,泰国小学发展到5 000多所,小学生人数从200多万增加到700多万。

（二）20 世纪 30—60 年代

1932 年是泰国历史上非常重要的年份。这一年，泰国人民党发动政变，建立了新政府，将泰国改为君主立宪制国家。新政府制定了新宪法，提出"人民党将使人民受到充分教育"的口号，强调发展教育。意识到教育对经济的推动作用，新政府颁布了国家教育发展规划，提出了教育发展的一系列目标：大力普及义务教育，完善高等教育体系，推进职业教育和成人教育。国家教育发展规划中把义务教育的年限由 5 年提高到 6 年。新政府还制定了新的私立学校条例，把教育系统分为普通教育和特殊教育两个系列。

第二次世界大战对泰国的教育造成了一定程度的破坏。20 世纪 50 年代以后，泰国社会重建，经济恢复发展需要大批人才，因此政府把教育作为二战后国家重建和进行现代化的重要组成部分。

（三）制定并实施国家教育发展计划时期

进入 20 世纪 60 年代，泰国开始实行经济建设计划，与此相适应，成立了国家教育委员会，开始制定并实施五年发展计划，重点解决突出问题，教育恢复发展。至 20 世纪末，泰国共制定了 8 个五年发展计划。这些计划都有各自的重点，其实施既保障了泰国教育的良性发展，也促进了泰国经济社会的发展。

1960 年，泰国颁布第一个五年发展计划，重点发展中等职业教育，强调培养技术人才。20 世纪 60 年代，泰国政府增加投资，大力发展职业教育，努力建立多学科、多层次、多规格、多形式的职业教育体系，职业教育学校数量因此得以增加，学生入学规模扩大。到 1985 年，泰国已经建成各类职业技术院校近 300 所，学生约 50 万。1990 年，泰国教育部颁布了《职业教育发展规划（1990—2000 年）》，提出建立农业技术培训班和流动培训班，为农民提供农业新技术课程，以提高农民的职业技术水平。这些措施有力地推动了泰国职业教育发展。

第二个五年发展计划重点是建立开放大学，着重解决大批高中生无法进入大学的问题。第二个五年发展计划期间，泰国根据联合国教科文组织的要求，把义务教育的年限延长至7年，并把提高师资水平作为工作重点，特别注重提高地方和农村的教育质量。

第三个五年发展计划的主要目标是建立健全教育体系，切实推进7年义务教育，不断扩大初等教育入学率，特别注重发展医学、技术、师范等领域的中高等教育，提高乡村教育质量，减少城乡教育差别。

通过几个五年发展计划的实施，泰国教育取得了喜人成就。二战结束时，泰国只有5所大学。20世纪50年代中期，泰国政府提出高等教育要为国家经济和社会发展培养合格人才，进行高等教育体制改革，颁布了一系列高等教育法规，扩大了高等教育规模。20世纪60年代中期以后，政府分别在北部、东北部和南部建立了清迈大学、孔敬大学、宋卡大学，并在政策上予以重点扶持。

20世纪70年代以后，泰国的基础教育、扫盲教育和成人教育都取得了不错的成绩。20世纪60年代，泰国公立学校注册的儿童只有400万，但到80年代后期，全国近80%的11岁以上儿童接受了正规教育；1983年，超过99%的7—12岁儿童入学。[1] 1984年，泰国把每年的9月8日定为识字日，以减少文盲人口数量。泰国政府充分认识到成人教育见效快，对经济发展效果明显，因此积极发展成人教育。1972年，国王颁布了关于加强非正规教育的法令，决定把教育部的成人教育处升格为非正规教育司，之后又采取了一些有利于成人教育发展的措施。在政府的扶持下，泰国接受成人教育的人数由1960年的46万增至1970年的89万、1980年的165万，1990年

---

[1] 田禾，周方冶.泰国[M].3版.北京：社会科学文献出版社，2016：262-263.

则达到 210 万。至 20 世纪末，泰国成人教育的成就更加令人瞩目。

1997 年，亚洲发生金融危机，冲击了东南亚国家的经济，泰国教育也相应地受到了影响。为了减少金融危机对教育的影响，使教育更好地服务经济发展和现代化进程，泰国政府针对存在的问题，在吸收世界其他国家教育改革发展成功经验的基础上，对教育进行了全面改革。

1997 年，泰国完成了第七个国家教育发展规划，制定并通过了第八个国家教育发展规划，作为指导未来 5 年教育改革和发展的方针政策。同一年，泰国颁布了新宪法，重新阐述了教育改革和发展对泰国的重要意义，第一次提出接受教育是每个公民应尽的义务和应有的权利。

1999 年，泰国颁布了《国家教育法》。该法共 9 章，全面阐述了教育发展的根本内涵，规定全体泰国公民都有接受义务教育的权利。政府把实现 12 年义务教育写入《国家教育法》，从法律上保证每个儿童的受教育权利。

20 世纪末，泰国社会已经基本发展成为全民教育社会。由于政府对教育高度重视，加大了教育投入，深化了教育改革，教育成为人民的基本需求，终身教育的观念深入人心，教育发展取得了巨大成就，促进了经济社会发展。

当然，这个时期的泰国教育仍然存在一些问题：教育机会不均等，地区教育发展不平衡，各级各类教育发展情况也不均衡，教育还不能完全适应经济社会发展需求；教育经费在私立学校和公立学校之间的分配差距依然较大，私立学校的地位还没有得到应有的重视，其作用也没有得到很好的发挥；在教育国际化进程中，存在脱离本国实际、盲目照搬西方教育的现象；过于追求办学规模和学校数量，在一定程度上忽视了教育质量的提高；教育管理体系还不够完善，教育政策法规的落实还不到位；教育专业设置与社会经济发展实际脱节，导致大量大学毕业生难以就业。这些问题是泰国教育走入 21 世纪时必须面对的挑战。

四、进入 21 世纪以来的教育

泰国社会随着对新世纪的美好期盼迈向了新阶段，泰国的教育也同样迈入了充满期待与挑战的 21 世纪。

1999 年颁布的《国家教育法》描绘了进入 21 世纪以后泰国教育的光明前景，提出了一系列教育改革和发展的政策和举措。2002 年，泰国颁布了《佛历 2545 年[1]部、小部、厅调整法案》，对教育管理机构进行改革，把大学事务部、基础教育部和国家教育委员会三个机构合并为一个机构——教育部，负责全国的教育规划和管理。[2]

2002 年，泰国《义务教育法》规定全国实行 12 年义务教育，包括 6 年初等教育和 6 年中等教育。

2004 年 5 月，泰国将免费的教育年限由 12 年延长至 14 年，纳入 2 年的学前教育，即 2 年学前教育、6 年小学教育、3 年初中教育、3 年高中教育。

2009 年 3 月，泰国将免费的教育延长至 15 年，其中包括 3 年学前教育、12 年义务教育（初等教育 6 年、中等教育 6 年）。3 年学前教育虽然不属于义务教育，但自 2009 年以来实行免费政策。[3]

2010 年，泰国政府出台了《国家教育发展规划修订版（2009—2016 年）》。该规划强调"教育强化国家，教育增强个人能力，教育促进就业"，提出了泰国教育发展目标，如改进课程和教学方法，提高教育管理质量和教育质量，发展高效的教育体系，增加教育公平和就业，促进教育综合发展，使泰国成为毗邻国家的教育网络中心等。

2011 年，泰国政府提出了经济社会发展改革规划，将教育放在非常突出的位置，强调优良社会的形成源于优秀人才的培养，提出为全国 170 万

---

[1] 佛历 2545 年即公历 2001 年。1954 年，"世界佛教徒友谊会"在缅甸仰光举行会议，决定佛教国家以"佛历"纪年，并以释迦牟尼涅槃日推算，公元 1954 年为佛历 2498 年。

[2] 陈晖，熊韬. 泰国概论 [M]. 广州：世界图书出版广东有限公司，2012：195.

[3] 阚阅，徐冰娜. 泰国教育制度与政策研究 [M]. 北京：人民出版社，2020：73-74.

家庭条件欠佳的儿童接受基本教育提供保障，使残疾儿童能像正常孩子一样得到正规教育。此外，政府还为辍学的成人提供帮助，以提高他们的文化水平。泰国政府还调整措施，进一步减轻家长负担，推行免费教育计划，增加就读机会，提高教育质量。

针对国家创新人才不足、竞争力堪忧的问题，泰国政府制定了《国家高等教育十五年发展规划（2008—2022年）》《国家高等教育五年发展规划（2012—2016年）》和《高等教育委员会办公室四年战略规划（2015—2018年）》等文件，目的是建立高等教育资历框架，保证教育和研究的质量，为国民经济和社会发展提供所需要的人才。

2014年，巴育政府上台，着手制定国家未来20年发展规划。2016年，政府提出了面向未来20年的经济社会发展战略——"泰国4.0"战略和《第十二个国民经济和社会发展计划》，并于2018年正式出台了《国家二十年战略（2018—2037年）》。"泰国4.0"战略推出后，泰国教育部据此制定了配套的教育政策，其中主要包括《国家教育发展二十年规划（2018—2037年）》《国家教育发展五年规划（2017—2021年）》《高等教育委员会2018年年度行动计划》等。这些教育文件将教育发展规划与国家战略绑定，明确提出高等教育在国家产业发展以及推动实现"泰国4.0"战略中应发挥的作用，要求培养高素质的符合国家经济社会发展的创新人才，并指出未来20年人才培养和科技发展的具体指标。

2017年5月，泰国内阁正式任命了由25名成员组成的教育改革独立委员会。此后，该委员会通过了《教育平等基金法》，以推动教育改革议程和一揽子计划。

《国家二十年战略（2018—2037年）》旨在推动2018—2037年国家各项发展项目、计划和活动，包括六项主要战略：国家安全、国家竞争力创造、人力资源能力发展、社会平等与机会创造、以生活质量为基础的环境友好型经济增长、公共部门行政管理系统的发展与调整。

《国家教育发展二十年规划（2018—2037年）》是依据《国家二十年战略（2018—2037年）》制定的，大胆地构想了未来20年泰国教育发展的愿景：在瞬息万变的未来社会，所有国民都能接受优质教育，物质生活充足，精神生活丰富。

纵观泰国的教育发展历史，可以看到，泰国现代教育在发展过程中经历了四次改革。

第一次教育改革发生在拉玛五世国王时期，主要通过向西方学习，实现了从古代教育到现代教育的初步转变。第二次教育改革发生在1976—1978年。当时的改革者怀着良好的愿望，试图通过教育改革改变人民的生活，改造社会，提出将教育行政管理权下放给各府及教育机构，使教育民主化。但是，改革遭受重大挫折，被迫终止，最终只在课程领域做出了一些改变。1999—2018年的第三次教育改革起因于1997年泰国颁布的新宪法以及亚洲金融危机的发生，改革者从中看到了教育改革的机会。1999年颁布的《国家教育法》是第三次教育改革的纲领。改革的愿望是建立统一的教育体系，将几乎所有类型和层次的教育汇集在一起，体现教育行政统一的理念。最终，目标并没有实现。

2017年，泰国颁布了新宪法，以具体直接的方式为第四次教育改革设定了主要框架：确保学龄前儿童在进入基础教育机构之前得到最好的照顾和发展，以便他们接受免费且适龄的教育；建立专业教学人员的培养、选拔、发展机制和制度，培养出真正有教师精神、知识渊博、能力过硬的教学人才；建立适当的绩效制度来管理专业教师队伍；改进国家和地区各级教育机构的组织框架，以提高教育教学水平。除了宪法以外，2018年颁布的《国家二十年战略（2018—2037年）》也为第四次教育改革设定了基本框架。与此相适应，《国家教育发展二十年规划（2018—2037年）》提出了泰国未来20年教育改革发展愿景、5个领域的教育发展目标，以及6项发展战略。本次改革重新划分了教育部的机构和职能，规范了教育体系。

2018年10月，泰国内阁批准了《幼儿发展法（草案）》，这使得《国家教育法（草案）》重新定义了"基础教育"。1999年之前，"基础教育"包括1—12年级，即小学6年、初中3年和高中3年；而在《国家教育草案》中，基础教育虽然还是12年，却是9年义务教育（1—9年级）加3年学前教育，不包括3年高中教育。这表明学前教育的重要性得到了充分认识。此外，本次改革还把学校放在突出位置，大大提高了学校的自主权和独立性，这在泰国的历史中是没有先例的。

人类已经进入21世纪的第二个十年，泰国人民对教育寄予了厚望，泰国政府也已经制定了新的奋斗目标，要使泰国成为第一世界国家和高收入国家。与此同时，在泰国"教育4.0"的坚定拥护者眼中，"教育4.0"意味着教育的彻底改革，泰国人民能否摆脱贫困和无知，过上体面的生活，关键在教育。

无论如何，为了应对国内外已经发生和即将发生的变化和挑战，泰国的教育改革终将继续。泰国的各教育部门应认真协调，共同合作，使泰国的教育和教育体系成为培养全面合格人力资源的强大的、坚实的、关键的基石，最终实现泰国的安全、繁荣和可持续发展。

第二节 教育人物

影响当今泰国教育的主要人物有泰国现代教育改革发展的先驱朱拉隆功国王、泰国教育管理领域的专家和研究者溥力·西班披塔，以及为泰国高等教育入学考试制度做出重大贡献的素查威·素瓦萨万。

一、朱拉隆功

朱拉隆功（1853—1910），即拉玛五世，为泰国（原称暹罗）曼谷王朝国王。他在位 42 年进行了一系列的改革，为现代泰国的社会发展奠定了基础，是泰国近代史上一位开明的君主。

朱拉隆功从小接受英式教育，能讲一口流利的英语。他不但学习泰文、英文、巴厘文和梵文，还学习射击、武术、骑马、骑象等科目，酷爱古代历史和文学。1870 年和 1871 年，他先后访问新加坡和爪哇；1872 年年底，他访问了印度。这几次出访使他深感自己国家的贫穷和落后，认识到要使国家富强起来就必须迅速培养出新的人才。因此，他回国后下定决心进行教育改革。

朱拉隆功组织了正规教育，创建国民教育计划，在宫殿和寺庙里建立学校，设定学习课程，制定考试制度，并设皇家奖学金资助学生出国留学。

朱拉隆功于 1871 年建立了皇家学校。皇家学校不同于传统的学校或寺庙学校，有特定的学习地点，由平民而非僧侣担任教师，在规定的时间授课，教授泰语、外语等科目，并且教导学生识字、算数。皇家学校成立后，他又建立了一所英语语言学校，为政府官员教授外语以便他们可以和西方国家代表谈判。这两所学校改变了过去以寺院为中心、僧侣做教师的传统教育方式，开创了泰国教育史的新篇章。

1881 年，御林军军校成立。1882 年，御林军军校扩展为一所教授一般科目的学校。1884 年，第一所平民学校在曼谷玛罕帕拉姆寺建立，目的是让普通百姓有机会像王公贵族子弟一样接受新式教育。

1885 年，曼谷和各府纷纷建立学校，为各地青年提供教育，教育得到广泛发展。

朱拉隆功还创建了一批专门学校，如绘图学校、文官学校、师范学校和医学院等，并对学校的课程做了一些改革。他还降谕选拔留学生，派往国外学习。到朱拉隆功晚年，平民教育在全国形成了热潮。

以上教育改革产生了积极的效果：一是引起社会的巨大变化，使人民初步具备现代文化知识和理念；二是促进了政府体制改革，培养了现代政府机构需要的能识字和懂计算的公务人员；三是有利于平民等下层阶级的职业发展，公务员职业从此在泰国社会受到欢迎；四是教育改革为个人接受国外高等教育奠定了基础，许多人获得了皇家奖学金出国留学。

朱拉隆功带领着曾经闭塞落后的泰国逐渐走向现代国家行列，成为泰国历史上最伟大的君主之一和现代泰国的缔造者。后世尊称其为朱拉隆功大帝。为纪念朱拉隆功的伟大贡献，1917年，其子拉玛六世建立朱拉隆功大学。朱拉隆功大学被视作泰国高等教育的先驱，引领着国家高等教育及某些特殊专业的发展方向，被誉为"全国最有威望的大学"。

尽管朱拉隆功在引进西方现代教育方面做了很多开创性的工作，但是他改革的前提却是维持传统的小乘佛教的地位，因此他的教育改革在实践中深受传统束缚，且以寺院教育作为基础。因此，尽管改革开始较早，但是进程一直十分缓慢。到朱拉隆功统治末期，整个教育制度的基础并没有发生理想的改变。他在位时期，教育经费也一直较少，从未超过年度财政支出的3%，许多年份甚至还不到2%。教育的基础仍然是传统型的，总体教育水平还不是很高，需要发展的地方依旧很多。

二、溥力·西班披塔

溥力·西班披塔出生于1949年，是泰国当代教育家。他曾是朱拉隆功大学的一名教师，后来从事管理工作，参与制定泰国教育政策和战略，为泰国教育做出了突出贡献。

溥力·西班披塔先后获得朱拉隆功大学小学教育学士学位、教育管理硕士学位，美国匹兹堡大学国际发展教育与教育经济学博士学位。他大部分研究项目和发表的文章都和教育管理有关。他认为提升教育质量和水平的关键不全在政府和教师，学生和学校管理人员也很关键。

溥力·西班披塔关注创新教育管理、教育管理政策与策略和国家发展研究。他编写出版的教育类图书主要有《世界儿童教育管理》《可持续发展教育管理：经济、社会和环境方面的教育基础》《批判性研究分析：教育危机基础》等。此外，他还发表了《设计模拟评估泰国学校领导的人际技能和能力》《基础教育经费分配的平等与公平策略》《泰国培养高质量小学教师的拟议政策》《教育促进国家发展的跨学科研究议程》等文章。

2018年2月，在一次有关泰国高等教育发展研究方向的学术研讨会上，溥力·西班披塔和会议成员提出了未来20年泰国的发展方向，即必须成为教育、劳动和工业方面的创新和可持续发展国家，还总结了高等教育研究方法和策略以及科学研究和创新策略。

2020年3月，在泰国4.0优质教师培养系统机制推动会议上，溥力·西班披塔就优质教师培养发展系统的概念框架和状态以及推动泰国4.0优质教师培养系统机制提出了政策性建议。他提出泰国4.0优质教师培养系统推动机制的定性目标和定量目标。定性目标是指在学生知识发展方面具备核心资质和能力。定量目标是指应培养数量充足的教师，每一位教师必须进行每年至少30天的培训；机构和教师培养系统可以是公办机构或民办机构；教师发展模式应为在职培训、非在职培训和线上培训结合的模式。

溥力·西班披塔在泰国4.0优质教师培养系统机制推动会议上的报告对泰国教育有较大影响。

三、素查威·素瓦萨万

素查威·素瓦萨万，1972 年出生。他是泰国先皇理工大学学士，美国威斯康星-麦迪逊大学工程与环境专业硕士，麻省理工学院政策和技术专业硕士、工程与环境专业博士。目前在泰国先皇理工大学担任校长。

素查威·素瓦萨万曾获艾森豪威尔奖学金，还获得东盟工程联合会颁发的杰出工程师奖、杰出管理者奖等。作为享誉全球的工程管理者，他鼓励年轻人成为创新一代的工程师。

泰国大学入学考试系统曾经多次改革，现在采用的大学入学考试系统为"泰国大学中央录取系统"，即 TCAS 系统，其倡导者正是素查威·素瓦萨万。2018 年，泰国将大学入学考试系统变更为 TCAS 系统，其目的是减少多次考试产生的费用，促进大学考试的公平高效，这也使优秀学生可获得更多的教育机会。新系统规定每位学生仅有一次机会参加考试，参加考试必须进行资格确认并在系统上签名。TCAS 系统是泰国大学入学考试改革的历史性尝试，也是素查威·素瓦萨万作为泰国教育者的重要成绩。尽管 TCAS 系统仍然存在一些缺陷，但每年都在不断完善，无论是课程、标准考试的制度等，一切都是为了学生的利益，并尽可能达到系统的既定目标，对泰国教育产生了非常积极的影响。

第四章 学前教育

第一节 学前教育的发展和现状

一、学前教育的发展历程

泰国学前教育的发展体现了对西方文化的借鉴和与东南亚文化的融合。泰国悠久的识字和教育传统可以追溯到13世纪,早期的教与学是社会和宗教的产物,由寺院受过具足戒的比丘为上至王子下至农民传授社会和宗教的相关知识。

2003年,为了应对泰国经济和社会变革,增加文化多样性,适应全球化趋势,泰国进行了教育改革。在学前教育方面,泰国政府以1997年的幼儿教育课程为基础,发布了《2003年学前教育课程手册》。这一手册的发布为儿童早期教育提供了框架和具体准则,自此之后泰国发展学前教育有了指南,也有了相对完整的监督机制,进入了学前教育现代化进程。随后,政府于2007年、2009年和2017年对该手册进行了修订,更加明确了社会、教师、家长、社区的职责,为泰国发展学前教育提供了政策保障。

《2003年学前教育课程手册》将学前教育划分为三个不同的时期:第一个时期是泰国教育改革实施之前(1238—1868年),第二个时期是教育改革期间（1869—1931年），第三个时期是教育改革之后（1932—2002年）。2003年至今可以视为泰国学前教育发展的第四个时期，即现代化发展时期。

（一）教育改革之前（1238—1868年）

这一时期有三种类型的学前教育方案，是根据儿童的社会经济地位而设计的。第一种是为皇室3—7岁的儿童设立的；第二种是为那些可雇佣家庭教师的富裕家庭的儿童而设的；第三种在僧侣的监督下在寺院进行，是为那些家庭无力支付教育费用或无人照顾的儿童而设的。

14世纪下半叶，学前教育变得更加注重识字和计算能力。学习的课程包括泰语、绘画、雕刻技巧、道德教育（其中包括泰国的传统思想和文化）和武术。然而，这一时期学校数量较少，所教授的课程缺乏一致性，教学和学习评估发展缓慢。此后，因为商贸往来，泰国学前教育开始受到葡萄牙、法国、英国和荷兰等西方国家的影响。

（二）教育改革时期（1869—1931年）

在教育现代化的早期阶段，泰国于1892年成立了王子幼儿园，于1893年建立了公主幼儿园。第一个为孤儿和贫困儿童建立的孤儿院是拉玛五世的妻子萨瓦里皮隆王后于1890年创办的。孤儿院为孩子们提供基础的生活条件，让他们吃饱穿暖并接受良好的道德教育，目的是为了让孩子们以后能够独立谋生。

孤儿院接受来自任何家庭背景的儿童，特别是中下层阶级以及无家可归的孤儿。孤儿院的教学计划由迪斯瓦拉·库马尔王子制定，他是拉玛五世同父异母的兄弟。他一共策划了十余项教学内容，如识字、算术、阅读和写作、礼仪、烹饪、刺绣、爬树、游泳、建房、种植等。

正式的教育项目于1898年在《国家教育计划》中提出。该计划概述了教育的四个层次：学前教育、小学教育、中学教育和大学教育。学前教育项目附属于小学教育，在最早的教育改革中并没有对学前教育进行细分。

在拉玛五世统治的后期，学前教育通过幼儿园这一重要的渠道得以实施。孩子们在幼儿园学习阅读、写作和算数。第一所比较有名的私立幼儿园是1911年成立的瓦塔纳维塔亚学校，它借鉴了西方教育学家福禄贝尔和蒙台梭利的教育思想和方法。第二所私立幼儿园是成立于1923年的拉吉尼学校，第三所是1927年成立的玛德代伊学校。虽然这些幼儿园参考了西方教育方法，但它们也通过日常教学实践促进了泰国儿童对本土文化和身份的认同。如早晨面向佛祖祈祷，并进行传统的泰国舞蹈表演。此后，学前教育机构从精英阶层的私立幼儿园慢慢扩展到府级的公立幼儿园，再扩展到当地公立学校的学前班。

（三）教育改革之后（1932—2002年）

经过朱拉隆功的教育改革，学前教育进入了前所未有的蓬勃发展阶段。学前教育被纳入1932年的国家教育计划。它强调由政府负责提供学前教育，也鼓励和支持其他非政府组织的参与。1937年，教育部开始强调学前教育的重要性并选拔教师前往国外进行培训。通过选拔，一位名叫吉纳拉·通贴姆的女教师被先后派往美国和日本接受幼儿教师培训，政府为她提供奖学金。之后，又有四位女教师被教育部派往日本学习幼儿教育。

幼儿教育引起了拉奥·林森泰的极大兴趣。她向教育部捐赠了80 000泰铢，在普拉纳孔家政学校（现在的川登喜大学）建造了一栋学前教育大楼并成立了拉奥幼儿园。这是泰国第一所公立幼儿园，于1940年9月开始招生，第一年就非常受欢迎。因此，教育部决定在建立幼儿园教师培训系统的同时，扩大幼儿园教育。1941年，拉奥幼儿园成为第一个学前教育教师培训中心，获得小学教育证书的毕业生在这里进行一年幼儿园教育。此后，在这里受过培训的很多学员成为了泰国各府的学前教育专家。1943年，教育部开始将幼儿园教育扩展到府级行政区，并修订了幼儿园教师培训计划。1945年，拉奥幼儿园培训中心从幼儿园分离出来。

拉奥幼儿园在教学实践中采用了蒙台梭利的教育方法，即通过唱歌、讲故事、游戏和玩耍的方式传递知识和培养性格。幼儿园学习时间很短，鼓励孩子们充分地休息（见表4.1、表4.2）。拉奥幼儿园开创了泰国公立幼儿园的教育模式，时至今日很多幼儿园仍然采取拉奥幼儿园的教学模式。

表4.1 拉奥幼儿园学习时间安排 [1]

科目	小时/周	备注
学前活动	1	开会，祈祷
游戏	2	以感恩为主题
泰语	3	每周最后一天
算术	1	课堂上学完，没有作业
泰国知识	0.5	
绘画和手工艺	2	
合唱	2	
健康教育	1	
游戏和园艺	3	
总时长	15.5	

---

[1] สุโขทัยธรรมาธิราช, มหาวิทยาลัย. (2547). พฤติกรรมการสอนปฐมวัยศึกษา หน่วยที่ 1-8 (พิมพ์ครั้งที่ 14). นนทบุรี : โรงพิมพ์มหาวิทยาลัยสุโขทัยธรรมาธิราช.

表 4.2 拉奥幼儿园每日教学安排

时间	教学安排
9:00—9:15	升旗,唱国歌,检查着装
9:15—9:30	道德、健康教育,学习泰国知识和公民义务知识,讲故事
9:30—9:45	算术
9:45—10:00	绘画和写作
10:15—10:45	户外游戏,园艺
10:45—11:00	练习泰语对话,学习字母、书写、雕刻
11:00—11:15	唱歌和玩耍,做智力练习
11:15—11:30	摆放餐桌,整理床铺
11:30—12:00	吃午餐,餐后刷牙、洗手
12:00—14:00	午睡
14:00—14:30	起床,整理床铺
14:30—14:45	吃零食
14:50—15:00	降旗,敬礼,回家

1942年,首都曼谷以外的府级行政区也成立了公立幼儿园,如拉差岛府的拉差岛幼儿园、春武里府的春武里幼儿园和来兴府的来兴幼儿园。1977年《国家教育计划(1977—1992年)》实施期间,政府扩大了学前教育规模,启动了农村幼儿园项目,在各乡镇、村镇建设幼儿园,并由府级幼儿园对其进行指导和提供必要的设施支持。此后不久,幼儿园的午餐计划和补充食品(学校牛奶)计划也被纳入国家教育计划,以改善所有儿童的生活质量。自1990年《全民教育宣言》发布以来,泰国政府更加重视学前教育在数量和质量上的发展,力求使每个3—5岁儿童都能得到适当的教育,以充分发挥他们的潜力,培养他们的道德和伦理价值观,并为接受小学教育做好准备。

到 1973 年，教育部在泰国各府共建立了 72 所公立幼儿园，学前教育也被纳入国家教育计划。计划指出学前（儿童早期）教育是培养和发展儿童在每个年龄段的理想特征，是为了促进他们在身体、心理、社会、认知和行为上发展，为上小学做好准备。

1993 年，教育部开始制定幼儿课程，以便为学前教育提供指导。1997 年，泰国的第一个儿童早期课程颁布，该课程概述了三个年龄组的保护和教育问题。三个年龄组分别是 0—1 岁、1—3 岁、3—6 岁。该课程只提供了 3—6 岁年龄组的学习内容指南，包括儿童自我认知启蒙，家庭、儿童早期管理服务，自然环境认知，环境保护意识，以及交通和通信等方面的基础知识。政府还颁布了该课程的配套手册。

1999 年《国家教育法》规定，学前教育主要由公立学校、私立学校和宗教机构共同负责。此外，负责学前教育的机构还包括教育部、公共卫生部、社会发展和人类安全部、内政部、文化部、劳动部、总理办公室、资优和创新学习研究所和儿童图书基金会九个部门，以及其他相关的基金会和私人机构，例如倡导母乳喂养的泰国母乳喂养中心。儿童博物馆和各种非政府组织也为泰国学前教育提供了很大支持。

2001 年，经济危机给泰国的社会和经济都带来了深刻变化，政府认为有必要对各级教育系统进行升级改革，其中包括学前教育。

（四）现代化发展时期（2003 年以来）

2003 年，泰文版和英文版的《2003 年学前教育课程手册》颁布。

《2003 年学前教育课程手册》作为学前教育机构和儿童发展中心的指南，为业界提供了统一的标准，旨在鼓励幼儿各方面均衡成长和发展，成为优秀的、聪明的、快乐的公民。

《2003 年学前教育课程手册》主要涉及以下三方面内容。

一是学前教育的理念。幼儿阶段是儿童发展的重要阶段,从出生到5岁属于学前教育范畴,学前教育的重点是培养孩子的基本教养和在学习过程中关注自然环境的理念,努力为每个孩子提供一个充满爱和包容的社会环境;要立足于幼儿的潜力,努力将他们培养为能为自己创造生活品质以及为社会创造价值的人。

二是学前教育的原则。每个孩子都有受教育的权利,学前教育通过儿童与看护人之间的良好互动来进行。学前教育原则包括[1]:促进所有儿童的早期学习和发展;考虑到泰国社区、社会和文化背景下儿童生活方式的差异,坚持以儿童为中心的教养和教育原则;通过游戏和活动让儿童全面发展;提供学习经验,使他们能够过上优质快乐的生活;协调家庭、社区和教育机构在儿童发展方面的合作关系。

三是幼儿的年龄特征。《2003年学前教育课程手册》详细阐述了各年龄段幼儿的特征,强调教师需要了解这些特征,但为每个年龄段或不同年龄段、不同家庭背景的儿童提供更好的教育。教师必须观察每个孩子之间的个体差异,设定相应的标准。如果在这个过程中,孩子没有达到目标或无明显进步,教师应及时咨询教育专家或向医生寻求帮助。表4.3列出了《2003年学前教育课程手册》中对3岁儿童的年龄特征描述。

表4.3《2003年学前教育课程手册》中3岁儿童的年龄特征 [2]

身体发育	情绪和心理发展	社会发展	智力发展
原地上下跳跃	根据感觉表达情绪	自己吃饭	探索的相同点和不同点事物
用手和身体接球	能够与成年人互动沟通	能够与成年人一道出行	可以说出自己的名字

---

[1] 资料来源于《2003年学前教育课程手册》。
[2] 资料来源于《2003年学前教育课程手册》。

续表

身体发育	情绪和心理发展	社会发展	智力发展
能够交替双脚上楼梯	减少与亲密照料者分离的恐惧	参与游戏	遇到问题时寻求帮助
能够用单手使用剪刀		学会等待	能够用简短的句子说话、回应和讲故事
可以在表格中画圆圈			对故事感兴趣
			唱歌、朗诵诗歌、简单地押韵和模仿手势
			知道如何问问题
			根据自己的想法创作简单作品

《2003年学前教育课程手册》为泰国幼儿教育提供了发展模板，也同时提出了一系列监督学校、幼儿教师、家庭、社区等的监督机制。此外，2003之后有三项主要政策支持学前教育的现代化发展。

1.《2007—2011年的长期政策和战略》

该政策侧重于激发0—5岁儿童的发展潜力，它强调家庭是养育儿童的主要依托，鼓励社会各阶层共同参与，为儿童提供适宜的成长环境，并有利于儿童早期发展。它由3个主要战略组成：促进儿童早期发展的战略；提高家长以及儿童看护人的育儿能力战略；改善有利于儿童早期发展的环境战略。

2. 2008 年《关于儿童早期保育和发展的规定》

此规定由总理办公室发布,"国家幼儿保育和发展委员会"根据该规定设立。委员会由总理担任主席,教育委员会办公室的代表担任委员和秘书。委员会的权力和职责包括:协调和整合与幼儿保育和发展有关的活动;协调和整合由公共和私营部门组织开展的与幼儿保育和发展有关的活动;就幼儿保育和发展的完整周期性进程向教育部提出建议和咨询意见;建议教育部对法律、法规、条例或相关决定进行修正,以使其与幼儿保育和发展相协调;鼓励并支持有利于幼儿保育和发展的学习管理创新;寻找有关机构幼儿保育和发展的适当模式;任命小组委员会。

3. 15 年免费教育与热爱阅读鼓励政策

尽管 1999 年《国家教育法》规定,国家应提供至少 12 年的高质量的免费基础教育,但政府的实际政策是提供 15 年的免费教育,其中包括学前教育。免费教育体现了政府对学前教育发展的高度承诺:让儿童有更多机会平等地接受教育。除此之外,2009 年 11 月,国家幼儿保育和发展委员会批准了一项鼓励幼儿热爱阅读的政策。该政策希望从幼儿时期就开始培养人们热爱阅读的习惯。举行的活动包括儿童讲故事和阅读,以及父母和有关人士参与讲故事活动、与孩子一起阅读。

2017 年 8 月,泰国教育部又对《2003 年学前教育课程手册》进行了第三次修订,并于 2018 年 5 月起在全国范围内实施。直至今日,这份手册依然是泰国学前教育的重要依据和标准。

这一系列教育政策的革新和相关政策的提出,为泰国学前教育的现代化进程做出了重要的贡献,无论是参与学前教育的幼儿数量还是公立、私立幼儿园的数量都有了大幅度的增长,促进了泰国学前教育发展至相对完善的状态。

二、学前教育的发展现状

（一）学前教育的规模

2016—2020 年泰国学前教育的学生注册人数见表 4.4，可以看出，2020年，约有 110 万名学生在公立学前教育机构就读，约有 55 万名儿童在私立学前教育机构就读。整体来看，就读总人数有下降趋势，这和全球新冠肺炎疫情的影响有关。

表 4.4 2016—2020 年泰国学前教育学生注册数 [1]

（单位：人）

教育水平	2016 年 公立	2016 年 私立	2017 年 公立	2017 年 私立	2018 年 公立	2018 年 私立	2019 年 公立	2019 年 私立	2020 年 公立	2020 年 私立
预备幼儿园	484	21 246	967	17 356	955	27 441	1 278	19 905	1 358	18 145
幼儿园 1 年级	63 253	194 685	122 699	174 852	145 199	175 566	127 686	166 445	127 419	156 460
幼儿园 2 年级	539 067	213 056	543 629	210 102	501 130	197 195	491 849	191 987	471 092	184 119
幼儿园 3 年级	512 350	201 678	553 658	210 252	556 127	211 421	514 051	198 240	506 762	192 031
托管所	6 639	—	396	—	336	—	293	—	42	—
合计	1 121 793	630 665	1 221 349	612 562	1 203 747	611 623	1 135 157	576 577	1 106 673	550 755

泰国的学前教育机构主要包括幼儿园和预备幼儿园（学前班）。预备幼儿园为一年制，幼儿园分为三年制和两年制两种。公立学前教育机构主要

---

[1] 资料来源于泰国民办教育委员会统计资料。

是两年制幼儿园，私立学校基本为"三年制幼儿园+预备幼儿园"。泰国的学前教育因地区、家庭收入、父母教育水平等因素存在着发展不均的问题，从而影响着学前教育的质量和基础教育的完成情况。

从学前教育机构数量来看，截至2019年，幼儿园共计82所，遍布泰国的每个府，北方17个府共18所，东北部20个府20所，中部19个府22所，南方14个府14所，东部8个府8所。国家基础教育委员会秘书长表示，今后各府要继续增设幼儿园以满足更多孩子的学习需求。

（二）学前教育的内容

泰国现行学前教育内容包括以下主题。[1]

（1）个人情感发展。通过游戏、认读卡片等活动培养幼儿控制情绪的能力。通过音乐、美术、绘画课程使孩子拥有开朗的心态和审美能力。通过宗教活动培养儿童善良、大方、诚实、礼貌、感恩的品质以及对宗教教义的遵守与信仰等。日常课程中也会安排与他人合作的项目，例如一起游戏，与朋友合作完成任务等，使儿童学会接受责任、承担义务，为适应社会和环境做准备。

（2）交流（包括手语）能力与识字能力。通过一系列活动认读泰语字母，制作字母卡片，认知拼读规则，了解泰国城市名等。让儿童了解泰语的敬语、皇家用语、僧人用语等，了解泰国传统文化，使他们有良好的社会秩序感，使用合适的方式与不同的人交流。

（3）了解世界知识。世界地图的拼图游戏使儿童有世界观认知，知道不同国家使用不同的语言。有些私立学校或华人学校会有英语或华文教育。泰国是一个多文化融合的国家，加强对世界知识的了解能够促进儿童对多

---

[1] 资料来源于泰国川登喜大学学前教育项目内部资料。

元文化的认识，为今后的跨文化教育奠定良好的基础。

（4）审美发展。泰国有许多学前教育课程的理念是"玩""享受""热爱"。这些课程开发儿童智力，鼓励儿童进行创新和对已有工具进行再创造，为儿童创造一个轻松、无压力的创作环境。泰国很多儿童都有良好的绘画技巧，他们能用线条描绘生活中的事物，对色彩较为敏感，重视服装搭配，这都是学前教育的成果。

（5）数学思维。通过认知数字、比大小、简单的加减、用手指数数、清点物品、数人数、了解量词和货币等相关教学使儿童具备简单的数学知识，训练儿童基本的逻辑思维。

（6）体育训练。鼓励儿童参加户外活动，例如在固定时间锻炼身体、原地跳跃、用手和躯干接球、双脚交替上楼梯、单手使用剪刀等工具、训练手指的灵敏度、锻炼身体肌肉等。

（7）身体健康。从三岁开始教儿童认知和了解自己的身体部位和功能，训练儿童能够辨别身体哪里不舒服并表达出来，加强身体锻炼。

（8）游戏与团队合作。游戏在课程中占有很大的比重，很多能力都是通过游戏培养的。游戏分为训练型游戏与娱乐型游戏，前者的目的是锻炼孩子的某种能力，例如把不规则的棍子放进卡槽内、故事角色扮演、速记等；后者包括在操场上与同伴追逐玩耍、在户外随着音乐晃动身体、利用黏土做相关手工活动等。娱乐型游戏往往也能锻炼孩子的团队合作能力。游戏通常都是群体游戏，孩子们在游戏中与同伴沟通，复述游戏规则，或给家长、教师讲述游戏感受。

（9）自主技能。为了使孩子们自力更生，要尽可能地训练他们自己穿衣、梳头、整理书包、吃饭、洗手等，教师尽量不参与，而是在一旁观看和指导。这些基本的技能能够培养孩子独立自主的意识，在成人后能够成为有责任、有担当的人。

（10）社会技能。让孩子留意身边同学的名字、体型、长相，了解周围人的性格，有机会接触社区和别的家庭，进行亲密互动，使他们不惧怕与陌生人接触，具备基本的社会技能，能够遵守基本的社会规则。

（11）科学思维。让孩子进行观察、分类、比较、安排和解决问题的相关训练，与孩子交谈和交换对事情的看法，在日常生活中制造一些他们能够解决的小问题促使他们独立思考，安排孩子玩适龄游戏从而训练他们的科学思维能力。

（三）学前教育相关规定

泰国 1999 年的《国家教育法》强调了学前教育的重要性，指出对儿童的照顾、教育和培养应以儿童为中心，辅以综合考虑个体差异和儿童所在社区和家庭文化的背景。无论是 1999 年的《国家教育计划》，还是《2003 年学前教育课程手册》都强调，学前教育的主要目标是培养幼儿的理想品质，这些品质能够支持他们成为良好的公民，使他们行事遵守道德规范和纪律，有民族自豪感和文化自豪感，成为自己擅长领域的专家，并对家庭、社区、社会和国家负责。学前教育除了对儿童培养有规范化的指引外，还对父母、照顾者和教师都提出要求，旨在使儿童在安全和健康的环境中成长。

2003 年的学前课程概述了五项广泛适用的原则。第一条原则指出，每个年龄段的儿童的学习过程和成长中都必须得到家庭和社会相关人员的支持。第二条原则强调，照顾和教育儿童时应注意个体差异和他们在社区、社会和家庭文化背景下的生活方式。第三条原则宣称，为了更好地了解儿童，可以通过游戏和与年龄相适应的学习活动来发展其兴趣和特长。第四条原则规定，教师、照料者和儿童的父母需要提供学习经验，以提高家庭教育的质量。最后一条原则提出，家庭、社区和教育机构三方之间的合作对促进儿童的发展非常重要。

（四）学前教育类型

泰国有不同类型的早期儿童服务机构，包括托管所、儿童发展中心、学前班、幼儿园、残疾儿童或有特殊需要儿童的初步护理中心及其他幼儿发展中心。泰国学前教育机构也有私立、公立之分，都提供正式的幼儿园教育。泰国的一些私立幼儿园为儿童提供国际学前教育课程，大部分私立幼儿园位于曼谷。政府（公共）服务性学前教育机构有两种类型：两年制幼儿园和农村地区小学附属的一年制学前班。

政府希望父母和家庭成为孩子的主要照顾者，特别是在孩子出生至3岁期间。然而，如果有些家庭无法做到这一点，也有一些由政府或私人部门管理的早期儿童服务机构。

泰国的儿童早期教育分为两个不同的年龄组，第一组是0—3岁的儿童，第二组是3—5岁的儿童，他们分别对应着不同的学前教育机构，具体情况见表4.5。

表4.5 泰国学前教育机构概况[1]

年龄	服务类型	地点	监管机构
0—3岁	幼儿园 日间护理托管机构（大部分位于父母的工作场所或附近，由政府统一设置）	乡村、城市	公共卫生部 社会发展部和人类安全部 劳动部 国防部 私营部门/基金会

---

[1] 资料来源于泰国川登喜大学学前教育项目内部资料。

续表

年龄	服务类型	地点	监管机构
3—5岁	儿童发展中心（隶属县级/区级行政组织）	大部分在乡村设立	内政部地方管理司下属的县级行政组织
	私立幼儿园 公立幼儿园	乡村、城市	教育部基础教育委员会 教育部私立教育委员会
	学前班（一年级之前，大部分附属于公立小学）	乡村、城市	教育部高等教育委员会 教育部市政厅内政部

基础教育委员会办公室对泰国学前教育机构的规模进行了限制，规定了每种规模的机构可接纳的儿童数量，以确保教育质量，详见表4.6。

表4.6 泰国学前教育机构规模分类[1]

规模	曼谷	其他地区
小型学前教育机构	不得超过150位儿童	不得超过120位儿童
中型学前教育机构	可接纳151—300位儿童	可接纳121—280位儿童
大型学前教育机构	超过301位儿童	超过281位儿童

（五）学前教育国际化

泰国家长一方面可以向特定的学前教育机构发送线下或线上申请，另一方面，也可以根据自己的要求，结合费用、地点和所提供的课程，自行研究并挑选合适的私立幼儿园。此外，家长可以在幼儿园开放日入园参观以了解更多信息。泰国公立学前教育是免费的，但是私立学前教育机构如国际幼儿园的费用高昂，平均每学期1 000—2 000美元。泰国的国际学前教

---

[1] 资料来源于泰国教育委员会秘书处发布的2561-2562泰国教育状况文件。

育在全球非常著名，教育质量较高，培养相对全面，环境为双语或者多语，师资和课程设置会更加注重外语教育和国际融合。泰国教育部对于国际学校的设立具有绝对的主动权，审批条件也相对严格。国际学校使用的不是国家课程，而是美国、英国、新加坡、德国、澳大利亚等国家的联合设计课程，还会根据学前教育机构出资方采取不同的教育培养体系。例如，布罗姆斯格罗夫国际学校主要参照英国学前教育体系进行课程设置和教师培养；爱彼施国际幼儿园主要出资方来自中国香港，培养模式更多地加入了中华文化元素和中文学习；私立国际学校更注重全方位培养具有国际视野的学生。

第二节 学前教育的特点

一、遵循"从做中学"原则

泰国学前教育课程强调玩耍、探索和动手学习的重要性。音乐、舞蹈、艺术、体育锻炼和戏剧表演等活动都可以在学前教育课程中找到。这些课程适合儿童发展，可以使儿童充分发挥天性和创造性。教师通过游戏来设计学习计划，遵循杜威的"从做中学"原则，学习和教学都注重实践，从而更好地促进儿童发展。教师在授课前要接受培训，对学前儿童的发展有一定的认识和了解，并要接受监督和访问，以跟踪和监督课程的进展情况。根据教师们的反馈，该课程非常有效，不仅适合学前儿童的学习管理，还能促使他们发展理想特征。课程的开发还考虑到了泰国的社会背景，以促进儿童对泰国的认同。

二、政府主导，有法可依

2009年，泰国政府对《2003年学前教育课程手册》进行了修订，延长了义务教育的年限至15年，其中包括3年的学前教育和12年的中小学教育，免费提供教科书、其他学习材料、校服和课外活动。大多数早期儿童教育机构（除私立幼儿园）都由政府完全赞助。公立学前教育机构收到的赞助资金用于修建教室，购买教学材料和设备，以及支付教师和其他教育人员的工资。额外的资金是在政府鼓励下，来自私营部门、家长、社区和其他非政府组织的捐款，用于其他公共事业，以及与课外活动有关的开支。教育部还负责推动幼儿教师和其他教育人员的专业发展。教职员工、行政人员以及辅助教学人员，包括教师助理、校长以及管理团队，都被列为教育人员。

2003—2018年，《2003年学前教育课程手册》不断地修改和完善，对学前教育的各项要求事无巨细做出了规定，并且规范了政府、家长、社区、教育机构、教师等多方职责范围，以调动一切资源保障对幼儿的教育培养。这一系列的修订更加全面地保障了泰国的学前教育，使其有法可依。

联合国儿童基金会2020年发布关于儿童学前教育的全球报告，称泰国正在为儿童做正确的事，在提供学前教育方面取得了令人印象深刻的进展，特别是对贫困社区的儿童。该报告指出，在"准备学习的阶段"，泰国有着"强烈的政治意愿和对公平的关注"，除了缩小入学方面的差距外，还成功地"提高了服务质量"。报告研究了全球学前教育状况，指出全世界有1.75亿人没有参加任何幼教计划或课程，特别是在发展中国家，而"泰国在帮助低收入家庭并为他们的孩子提供幼教方面做得很好"。泰国教育部承诺教育资源会充分且公平地分配以及特别关注贫困家庭儿童。2016年，泰国86%的儿童都接受了学前教育。《2003年学前教育计划》最近一次修订在2018年，泰国政府不断总结经验进行修订，从而更好地适应新的学前教育发展情况。

三、强调社区化育儿服务与家庭配合的重要性

从学前教育政策不难看出，泰国学前教育一直强调环境在教育中的重要性。教育部下放权力到社区，从以下各方面支持社区担负起幼儿学前教育的相关责任。

（1）国家和社会有责任开展社区服务，确保家庭和社区能够为学龄前儿童提供有效和全面的照顾。

（2）社区和地方组织做好准备，为有学龄前儿童的家庭提供支持，确保能为0—5岁的儿童组织最好的幼儿保育工作。

（3）当社区和机构（分区行政组织、市政当局、私营部门、非政府组织和其他商业部门）的经济和技术实力较强时，国家应赋予其充分的信任，让他们开展幼儿保育活动。国家则在制定政策、标准，监测评估，以及为各种弱势群体提供所需支持方面发挥作用。

（4）通过媒体向家长传播学前教育相关知识，提高公众对幼儿发展重要性的认识，在促进幼儿保育和发展方面发挥重要作用。

（5）针对运行较困难的社区，政府应加强管理，提供帮助。对于一些偏远地区的儿童教育机构，教育部应通过与公共卫生部合作，实施学前班和幼儿园保健计划，包括对儿童及其家长进行保健教育和常规健康检查，提供必要的急救或基本药物，并关注学校及其周围的卫生条件。教育部下属的基础教育委员会办公室应集中精力提高偏远地区幼儿园的入学率。

（6）幼儿园或学前班教师需与家长密切联系，发挥家长在儿童教育中的重要作用，通过布置一些儿童与家长互动的手工作业或需合力完成的默契游戏等，使家长、学校、社区三方沟通，承担起对儿童的教育与保护职责。

四、幼儿教师的职业素质不断提高

学前教育部门的教学人员包括课堂教师（幼儿园/学前班）、保育员和行政人员。课堂教师要求完成四年制本科教育，获得学士学位。全国初等教育委员会办公室要求幼儿教师具备以下条件：获得学前教育学位或具备学前教育教学经验；对学前教育准则有全面的了解；熟悉儿童学习和发展特征及相关知识。保育员必须接受为期6周的培训课程且在被雇佣的前3个月进行，此外，行政人员对保育员、课堂教师的绩效进行监控和评估。

根据1999年《国家教育法》，学前教育管理人员和其他教育人员需要持有专业的许可证。泰国教师委员会接受教育部监督，职责是颁发教师执照，确定和监督专业标准，监督教师行为和道德规范，并制定教师专业发展计划和政策。

五、注重培养儿童的"泰国身份"认知

泰国的学前教育非常注重儿童对泰国文化的学习，目的是使儿童有身份认同感和民族自豪感。"泰国身份"认知主要从以下五个方面进行培养。

（1）泰国基本礼仪。以合十礼为例，要教育儿童何时何地、如何进行合十礼，让他们了解与合十礼有关的拜师节、父亲节、母亲节等相关节日的文化礼仪。

（2）泰国传统节日。鼓励家长与社区配合，给儿童创造参与各种文化活动、传统节日、皇室重要日子的机会，让儿童切身体验传统文化，激发他们对传统文化的兴趣和热爱。

（3）尊重民间智慧。学前班、幼儿园会通过不同的活动来普及这民间智慧，如怎样正确使用泰国俚语，如何正确穿着传统服装等。

（4）学习泰国的社会价值和规范。注重对儿童传授泰国传统的生活方式，知道国旗、国歌、国徽和皇室文化的社会公共价值，培养对泰国文化的自豪感。

（5）学习佛教知识。佛教文化一直以来都是泰国教育的重心和起点，在学前教育领域也不例外，从佛教教义、佛教故事等方面向儿童教授佛教文化是学习泰国文化的重要方式。

第三节 学前教育的挑战和对策

一、学前教育的挑战

泰国学前教育方面的主要问题在《国家教育报告》（2007年）中有所述及。该报告指出，通过对幼儿的情况评估和筛选发展测试发现，总体而言，泰国幼儿在身体、情绪、心理、社会、智力和道德方面的发展趋于延迟。报告将泰国学前教育的管理问题归纳为以下两点。

一是缺乏对儿童早期发展理念的理解，特别是对儿童权利和人权知识理解不够。因此，要根据儿童年龄的发展和成长特点开展教育。

二是缺乏有利于儿童学习和发展的研究。目前不仅缺乏新的学前教育知识体系，而且未和国际现有标准对标。发达国家已经有许多关于如何教育儿童的理论和知识，但泰国教育部尚未将这些理论和知识与本国国情和本民族传统文化进行结合，也未探索出符合国情的有利于泰国儿童的学前教育体系。

此外，阻碍学前教育发展的还有其他一些因素，如：儿童接受学前教育的机会不平等，学前教育机构缺乏政府稳定的财政支持，父母和儿童照料者缺乏儿童养育知识，学前教育机构之间缺乏合作和协调，不同机构和组织的护理和服务标准不同导致的政策的无效性或不一致性，城市和农村地区发展不平衡，家庭贫困和离异致使儿童得到的关爱不足，等等。

二、学前教育的对策

（一）建立监督机构

2008年，为了监督和检查儿童早期发展项目的情况，泰国总理办公室设立了专门的儿童早期发展全国委员会。该委员会由总理担任主席，教育部长担任第一副主席。委员会的职责包括协调和整合与幼儿保育和发展有关的活动，就幼儿保育和发展的完整周期提出建议和意见，鼓励和支持学习管理方面的研究和创新，监督家庭或者社区对幼儿的管理工作是否合理，监督偏远山区学前教育机构的日常运营，以及检查监督特殊儿童（残疾儿童、孤儿等）的学前教育问题等。

（二）不断创新学前教育内容以适应现代社会发展

从泰国学前教育的发展历程不难看出，泰国学前教育是发展的、进步的、与时俱进的、不断更新的。从1979年开始，基本上每三四年就会更新一次儿童发展目标、学习内容或教学目标。1992年，儿童发展委员会成立，承担了分析问题、建立新的培养计划，以及专门研究如何更好地抚养儿童的重担。《2003年学前教育课程手册》从各个方面为幼儿培育指明了方向。2007年，教育委员会又提出培养泰国"21世纪公民"的学习框架，详细内容见图4.1。

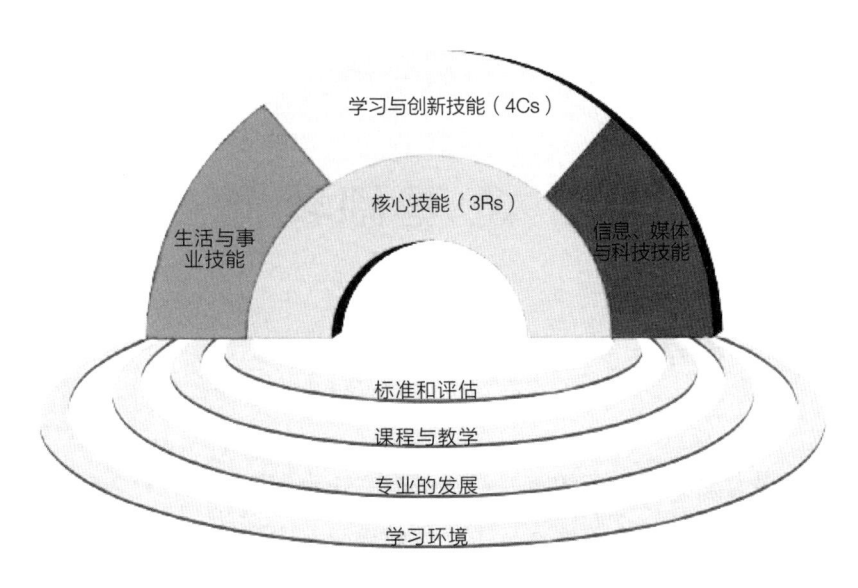

图 4.1 泰国"21 世纪公民"学习框架

该框架被各大教育中心广泛接受，被认定为每个人从幼儿园到大学都必须要学习的内容，其中 3Rs 是核心技能，指 Reading（阅读）、(W)Riting（写作）、(A)Rithmetics（算数），4Cs 是学习与创新技能，指 Critical thinking（批判性思维）、Creativity（创造性和创新技能）、Communication（沟通技巧）、Collaboration（协作技能、团队精神）。除此之外还有信息、媒体与科技技能，生活与事业技能。语言技能也被重视起来，除英语外，近些年随着中国与泰国经济联系更加紧密，华文教育也在泰国掀起了一股热潮。总之，泰国学前教育在不断更新教学目标、不断创新教学内容、不断革新教学工具设施中发展进步，以适应瞬息万变的现代社会。

第五章 基础教育

基础教育是泰国教育的重要组成部分。在泰国，基础教育包括学前教育、初等教育和普通中等教育。由于学前教育有专章讨论，本章的基础教育专指初等教育和普通中等教育，也就是小学教育、初中教育和普通高中教育，即我们通常所说的普通中小学教育。泰国实行15年免费基础教育，包括对3—5岁儿童实施的学前教育。

第一节 基础教育的发展和现状

一、基础教育的发展历程

（一）19世纪以前的基础教育

19世纪以前，泰国还没有产生现代意义上的基础教育。这个时期的教育基本表现为三种形式：宫廷教育、寺院教育、师徒教育。

宫廷教育是当权者在宫廷内设置学校，对王室子弟、皇亲国戚和高官子弟实施的教育。主要设置泰语、天文、地理、历史、考古、数学等课程。

教育的目的主要是为统治阶级培养人才，以便维持他们的统治。皇亲及高官的女儿则主要接受道德礼仪教育，同时学习一些缝纫等方面的知识。

寺院教育主要是传授佛教教义。自素可泰王朝以来，佛教兴盛并成为国教，僧侣是当时最有知识的人，自然成为所谓的"教师"，寺庙也成为"学校"，而佛教经典就成为教学内容。此外，一些古典诗词、古代医学、按摩学、药理学、艺术、语言文学等也成为寺院教育的重要内容。在没有印刷术的时期，寺庙往往通过手抄、在石板上刻写、悬挂在墙壁上等方式为人们提供学习内容。

上述两种形式的教育是泰国古代教育的基本形式。此外，师徒教育也是一种重要形式。师徒教育就是通过师父带徒弟的方式进行言传身教，主要传授金银锻造、金器制作、泥塑、雕刻等工艺和医术。许多人在接受完寺院教育后会再接受师徒教育，掌握相关技艺、继承祖传行业。

（二）现代基础教育初始阶段

19世纪初，西方传教士打开了泰国闭锁的国门。他们把西方的办学理念传入泰国，开始在泰国设立学校，传递西方文化，于是，泰国掀起了学习外语和西方科学的热潮。19世纪中叶拉玛三世时期，泰国现代教育萌芽，拉丁语、英语等语言，以及西方历史、地理、天文和数学等知识的学习受到重视，大大促进了泰国教育的现代化转型。

1868年，朱拉隆功继承王位，开启拉玛五世时期。这一时期是泰国现代教育的重要时期。为了改变国家的落后状况，增强国家实力，维护国家的独立发展，朱拉隆功积极学习西方思想，倡导西方教育模式，设立新学校，改革传统教育。1871年，朱拉隆功在皇宫建立了一所学校，开设泰文、算术、英语、科学等课程，教育对象是皇室和王公贵族子弟。这是泰国第一所现代意义上的学校。1880年，他建立了泰国第一所女子学校，倡导男女平等。1884年，他创立第一所公立学校。随后，一批公立学校在曼谷和其他府陆续建立。至1885年，泰国已经有30所非寺院学校，学生2 000多人。[1]1887年，泰国政府设立教育厅，统一管理教育改革事业，开始建立本国的办学体系和教育管理体制。1898年，泰国颁布了第一个国家教育发展规划，对学校的结构进行改革。1902年，泰国颁布法令，要在全国推广全民教育。

（三）现代基础教育体系确立时期

1910年，从西方留学归国的拉玛六世开始执政。他在国内全面推进民族主义，大力推行教育改革。在他执政时期，泰国现代教育获得了里程碑式发展。到20世纪30年代初，泰国的现代教育制度初步确立。

1912年，泰国政府把普及义务教育作为教育发展的重要目标，为此政府扩大国民基础教育规模，在全国各地积极兴办小学，增加小学数量，扩大小学规模；制定全国统一的教学大纲，实行教育的统一管理。1921年第一部《义务教育法》颁布，规定7—14岁的儿童必须接受初等义务教育。特殊情况经教育部同意，可以放宽至10周岁入学。《义务教育法》颁布以后，各地纷纷创办学校。1921年，全国45.8%的乡村都建立了学校；1926年，泰国大概77%的地区设立公立学校；1930年，全国的小学已有4 000多所，在校生163 105人。[2]

20世纪初，泰国开始现代中学教育。此时的中学主要集中在曼谷及其周边地区，而且数量有限。拉玛六世时期，中学教育获得发展。1921年，泰国教育部和内政部等部门举行联席会议，要求在人口稠密的地区建立中学。1921年泰国颁布《义务教育法》之后，基础教育迎来了大发展时期。

---

[1] 敖中恒. 20世纪泰国教育发展研究 [D]. 贵阳：贵州师范大学，2015：5-6.
[2] 敖中恒. 20世纪泰国教育发展研究 [D]. 贵阳：贵州师范大学，2015：9.

1928 年，泰国高中阶段开始分普通科、文科和理科。到 20 世纪 30 年代初，全国大部分地区已经实现基本的义务教育。小学义务教育的大发展推动了中等教育的发展，中小学教育走向了良性互动的发展道路。中学数量不断增多，办学规模逐渐扩大，泰国中等教育体系逐渐形成。

（四）1932—1945 年的基础教育

1932 年泰国人民党执政后，提出"人民党将使人民受到充分的教育"口号，强调重点发展教育事业，并出台了新的教育发展政策。《1932 年全国教育纲要》提出大力发展普通教育，把义务教育年限从 5 年增加到 6 年，有条件的地区都必须建立相应数量的中学，以保证国民接受中等教育。1935 年，泰国政府颁布了教育条例，规定接受义务教育的年龄为 8—14 岁；各地都要建立小学，对民众进行普及教育；全国实行小学 4 年（取消 5—6 年级）、中学 6 年教育。1936 年政府颁布《1936 年全国教育纲要》，提出大力发展教育，希望有更多的人接受义务教育，有效提高民众素质。

20 世纪 30 年代末，在一系列积极的教育政策的推动下，泰国中小学教育得到了巨大发展，学校数量增加，入学人数剧增。中小学教育作为基础教育的主体，在这个时期得到进一步发展。

（五）1945—1970 年的基础教育

二战结束后，泰国社会经济需要重建，政府认识到教育在国民经济和社会发展中的重要作用，把发展教育作为战后国家重建和实现现代化的重要条件和组成部分。由于战争的影响，20 世纪 40 年代泰国教育总体上还比较落后，人民的文化水平不高，全国人口中接近一半的人是文盲。这严重制约了经济社会的良好发展。为了改变落后的教育状况，泰国政府采取措施大力发展教育，增加教育投资便是其中重要的决策。战后至20世纪70年代，泰国历年教育经费的支出占国家预算的比例均超过16%。从20世纪50年代起，投入小学义务教育的经费占教育总经费的56.3%。[1]

中学教育在二战后至1960年获得更多重视，发展较快。

1960年，泰国政府颁布了新的国家教育发展规划，在全国进行学制改革，把过去的"6-4-2"制改为"7-3-2"制，小学由6年改成7年，普通中学年限由6年改为5年，即初中3年、高中2年。

（六）20世纪70年代至20世纪末的基础教育

1978年，泰国政府出台《1978年全国教育纲要》，进行了学制改革：一是把原来中小学"7-3-2"学制改为"6-3-3"学制，即小学6年、初中3年、高中3年，这个学制一直沿用至今；二是根据新学制重新设置课程，进行课程改革；三是制定系列政策，加强义务教育。

1978年的改革对泰国基础教育产生了深远影响。这次改革取消了中小学全国统一考试，改由学校自己命题考试，给了学校更大的自主权，促进了学校多样化发展。改革的最大特点则是在中学引入学分制，把课程分为必修课程和选修课程，允许学生自由选课，完成学分即可毕业，这给了学生很大的灵活性。具体课程为泰语、外语、科学、数学、社会科学、体育、美术、活动等。

《1978年全国教育纲要》还提出要加大基础教育投入，扩充学校办学设备，帮助贫困学生。为此，1978年教育经费增加到80.23亿泰铢，1979年增加到88.88亿泰铢，20世纪80年代后则突破了百亿泰铢。[2]

1982年和1987年，泰国先后颁布了第五个国家教育发展规划和第六

---

[1] 冯增俊.泰国普及义务教育探讨[J].外国中小学教育，1996（3）：6.
[2] 梁源灵.泰国的中小学教育[J].东南亚纵横，1994（3）：52.

个国家教育发展规划，进一步加大对中小学教育的投入，扩大初中教育机会，提高小升初的入学率。到1987年，小学入学率达94.2%，初中入学率达32.9%，高中入学率达24.1%，比以前都有了很大提高。[1]

1990年，为了适应国家和社会发展的需要，泰国政府对初等教育进行改革，修订了教育大纲。1992年，政府颁布了第七个全国教育发展规划，提出要重点改进基础教育，使人民能平等地享有教育机会。1997年亚洲金融风暴使泰国经济受到重创，也使政府进一步认识到教育的作用。同年，第八个全国教育发展规划颁布，强调加强基础教育。1999年，泰国颁布《国家教育法》，对基础教育改革提出了指导意见，把义务教育年限延长至12年，3年高中教育也被纳入。

（七）进入21世纪以来的基础教育

进入21世纪以来，泰国的基础教育改革在《国家教育法》的指导下加快了步伐，出台了一系列教育研究报告和发展规划：2002年，《泰国基础教育管理问题研究报告》发布，提出了基础教育学校管理改革思路和发展方向；2008年，《基础教育核心课程方案》制定并发布，以法规的形式把基础教育的课程内容固定下来，把国家的发展目标和教育培养目标结合起来；2009年，《国家教育计划修订版（2009—2016年）》颁布，对新时期基础教育的发展提出了新要求，在此基础上，《学习者教育改革计划（2014—2017年）》和《国家教育计划（2017—2032年）》也对基础教育的改革与发展做出了新的规划和要求。

在一系列新政策的指导下，泰国的基础教育获得了积极发展。2001年，泰国12—14岁和15—17岁的青少年的入学率已经分别达到95%和70%，

---

[1] 敖中恒. 20世纪泰国教育发展研究[D]. 贵阳：贵州师范大学，2015：28-29.

全国有超过 50% 的劳动力受过初中以上的教育和培训。[1] 基础教育实现了国家级、府级和区级初等教育委员会三级管理，委员会的工作由国家基础教育委员会办公室负责监督。这些部门密切合作，在调整课程内容、完善教师制度、改革教育形式、动员社会力量发展教育、进行学习改革、发展特殊教育等方面都做出了很大努力，取得了良好成果。

二、基础教育的发展现状

在泰国，接受基础教育是宪法规定的基本权利。泰国的中小学教育机构包括公立学校、私立学校，以及佛教或其他宗教机构设立的学校，还有一些学习中心。在基础教育中，既有正规教育，也有非正规教育。

（一）学制

泰国的基础教育可以划分为初等教育和中等教育。初等教育也就是小学教育，而中等教育则包括普通中等教育和中等职业教育。在此，不讨论中等职业教育，所谈中等教育专指普通初中教育和普通高中教育。

泰国的中小学学制经历了一个变化的过程。20 世纪 60 年代，泰国中小学实行"7-3-2"学制，即小学 7 年、初中 3 年、高中 2 年。1978 年，泰国将中小学学制改为"6-3-3"学制，即小学 6 年、初中 3 年、高中 3 年，实行至今。在泰国，凡是年满 6 周岁的儿童都必须入学接受义务教育，直到初中毕业，共 9 年。

小学教育每学年的课时不少于 40 周，每周课时不少于 25 小时或 75 节

---

[1] 敖中恒. 20 世纪泰国教育发展研究 [D]. 贵阳：贵州师范大学，2015：29.

课，每个课时一般 20 分钟。五、六年级还要增加 200 小时的兴趣体验课程。初中和高中阶段每学年 40 周，每周教学时间不少于 5 天，每天 7 课时，每节课 50 分钟。

初中和高中各 3 年。完成了小学教育或具有同等学力的学生，可以进入公立初中学习。私立中学或者水平高的优质公立中学入学竞争比较大，往往需要通过选拔性考试。进入了这样的中学学习的学生，考取高水平大学的可能性更大。

（二）学生和学校数量

泰国中小学生有的在正规教育的公立学校就学，有的在正规教育的私立学校就学，还有的则在非正规教育[1]机构就读，学生数量也各不相同。

据 2021 年泰国国家统计局的统计数据，泰国正规教育中小学生近几年的具体数量如下。

20 世纪 60 年代以来，政府对小学教育投入经费很多，兴建了大量教学楼，购置了大量教学设备，教师的条件也得到大大改善，促进了小学教育发展。表 5.1 呈现了泰国正规教育 2016—2020 年公立小学的学生数量及其变化情况。

表 5.1　2016—2020 年泰国正规教育公立小学学生数[2]

（单位：人）

年级	2016 年	2017 年	2018 年	2019 年	2020 年
一年级	624 650	611 186	639 440	632 750	587 374
二年级	609 380	605 050	590 775	619 796	620 053

---

[1] 泰国非正规教育由教育部、国防部、劳工部等政府部门、私营组织、非政府组织等公共和私营机构提供。
[2] 表 5.1、表 5.2、表 5.3、表 5.4、表 5.5、表 5.6 数据均来源于泰国国家统计局官网。

续表

年级	2016 年	2017 年	2018 年	2019 年	2020 年
三年级	618 996	606 351	601 349	587 947	618 611
四年级	626 566	619 475	606 206	601 573	589 429
五年级	634 840	625 545	617 619	604 736	601 121
六年级	645 154	629 259	620 772	613 349	600 623
总计	3 759 586	3 696 866	3 676 161	3 660 151	3 617 211

从表 5.1 可见，2016—2020 年泰国正规教育小学各年级学生大体保持在 60 万左右，6 个年级的总人数一般在 360 多万；4—6 年级的学生数量在逐年减少；人数最少的是 2020 年的一年级，为 587 374 人，这比人数最多的 2018 年减少了 5 万多人。

表 5.2 呈现了泰国 2016—2020 年正规教育公立初中学生数量及其变化情况。

表 5.2 2016—2020 年泰国正规教育公立初中学生数

（单位：人）

年级	2016 年	2017 年	2018 年	2019 年	2020 年
七年级	684 144	694 433	676 722	673 533	666 578
八年级	668 366	659 324	668 779	652 649	650 338
九年级	640 629	638 724	631 534	635 255	623 575
总计	1 993 139	1 992 481	1 977 085	1 961 437	1 940 491

从表 5.2 可见，2016—2020 年，泰国正规教育公立初中学生在总量上是逐年减少的，其中 2016 年学生总数为 1 993 139 人，2020 年为 1 940 491，减少了近 5 万。

表 5.3 具体呈现了泰国 2016—2020 年正规教育公立高中学生的数量及其变化情况。

表 5.3 2016—2020 年泰国正规教育公立高中学生数

（单位：人）

年级	2016 年	2017 年	2018 年	2019 年	2020 年
十年级	563 980	544 563	550 680	546 375	565 983
十一年级	505 801	491 342	480 431	484 038	489 297
十二年级	513 378	506 011	495 245	479 111	488 277
总计	1 583 159	1 541 916	1 526 356	1 509 524	1 543 557

从表 5.3 可见，2016—2020 年，泰国正规教育公立高中的学生数量随着年级增高而递减，其中 2020 年十年级学生数量为 565 983 人，十二年级学生为 488 277 人。2016—2020 年，每年的高中在校生都保持在 150 多万人，2016 年最多，为 158 万多人，2019 年在校高中生人数最少，约 151 万，说明泰国正规教育高中在校生数量基本稳定。

表 5.4 呈现了 2016—2020 年泰国正规教育私立小学学生的数量及其变化情况。

表 5.4 2016—2020 年泰国正规教育私立小学学生数

（单位：人）

年级	2016 年	2017 年	2018 年	2019 年	2020 年
一年级	185 272	180 296	195 292	196 266	180 364
二年级	184 150	178 319	179 494	192 604	191 981
三年级	181 831	177 991	176 695	176 754	187 807
四年级	176 838	176 587	176 696	174 249	173 015
五年级	170 956	172 678	176 433	175 132	171 768
六年级	168 137	168 039	173 111	175 051	174 124
总计	1 067 184	1 053 910	1 077 721	1 090 056	1 079 059

从表 5.4 可见，2016—2020 年，泰国正规教育私立小学 6 个年级的在校生大体保持在 105—109 万人。2016—2020 年，泰国正规教育私立初中在校学生数量及其变化情况如表 5.5 所示。

表 5.5 2016—2020 年泰国正规教育私立初中学生数

（单位：人）

年级	2016 年	2017 年	2018 年	2019 年	2020 年
七年级	113 226	115 087	116 538	116 509	116 610
八年级	107 326	107 774	109 694	112 972	112 946
九年级	100 366	102 011	101 092	106 917	110 325
总计	320 918	324 872	327 324	336 398	339 881

从表 5.5 可见，2016—2020 年，泰国正规教育私立初中在校生人数逐年递增，2020 年比 2016 年增加约 1.9 万人，说明私立初中的规模在扩大。

2016—2020 年私立高中在校学生数量每年大体相当，保持在 35 万人以上；具体情况如表 5.6 所示。2020 年，泰国正规教育私立高中学生总数为 385 557 人，比 2016 年的 358 365 人增加约 2.7 万人，稳定有升。

表 5.6 2016—2020 泰国正规教育私立高中学生数

（单位：人）

年级	2016 年	2017 年	2018 年	2019 年	2020 年
十年级	132 853	129 564	128 450	133 558	142 623
十一年级	116 384	122 655	115 772	117 745	121 864
十二年级	109 128	115 625	119 368	117 326	121 070
总计	358 365	367 844	363 590	368 629	385 557

另外，据联合国教科文组织2019年的统计，2014—2017年，泰国中小学学生的入学情况比较稳定，详见表5.7。

表5.7 2014—2017年泰国中小学学生毛入学率 [1]

（单位：%）

教育阶段	2014年	2015年	2016年	2017年
小学	102.03	100.59	100.71	99.60
初中	121.26	121.00	122.57	121.50
高中	119.37	120.28	114.94	112.32

在管辖机构方面，除了泰国教育部外，还有其他一些国家部门，如高等教育与科学技术创新部、内政部、社会发展与人民保障部、曼谷都市管理局、公共卫生部、交通部、国防部、文化部等可以对泰国中小学进行管理。2015—2019年泰国正规教育系统内中小学学生人数及其管辖机构情况如表5.8所示。

表5.8 2015—2019年泰国正规教育系统中小学学生数及其管辖机构 [2]

（单位：人）

管辖机构	2015年	2016年	2017年	2018年	2019年
全国中小学学生总计	13 385 929	13 205 484	13 114 315	13 021 615	12 776 496
教育部					
总计	10 196 095	10 070 976	10 044 076	10 042 998	9 893 019
其他机构					
高等教育与科学技术创新部	2 042 138	1 972 861	1 901 145	1 824 996	1 729 973
内政部	713 997	728 477	747 493	741 699	747 084

---

[1] 资料来源于联合国教科文组织官网。

[2] 表5.8、表5.9、表5.10数据均来源于泰国国家统计局官网。

续表

管辖机构	2015年	2016年	2017年	2018年	2019年
社会发展和人类安全部	182	168	161	155	159
曼谷都市管理局	29 641	296 600	292 708	288 352	282 825
公共卫生部	18 283	17 741	18 667	18 785	19 122
交通部	2 857	3 059	2 991	2 820	2 932
国防部	7 970	8 338	8 469	7 643	7 817
文化部	11 254	10 875	11 010	10 748	10 868
旅游和体育部	20 886	21 539	19 740	19 428	19 014
国家宗教局	49 710	48 064	40 383	36 057	35 967
总理直辖机构	26 144	27 786	27 472	27 934	27 652
总计	3 189 834	3 134 508	3 070 239	2 978 617	2 883 477

2020年，泰国正规教育系统共有各类中小学37 806所，其中曼谷1 572所，其他各府36 234所。这些中小学校由不同的国家机构管辖。教育部管辖34 626所，其中1 017所分布在曼谷，33 609所分布在其他各府。2016—2020年泰国正规教育系统中小学学校数量及其管辖机构如表5.9所示。

表5.9 2016—2020年泰国正规教育系统中小学学校数量及其管辖机构

（单位：所）

管辖机构	2016年	2017年	2018年	2019年	2020年
全国中小学校总数	38 629	38 258	38 356	37 981	37 806
教育部					
总计	35 793	35 287	35 319	34 922	34 626
其他机构					
高等教育与科学技术创新部	155	155	155	155	256

续表

管辖机构	2016年	2017年	2018年	2019年	2020年
内政部	1 524	1 640	1 712	1 733	1 751
社会发展和人类安全部	2	2	2	2	2
曼谷都市管理局	440	439	438	438	438
公共卫生部	38	46	39	39	39
交通部	2	2	2	2	2
国防部	19	19	19	19	16
文化部	16	16	16	16	18
旅游和体育部	28	29	29	29	28
国家宗教局	407	409	406	406	408
总理直辖机构	205	214	219	220	222
总计	2 836	2 971	3 037	3 059	3 180

从表5.9可见，泰国2016—2020年90%以上的中小学都由教育部管辖，其他十多个部门所管辖的学校占比不到10%，其中社会发展和人类安全部、交通部分别只管辖2所，而且几年不变。2015—2019年泰国非正规教育系统中小学学生人数及其管辖机构见表5.10。

表5.10　2015—2019年泰国非正规教育系统中小学学生数及其管辖机构

（单位：人）

管辖机构	2015年	2016年	2017年	2018年	2019年
总计	1 888 956	2 327 874	2 165 640	2 133 711	2 064 545
教育部					
总计	1 869 134	2 309 264	2 146 338	2 114 283	2 019 616

续表

管辖机构	2015年	2016年	2017年	2018年	2019年
其他机构					
高等教育与科学技术创新部	—	—	—	—	25 285
曼谷都市管理局	19 822	18 610	19 302	19 428	19 641
总计	19 822	18 610	19 302	19 428	44 926

从表5.10可见，在非正规教育系统中，几乎全部的学生都在教育部管辖的学校就读。2015—2018年，除了教育部外，只有不到2万名学生在其他管理机构管辖的学校就读，实际上基本都在曼谷都市区。在2019年，原来由教育部高等教育委员会管辖的学校有25 285位学生转到高等教育与科学技术创新部管理，再加上曼谷都市区的近2万人，总共大概4.5万人。

（三）教育机会和教育公平

泰国政府非常重视教育公平，从法律和政策角度，努力创造公平的入学机会，为适龄儿童提供均等的入学条件和环境。早在1997年，泰国宪法第43条就规定，所有泰国人民都享有接受不少于12年免费优质基础教育的权利。2003年《义务教育法》更是规定，所有6—15岁的儿童都应该接受基础教育。2004年，免费入学年限提高到14岁，包括2年学前教育。泰国第十个国家教育发展规划（2006—2011年）规定必须确保每位泰国公民享受不少于12年的免费基础教育。

根据经合组织2012年的报告，为了提高弱势家庭儿童的入学率，泰国政府于2009年出台新政策，将免费教育从12年延长至15年，免费教育涵盖学前教育到高中教育。但是，新政策并未覆盖交通补贴，而交通费用却是阻碍偏远地区贫困学生入学的主要因素之一。

为了实现更大的教育公平，泰国教育部制定了第十一个国家教育发展规划（2012—2016年），其中心主题就是向贫困儿童、残疾儿童和处境不利儿童提供特别援助。政府为兑现承诺，需要提供充足的资金并向教师、学校提供适当支持。当然，优质的基础教育入学机会竞争仍然激烈，来自弱势家庭的孩子进入优质中小学的机会更少，但政府正努力通过改革，逐步实现入学机会平等。

不仅如此，泰国政府还创造条件，努力实现男女受教育机会平等。在各级教育中，女性入学率都很高。据联合国教科文组织统计研究所2015年的数据，2012年，泰国女生占所有入学儿童的比例小学为48.3%、初中为49.3%、高中为52.5%。2012年，泰国初中女生毕业率为95%，高于男生的90%，也高于同期的印度尼西亚、马来西亚和越南。这表明泰国政府在教育公平方面做得较好。从2016年泰国中小学男女学生数量以及入学比例等数据可见，泰国中小学阶段男女儿童在入学机会方面是平等的，详见表5.11。

表 5.11 2016 年泰国中小学男女学生数量及入学率 [1]

教育阶段	年级	学生数（人）男生	学生数（人）女生	学生数（人）总计	适龄儿童数（人）	学生入学比例（%）
小学	一年级	435 552	374 370	809 922	752 951	107.57
	二年级	427 069	366 461	793 530	775 036	102.39
	三年级	423 308	377 519	800 827	780 246	102.64
	四年级	427 991	375 413	803 404	797 741	100.71
	五年级	428 279	377 517	805 796	790 738	101.90
	六年级	429 529	383 762	813 291	801 321	101.49
	共计	2 571 728	2 255 042	4 826 770	4 698 033	102.74

[1] 资料来源于泰国教育部常务秘书长办公室。

续表

教育阶段	年级	学生数（人） 男生	学生数（人）女生	学生数（人）总计	适龄儿童数（人）	学生入学比例（%）
初中	七年级	415 731	381 639	797 370	810 999	98.32
初中	八年级	397 796	377 896	775 692	788 293	98.40
初中	九年级	374 857	366 138	740 995	791 917	93.57
初中	共计	1 188 384	1 125 673	2 314 057	2 391 209	96.77
高中	十年级	341 141	355 692	696 833	795 130	87.64
高中	十一年级	292 695	329 490	622 185	838 883	74.17
高中	十二年级	295 200	327 306	622 506	836 940	74.38
高中	共计	929 036	1 012 488	1 941 524	247 053	78.57

然而，在小学阶段，泰国女童的失学率高于男童。据联合国教科文组织统计研究所2015年的数据，2009年，泰国5.1%的小学适龄女童没有上学，而男童只有3.8%；2014年，有38万多小学适龄儿童失学，其中女童占52%；初中阶段，2006—2009年男童失学率大幅下降，从9.1%下降到3.9%，但同期女童的失学率略有上升。[1]

（四）课程与教学

课程是实现教育目标的基本依据，是教师教学和学生学习的共同任务。清晰、连贯和相关的课程是所有良好的教育体系的核心。泰国的中小学课程主要由教育部制定。

---

[1] 资料来源于联合国教科文组织统计研究所官网。

1. 中小学课程改革历程

几个世纪以来，泰国教育基本发生在宫廷或寺院，教育内容不是现代意义上的课程。20 世纪 60 年代，泰国在全国范围内开始实施正规的学校课程。1978—1979 年，泰国政府对课程进行过一次重要审查，所制定的小学课程包括 5 个科目或学习领域：基本的生活技能课程，包括泰语和数学；生活经历课程，包括社会学和健康知识；性格发展课程，包括体育、艺术、音乐和舞蹈等；工作教育；学校决定的其他课程，如英语等。基础教育的管理由内政部转移到课程和教学部。

1990 年，泰国对小学课程再次进行了修订，并于 1991 年开始在一年级实施，1996 年在小学阶段全面推开。1978 年和 1984 年，泰国对初中课程和高中课程进行修订，1990 年再度修订，1991 年分别在初一和高一实施，1993 年全面推行。

2001 年，泰国政府依据 1999 年《国家教育法》对中小学课程进行了改革。课程理念和结构发生了重大转变，但对课程基本理念转变的解释不足，对教师的建议和指导也不够，致使改革成效不够理想。泰国基础教育课程办公室随后几年对 2001 年课程改革进行了评估，发现了一些问题、关注点和不足。比如：学校课程编制混乱，具有不确定性；在缺乏广泛培训和支持的情况下，教师适应新课程面临挑战；课程评价与课程标准不相关；学校缺乏有效的制定课程和指导教学的能力，难以适应各地教育实际。由于课程标准并没有达到预期目标，这个时期学生的学习质量受到了严重影响，新课程标准最终被 2008 年核心课程所取代。

2. 2008 年核心课程

2008 年，泰国政府在评估 2001 年课程的基础上，根据国内外形势需要，对基础教育课程又进行了改革，提出了课程愿景、课程目标、学习能力、学习标准和指标、课程结构，旨在使学生在智力、道德和社会方面均衡发展，树立国际化的泰国公民态度和价值观。新课程规定了每个年级和每门课程的时间要求以及需要培养的能力，并提出了教学建议。

课程愿景是提高学生的能力，帮助学生在身心、知识、道德等方面获得全面发展。作为泰国公民和世界共同体成员，学生应承担起自己的责任，拥护泰国宪法和君主立宪制下的民主政府，拥有基本知识、必要技能和继续教育、生活、终身学习的良好态度。

课程目标是树立基本道德观、职业道德观和良好价值观，尊重宗教信仰等；培养良好的沟通、思考、解决问题能力，掌握基本技术；身心健康，积极进行体育锻炼；爱国，承担社会责任；尊重泰国文化，爱护自然环境，培养和平共处的公众意识等。

核心课程提出了八大学习领域。（1）泰语。泰语是学生学习知识、收集信息的工具，是培养分析能力、批判思维和创造思维的渠道。学生通过学习泰语培养国民的自豪感。（2）数学。内容包括运算、代数、几何等，是学习其他科学的工具，可以培养学生的抽象逻辑思维能力以及发现问题、解决问题的能力等。（3）科学。涵盖生物、环境、物理学、天文学等方面知识，培养科学素养和分析问题、解决问题的能力等。（4）外语。学习英语、汉语、法语、德语等语言，由教育机构自行决定。（5）社会研究、宗教和文化。学习范围包括宗教、公民教育、经济、历史、道德伦理、地理等，培养学生对国家的认同感。（6）职业技术。通过学习，使学生了解未来职业方向，获得职业技能等。（7）艺术。培养学生的艺术审美能力、想象力和创造力，全面提高学生的身心素质。内容涵盖音乐、美术、戏剧等。（8）健康和体育。教会学生关于身体生长发育和运动健康的知识、技能，增强体质。

核心课程提出的核心素养表现为五个关键能力：沟通能力、思考能力、解决问题的能力、应用生活技能的能力、技术应用能力。此外，2008年核心课程还致力于通过开发性活动，最大限度地开发学习者的个人潜能。这些活动主要包括三类：咨询活动、学生活动和公益性活动。还有一个最重要的变化是在课程中增加了非常详细的"年级水平指标"和"间隔指标"（10—12年级），以指导教师选择相关课程。

2008年核心课程体现了高度的"泰国性"，致力于培养泰国国民在21世纪生存发展的关键能力，符合当代国际课程改革的趋势。2008年核心课程在各教育阶段的具体设置和时间安排情况，详见表5.12和表5.13。

表 5.12 泰国小学核心课程学习领域／活动和课时 [1]

（单位：小时）

学习领域/活动	一年级	二年级	三年级	四年级	五年级	六年级
泰语	200	200	200	160	160	160
数学	200	200	200	160	160	160
科学	80	80	80	80	80	80
宗教和文化	120	120	120	120	120	120
历史	40	40	40	40	40	40
道德伦理和社会生活	80	80	80	80	80	80
健康和体育	80	80	80	80	80	80
艺术	80	80	80	80	80	80
职业技术	40	40	40	80	80	80
外语	40	40	40	80	80	80
总课时	840	840	840	840	840	840
学习者发展活动	120	120	120	120	120	120
自主课程/活动	每年不超过 40 小时					
总课时	每年不超过 1 000 小时					

---

[1] 资料来源于泰国教育部官网。

表 5.13 泰国中学核心课程学习领域／活动和课时／学分 [1]

（单位：小时／分）

学习领域／活动	七年级	八年级	九年级	十至十二年级
泰语	120/3	120/3	120/3	240/6
数学	120/3	120/3	120/3	240/6
科学	120/3	120/3	120/3	240/6
宗教和文化	160/4	160/4	160/4	320/8
历史	40/1	40/1	40/1	80/2
道德伦理和社会生活	120/3	120/3	120/3	240/4
健康和体育	80/2	80/2	80/2	120/3
艺术	80/2	80/2	80/2	120/3
职业技术	80/2	80/2	80/2	120/3
外语	120/3	120/3	120/3	240/6
总课时	880/22	880/22	880/22	1 640/41
学习者发展活动	120	120	120	360
自主课程／活动	每年不超过 200 小时			不少于 1 600 小时
总课时	每年不超过 1 200 小时			不少于 3 600 小时

2009 年，核心课程在小学和 7 年级、10 年级开始实施，2010 年在 8 年级和 11 年级开始实施，2011 年在所有年级全部实施。

3. 现行课程设置

自 2011 年以来，泰国一直在准备新课程和教学改革，愿景是培养人们

---

[1] 资料来源于泰国教育部官网。

具备面向国际世界的、当今泰国社会所需要的核心价值观和技能。改革计划将课程转向以结果为导向。新课程具有以下特点：内容包括十项通用技能、六种价值观和态度、多种学习经验和六个关键学习领域；以学习成果（知识和技能）为导向，学习结果可衡量；课程、教学和评价之间形成"三角改革"；内部质量评估包括形成性评价和终结性评价。

小学课程包括工具类课程、生活体验类课程、品德教育课程、职业基础知识课程和兴趣体验课程。工具类课程主要是泰语和数学；生活体验类课程主要是培养学生应用科学方法处理社会和日常生活问题的能力；品德教育课程则主要培养学生的良好学习习惯、正确价值观和情感态度；职业基础知识课程为学生提供普通的实践经验和职业经验；兴趣体验课程为五、六年级学生提供，旨在培养学生的兴趣爱好。

中学课程分为初中课程和高中课程，都有必修课程和选修课程，必修课程又分为核心必修课程和可选必修课程。初中核心必修课程有泰语、数学、社会、健康和体育等，共39个学分；可选必修课程有社会学、职业教育等，共18个学分。选修课程有外语、理科、社会、品德、工业与职业等，共33个学分。此外，中学还设活动课程，内容涉及童子军、红十字会、女童指导、宗教等，共15个学分。高中核心必修课程共15个学分，具体课程是泰语、社会、健康与体育；可选必修课程有理科、职业教育等，共15个学分；选修课程有语言、社会、品行、理科与数学等，总计45个学分；活动课程9个学分，根据具体情况设置。

第二节 基础教育的特点和经验

一、基础教育的特点

泰国基础教育在长期的发展过程中形成了自己的特色，表现出自己的优势。

（一）实行三级管理，管理体系完备

经过一系列改革和发展，泰国形成了完备的基础教育管理机构和"教育部—教育服务区—学校"三级管理模式，各级教育管理者各负其责，相互协调，保障了基础教育的顺利实施，并取得良好实效。

教育部的基础教育委员会办公室总体负责全国基础教育发展的相关事务，涵盖初等教育和中等教育，负责保障儿童入学机会平等和满足特殊儿童教育需要；根据国家经济社会发展计划和教育计划制定基础教育核心课程和教学标准，检查和评估办学机构的教育教学水平。

教育部下属的教育服务区是教育部管理基础教育的地方性机构。2008年后，教育部有教育服务区225个，其中183个管理小学，42个管理中学，共管理3.5万所学校。这些教育服务区直接对教育部基础教育委员会办公室负责。私立学校由私立教育委员会办公室管理，不受教育服务区管辖，可以在全国范围内招生。

教育服务区是教育部和地方学校的中间机构，上连政府，下达地方学校，负责监督、管理、评估和取缔教育机构等。此外，教育服务区还负责教师招聘工作，并设地区教育委员会。地区教育委员会由社区、地方当局、宗教界、教师团体、教育管理人员、家长、艺术界、文化界代表组成。其

主要职责有：建设和评估区内学校，协调、支持区内私立教育机构，确保中央政策、计划和标准的落实，合理使用教育经费。

学校是教育管理的基层组织。泰国非常重视学校管理的作用。学校教育委员会或董事会是决策机构，主要向地区教育委员会负责，一般由5—7人组成，主要负责审批学校预算、落实政策，促进教师发展以及内部质量保障。政府鼓励学校充分利用地方资源，为地方经济社会发展服务，参与地方建设。

泰国的小学由校长统管，校长通过行政处、教务处、管理处等实施具体管理，具体包括教学管理、人事管理、学生管理、校舍和设备管理、宗教与财务管理、社区关系，其中教学管理最重要。学校董事会对学校诸事务实行间接管理。

7—10所小学可以形成联校。联校根据地理条件、行政结构或通信条件来建立，可在其中某所学校里设秘书处。如果数量不够7所或多于10所的学校要成立联校，需要向府初等教育处申请批准，并由县或区初等教育委员会管理。

泰国中学行政管理的最高领导也是校长，校长通过教务处主任、管理处主任、行政办公室主任和后勤服务处主任对学校实施管理。学校还设有顾问委员会、家长协会和管理委员会，一起对学校进行间接管理，发挥辅助作用。

泰国中学根据规模大小、影响力和历史长短来确定等级，也可根据情况设立联校。

（二）实施全面发展教育，强调国民性教育和教育民族化

泰国基础教育强调对青少年儿童实施全面发展教育，保证其在身心、智力、品德等方面获得良好发展。泰国的《国家教育法》对此有明确规定，

教育的目的是全面提高所有泰国人的素质，使所有人获得全面发展，公民在生活中讲文明讲诚信，与他人和谐相处。《国家教育计划（2002—2016年）》强调促进人民在身体健康、智力、道德等方面全面发展。《第十个国民经济和社会发展计划（2007—2011年）》提出，泰国人民要树立正确的道德观，提高智慧和远见，在身体、智力、情感和精神等方面全面发展。这种观念，在泰国2008年的课程改革中也得到明确体现。该课程标准所确立的教育目标和课程设置，都充分体现了培养学生全面发展的理念。

在实施全面发展教育中，泰国特别重视青少年儿童的道德教育，培养他们对泰国文化的自豪感和对国家的认同感。泰国在接受西方文化和文明的过程中，在保留本民族文化传统特色和继承传统道德观的同时吸收外来文化，形成学校、社会和家庭的道德教育网络，在全国范围内积极开展社区道德教育，使每个人都为社会道德教育贡献自己的智慧和力量，形成了良好的道德氛围。

在基础教育中，泰国把卫生保健、体育艺术纳入品德课程中，体现体育、艺术对中小学生道德培养的作用。在增强学生体质、增进学生身心健康的同时，培养学生的品德，塑造学生健全的人格，是泰国基础教育的一大特点。泰国中小学德育的目标是使学生树立集体主义观念，热爱国家，体会美好生活，与人和谐相处，共同生活，共同繁荣。泰国政府通过多种形式，更新德育内容和形式，提高德育效果，使人民体会到物质和精神两方面的满足。

泰国政府非常重视培养中小学生的国家意识和民族意识，采取多种方式向学生宣传"我是泰国人，我以泰国为荣"的爱国主义思想和民族精神信仰，培养学生为建立民主、友好的社会和国家而奋斗。

（三）推行教育国际化和外语教育多样化

泰国基础教育的一个突出特点就是国际化和外语教育多样化。泰国中小学开设9门外语，其中英语和汉语为必修课程，其他7门为选修课程。

泰国一直推行外语教育多样化政策。早在古代，泰国宫廷里就教授高棉语、巴利语、梵语，寺庙里教授高棉语和巴利语。16世纪以后，泰国又增加了汉语、马来语、缅甸语、法语等语言。二战之前，日语、英语、法语、德语等语言学习迅速发展。二战后，日语、德语、法语、阿拉伯语、西班牙语、意大利语被列入中学选修课，英语地位得到很大提高，汉语受到重视。

1895年，英语正式成为课程大纲中的一门选修课程。1921年，英语被列入小学四年级以上义务教育课程。1960年，泰国教育部对英语教学大纲进行改革，突出英语的实用性，强调用英语进行国际交流，英语被列为高中核心课程。1989年，英语课在小学开设。1996年，为了全面普及英语教育，泰国教育部再次对英语课程进行改革，英语从小学一年级开始成为必修课。为了提高教师的英语教学水平，教育部还推出了教师培训计划，教育委员会办公室也推出了"教师培训教师"计划，对教师开展教学法培训。作为一个发展中国家，泰国高度重视英语教育，重视英语的跨文化交际作用，在一定意义上促进了泰国旅游业的发展。

自20世纪90年代开始，泰国开始允许从幼儿园到中学的各级华校增设汉语课程，聘请中国教师教授汉语。2008年，汉语课程覆盖泰国2 000所中小学，政府还出台政策，鼓励学生学习汉语，成绩优异者可以免费到中国进修汉语、学习中国文化。泰国皇家教育台还开播中文电视教学节目，使泰国数百万中小学生从中受益。

泰国还开设法语、日语、德语等语言课程供学生选修，以不断提高学生的国际化程度。此外，泰国创办国际学校，开设国际课程，也反映了泰国中小学教育的开放性和国际化。

泰国重视中小学外语教育与国家的历史传统有关，也与皇室带头学习分不开。拉玛三世、拉玛四世、拉玛五世都很重视外语，拉玛三世学习拉丁语、英语，诗琳通公主带头学习汉语，用英语写博客，倡导国民学习外语，这些都对外语教育起到了推动作用。

（四）基础教育深受佛教文化影响

泰国大约95%的人信奉佛教，在泰国佛教历史悠久，信教地区普遍，信徒众多，寺庙广布。泰国人把接受宗教教育看作塑造人格力量和培养良好道德的必修课程，几乎所有男孩都会被送到寺庙学习佛教教义。在古代，泰国师佛一体，寺校同义。宗教使泰国社会有了共同的行为规范，并形成社会凝聚力。

宗教对教育具有重要影响。泰国现代教育产生以后，佛教的影响依然巨大。泰国教育部规定，所有学校开学第一天，都要举行佛教仪式。不信佛教的学生可以不背诵佛经，但仍要参加佛教仪式。公立中小学如此，私立中小学也如此。泰国学校把佛经列为必修课，从小学到大学，每周一课时，以讲解佛经、参禅等方式向学生进行人生、道德、仁爱、诚信、正义等方面的教育。所有学生都必须参加佛教庆典。许多教材采用佛教教义和佛教故事作为教学内容。学校会聘请长老到学校讲解佛典，也会组织学生去打扫寺庙，在潜移默化中接受佛教的影响。

众多的寺庙不仅是宗教活动的场所，也是教育场所。特别是在边远和贫穷落后的乡村，寺庙还会为穷人免除读书的费用，提供场所和课本。为了弥补师资不足，僧侣还会作为教师走进中小学课堂。

教育与佛教的融合，可谓泰国教育的特色。通过学校教育，泰国独具特色的佛教文化得以代代相传、生生不息，而佛教文化又通过对教育的渗透和影响，使泰国形成了独特的民族风格和国家气质，为泰国营造了崇尚安宁、礼让和平、乐于助人的道德风尚和社会风气。佛教对泰国教育的重要影响还体现在礼仪教育和传统文化教育方面，使泰国形成了以佛教为基础、继承传统文化价值观的现代德育体系，提高了学生对传统文化的了解和认知。比如，学生每天早晨到校见到教师时要行合十礼。学生在接受现代教育的过程中时时处处感受到佛教文化的影响和熏陶，现代文明和佛教文化融合在一起，使泰国社会和谐稳定。

二、基础教育的经验

泰国非常重视发展基础教育，采取了很多措施普及中小学教育，实施免费基础教育，推行义务教育，使基础教育获得巨大发展并在东盟国家中处于领先地位，其发展基础教育的经验可资借鉴。

（一）办学主体多元化

泰国宪法规定了国民的受教育权，也赋予了多元主体办学的权利。在泰国，政府、私人、宗教机构都可以办学。泰国的教育系统中包括公立学校和私立学校，教育部是最重要的教育提供者和管理者，但是内政部、曼谷都市管理局、国家宗教局、公共卫生部、旅游和体育部、社会发展与人民保障部、文化部、交通部等也可以开办学校。

（二）教育投资来源多样，以政府投资为主体

泰国教育经费有五大来源：中央政府预算、地方筹集资金、非政府投

入、外国贷款与援助、私人机构资助。其中，政府为投资主体。2014—2021年泰国基础教育经费见表5.14。

表5.14 2014—2021年泰国基础教育经费[1]

（单位：百万泰铢）

年度	经费	年度	经费
2014	383 557.2	2018	325 295.8
2015	387 886.6	2019	347 778.5
2016	388 080.8	2020	341 669.8
2017	376 124.3	2021	329 732.5

（三）国家制定教育标准、课程标准，掌握课程建设权

为了保障基础教育质量，泰国教育部负责颁布统一的课程和教学大纲，对中小学的课程开设、课时数量都有明确的规定。学校可以根据自己的实际情况在国家规定的范围内决定开设哪些课程，课程专家和教材研究者、教育专家和中小学教师可以根据课程标准和教学大纲编写教材。

（四）建立完善的质量保障体系

泰国建立了完善的基础教育质量保障体系，为基础教育院校的建设和教育质量的提高发挥了积极作用。

《国家教育法》主张各级各类教育应该形成一套教育标准和整体质量保障体系，包括内部质量保障体系和外部质量保障体系。质量保障是教育管

---

[1] 数据来源于泰国国家统计局官网。

理的重要内容，教育院校及其管理机构都要建立内部质量保障体系。内部质量评估是持续性的教育管理流程，主要涉及定期检测、监督和评估教育院校的表现；外部质量评估主要通过外部机构对教育院校的质量进行检测，从而对其教育行政和管理进行评估。评估的最终目的是帮助院校提高教育质量和标准。教育部制定了基础教育阶段的内部评估方法和标准。所有基础教育机构每年都要进行一次内部质量保障活动；制定适合自身的发展规划，不断评估自己的表现，提高教育质量；在内部质量保障的各阶段都要注意协调利益相关者，发挥他们的作用；在新学期开始前，要向上级组织和机构提交质量保障报告，并向社会公众公布。

内部质量保障评估基于基础教育标准而实施。基础教育标准是根据国家教育标准制定的18个具体标准：生涯标准8个，教学法标准2个，教育行政和管理标准6个，学习型社区标准2个。这些标准对学生、教师、行政人员和教育机构都有具体的描述和指标，是教育质量评估的依据。

国家教育标准和质量评估办公室负责对院校进行外部质量评估，至少5年评估一次，并把评估结果提交到相关机构，向公众公布。国家教育标准是外部质量评估的基本依据，包括教育成就标准、教育行政标准、以学生为中心的课堂管理标准和内部质量保障标准。各标准又细分为具体指标和权重，对教育院校的基本情况、社会责任等方面做出评估。被评估的院校也可以把评估情况反馈给国家教育标准和质量评估办公室。如果院校对评估团队不满意，可以向评估办公室提出意见，但最终结果由评估办公室决定。[1]

---

[1] 阚阅，徐冰娜. 泰国教育制度与政策研究 [M]. 北京：人民出版社，2020：130-134.

第三节 基础教育的挑战和对策

一、基础教育的挑战

泰国的基础教育拥有自己的特色,实现了良好发展,但仍然存在一些问题,面临一些挑战。这些问题和挑战主要表现在以下几个方面。

(一)教育资源分布不均衡,教育机会不均等

由于历史和现实的种种原因,泰国各地的基础教育发展还不平衡,突出表现在教育资源分布不平衡、不合理,教育机会不平等现象严重。城乡之间和不同地区之间教育的不平等一直是泰国基础教育的问题,始终没有得到很好的解决。从教育预算方面来看,泰国的教育预算占国民预算的20%以上,但教育部将75%的预算用在管理上,只有25%用于教学质量的提高。这种预算分配的不合理,导致政府教育资金虽投入不少,但浪费严重,真正用于教育教学的资金远远不足,影响了教育质量的提高。

泰国的教育资源分配不公,还表现在城乡差距大。以首都曼谷为首的大城市获得了较多的教育资源,拥有全国最好的学校和师资,但小城镇,特别是边远乡村和人口密集地区,政府经费投入少,校舍差,社会援助贫乏,基本的师资都无法满足。要建设好的校舍,引进优秀教师,必须吸纳更多社会资金,然而这些落后地区缺乏吸引力,教育的不公平现象更加突出。促进和实现教育机会均等和教育公平,泰国仍然有很长的路要走。

（二）教学管理存在漏洞，教育管理水平需要提高

泰国的教育管理者频繁变换，难以保证教育改革发展的稳定性和连续性。2020年以前的17年里，泰国教育部部长就更换了20位，平均每位部长的任职时间还不到一年。如此频繁地变换管理者，很难制定出稳定而有效的教育改革政策。中小学校长也是如此。泰国中小学校长和教师实行的是流动制，中小规模学校的校长频繁变换，大学校和特大规模学校的校长任职时间往往不超过两年；公立学校的教师也可以根据个人需要更换学校，教师流动频繁造成教师教学研究和实际教学工作不扎实，在很大程度上影响了教学质量。泰国教育管理在总体规划和布局上也存在不足，例如有的规划目标高远，但不符合实际，针对性也不强，体现了教育管理的盲目性。

（三）学生的学科能力不强，教育质量有待提高

泰国学生的学科能力不强，这反映了泰国基础教育教学水平和质量不够高。这从泰国学生在国际学生评价项目（PISA）中的表现可见一斑。PISA是国际学生学科能力的重要研究项目，自2000年开始，由经济合作与发展组织对全球15岁学生学习（阅读、数学、科学）水平进行评估，至今已经举办4次。这是目前世界上最全面、最可靠、规模最大的学生能力指标，是横向比较各国（地区）教育质量、公平和效率的首要标准。经过多年的发展，PISA已经成为各国（地区）促进教育改革、调整教育政策的重要依据。有数据显示，在2018年79个国家和地区参加的PISA测试中，泰国学生的阅读成绩为393分，数学成绩为415分，科学成绩为476分。而参加国家和地区学生的平均成绩为：阅读487分，数学489分，科学489分。

泰国学生的成绩处于中下水平，在总排名中居于第 66 位。[1]。对数据的进一步分析表明，泰国中学生数学、科学和阅读水平偏低，对数学教学的认识也存在问题，教师缺乏相关的教学专长，难以培养学生良好的数学和科学思维及技能，需要花费大气力予以改进。

二、基础教育的对策

为了推动经济发展，培养泰国社会未来需要的建设人才，更好地适应国际化发展的趋势，2016 年，泰国政府推出了"泰国 4.0"战略。人才的培养离不开教育，为此，泰国教育部门进行了一系列教育改革，积极迎接新的挑战。

（一）减少教育差距，实现教育机会均等

针对各地教育发展不均衡、教育资源分配不公平、教育机会不均等等问题，泰国教育部门采取了多种措施，努力改善各地在教育资金和资源投入等方面的不均衡、不平等状况，如鼓励中小学联合办学，加强合作，进行资源共享、资源互补等。针对各地教学资源的不同情况，泰国承认非正规教育，学习者不论是在什么教育机构学习，学分可以互认累积，以试图保证每个人的教育机会公平。此外，泰国还积极动员社会力量办学，允许民间资金投入教育，以缓解教育资金不足，努力增加教育机会，实现教育机会均等。对待移民子女，泰国政府也尽可能提供平等的教育机会，促进所有适龄儿童都得到良好发展。

---

[1] 姜安琪. PISA2018 数据发布 / 回顾 PISA 在中国内地走过的九年 [EB/OL].（2019-12-12）[2022-07-14]. https://www.163.com/dy/article/F06ROA2G0511D9E4.html.

（二）实施课程教学改革，提高学生的学科能力

课程是教育的核心。教育质量的提高有赖于课程教学的改革。泰国教育行政管理部门高度重视通过课程教学改革来实现教育教学质量的提高。课程目标决定着人才培养的方向。泰国致力于培养全面发展的国际性公民，因此在课程设置中，注重开设培养学生思维能力、生活技能和良好卫生习惯的课程，还重视提高学生的学习能力、计算能力和推理能力。针对学生的英语、数学和科学能力的不足，泰国教育部门开办专门的英语培训教育机构和促进科学、技术、工程和数学发展的基础教育机构，以更好地实现国家人才培养目标。

（三）实施教育管理改革，提高教育管理质量

在教育管理方面，泰国为了提高教育教学水平，适应国家教育发展需要和国际教育形势，实施了一系列改革，如：设立基础教育委员会办公室，专门负责监督基础教育教学工作；将教育权力下放，扩大教育机构的自主权，特别是给予中小学校长更大的办学自主权和管理权，以提升教学质量；设立专门的资金管理部门，保证资金的预算主要用于学生发展和教学方面，以提高资金使用的针对性和合理性，避免资金的浪费。

第六章 高等教育

本章所谈泰国高等教育是指泰国的普通高等教育，不包括高等职业教育。普通高等教育分为专科层次、本科层次、研究生层次，研究生又分为硕士研究生和博士研究生两个层次。而本科层次的高等教育又是普通高等教育的主要部分。

第一节 高等教育的发展和现状

1999年泰国《国家教育法》第十六条规定，泰国正规教育分为两个阶段：基础教育和高等教育。高等教育就是正规教育中基础教育之后的教育。从性质上看，泰国的高等教育包括公立和私立两种；从类型上分，泰国高等学校分为公立高校和私立高校。

如果把1889年泰国设立第一所医学专科学校作为其高等教育的开端，那么泰国高等教育至今已经有130多年的历史了。自产生以来，泰国高等教育伴随着经济社会的现代化发展，经历了不同时期，呈现了不同的发展目标、要求和特征。泰国的高等教育在一百多年的发展过程中，既吸收了西方高等教育的发展经验，又深深扎根于本土文化之，形成了本国独特的教育特色。

一、高等教育的发展历程

（一）初始时期（1889—1931年）

泰国高等教育是伴随其社会现代化而产生的。拉玛四世引进西方思想，聘请西方技术人才和管理人才，开启了泰国现代化的步伐。拉玛五世朱拉隆功继续将改革事业推向深入，深化了泰国现代化的进程。朱拉隆功改革传统教育体制，建立现代教育制度和各级各类学校，振兴泰国教育。1892年，泰国成立教育部，专门负责教育改革与发展。1889年，泰国建立了第一所医学专科学校，标志着泰国现代高等教育的开端。1897年，司法部建立了第一所法律学校。1902年，皇家侍仆学校建立。1910年，皇家侍仆学校改名为文官学校，开设教育、医学、农业、法学、工程、商业、外交和公共管理等课程，培养公务员，成为当时规模最大的高等院校。1913年，工程学校建立。同年，教育部统辖的学校已有247所，其中就包括高等专科学校。

1917年，曾留学英国的拉玛六世顺应时代需要，为培养多学科高层次人才，把原来的文官学校、皇家医学院、工程学校和新成立的文理学院合并，创建了朱拉隆功大学。该大学建校之初，设医学院、工程学院、政治学院和文学院，由教育部管辖。教学内容主要是传授西方的文化礼仪和学术知识。1923年后，教育部对朱拉隆功大学进行了改革，并在1930年正式设立了硕士和博士学位。1930年，文学院开设教育系，学制两年。

朱拉隆功大学的建立，是泰国综合性大学的开端，具有里程碑意义。从此，泰国开启了真正意义上的现代化高等教育历程。

（二）变速发展时期（1932—1959年）

1932年，泰国发生政变，由君主专制国家转变为君主立宪制国家，新政府颁布了宪法和《1932年全国教育纲要》，提出"人民党将使人民受到充分教育"的口号，强调发展教育，大力发展高等教育。由此，泰国高等教育开始了新的发展时期。

1933年，泰国司法局合并了法律学校和政治科学院，将其改名为法律和政治科学院。

1935年，朱拉隆功大学设立医学院、工程学院、文学院、建设系和药剂系；1937年设立兽医系，1942年建立牙科系和商业会计系。至此，朱拉隆功大学正式成为拥有文学院、建设学院、商业和会计学院、工程学院和理学院的综合性大学。

泰国第二所大学是1933年创立的法政大学。最初，法政大学属于艺术大学，1934年被批准为法学和政治学方面的"开放大学"，1949年法政大学设立法学系、政治系、商业及会计系和经济系，1952正式成为泰国国立法政大学，1955年开设研究生课程，1956年增设社会管理系和新闻系。1960年，法政大学结束"开放大学"的历史，成为通过考试才能入学的要求严格的大学。法政大学的建立，为泰国培养了一批又一批法律政治人才，推动了泰国法律事业发展和政治民主化进程。

1943年，泰国先后建立了医科大学、农业大学、艺术大学。根据国家卫生事业需要，医学系从朱拉隆功大学分离出来，建立医科大学，设在曼谷，受公共卫生部管辖，任务是专门培养医学、牙科学、药理学、兽医学和产科学等方面的人才。

农业大学是根据政府为进一步发展农业科学的政策而建立的，由挽肯农学院和农业学校合并而来，任务是开展农业科学研究与教学，培养农业科技方面的人才。1955年，兽医学院和灌溉工程学院并入农业大学。

艺术大学以促进泰国民族艺术和文化事业为宗旨，设音乐、美术、舞蹈、雕刻、考古和其他工艺学课程，成为泰国艺术人才培养的重镇。

需要说明的是，1958年之前，泰国的几所高校分属不同的部门管辖。1958年，泰国政府认识到高等教育对国家的发展举足轻重，决定将高等院校划归一个部门统一管理。1959年，高校管理权被移交给国务院办公室，由其负责规划高等教育的发展。

20世纪60年代以前，泰国大学从一所发展为多所，但多为专科性大学，综合性大学少，而且规模比较小，往往集中在曼谷。大学可以培养文理、法学、医农，甚至艺术等方面的人才，这在一定意义上促进了泰国经济社会的发展。不过，总的来说，这个时期高等教育规模不大，高校数量不多，还不能充分满足国家发展的需要。此外，大学的办学模式西化严重，教学内容多取自英美高校的课程，而且政治色彩浓厚，培训政府官员居多，这都影响了高等教育的发展速度和普及程度。

（三）快速发展期（1960—1980年）

第二次世界大战后，泰国经济开始恢复。1961年以后，泰国开始实施经济发展计划，经济的快速发展为高等教育的发展提供了物质基础。而经济发展对人才需求的增加，以及人口的快速增长，反过来又刺激了高等教育的发展。此外，由于北部、东北部和南部贫困地区高等教育的发展未得到重视，在一定程度上导致社会不稳定，促使政府开始重视该地区的高等教育。1960年，泰国成立了国家教育委员会，制定了国民教育纲要，大力兴办教育，并允许私人创办高等院校。在此背景下，20世纪60年代，泰国先后在东北部的孔敬建立了孔敬大学，在北部的清迈建立了清迈大学，在南部建立了宋卡王子大学。这三所综合性大学的建立，结束了泰国除了曼谷以外其他地区没有大学的历史。新设立的大学因地制宜，各具特色，促进了当地经济的发展和国民素质的提高。

1971年，泰国创办了兰甘亨大学。1972年，素可泰塔马斯莱特开放大学创办。在第三个《全国教育发展规划（1972—1976年）》中，泰国提出要建立一个在国家发展中扮演主要角色的教育系统。1974年，迫于学生运动的压力，政府决定建立教育改革组织委员会，制定教育改革计划和评价系统，着重改革学校教育结构，设置面向生活和社会的新课程，重构教育行政系统。1977年，政府颁布了国家教育计划，规定在法律允许的范围内，私人可以在国家的领导下自由开办高等专科学校。

高等教育在这个时期的快速发展还表现在研究生培养方面。随着经济发展对高层次人才的需求不断增加，研究生培养愈发重要。1969年，泰国法政大学经济学专业首次招收了5位硕士生；1970年，朱拉隆功大学开设数学和物理学硕士课程；1971年，泰国医科大学和朱拉隆功大学开设化学硕士课程，后者还开设了生物学硕士课程；1974年，泰国医科大学还开设了生物化学专业第一个博士点，1975年开设了微生物博士课程。除此之外，泰国还建立了行政管理大学，专门培养研究生，为国家输送高层次人才。亚洲理工学院是另一所比较大的国际性研究生院，位于曼谷，以英语为教学语言，接受来自亚洲各地的学生，向学生提供工程和物理科学课程。

在高等教育快速发展的这个阶段，特别需要注意的是私立高校的发展情况。1965年6月，泰国内阁批准私立单位成立高等教育机构，并于1969年颁布了《私立学院法》，大大促进了私立高校的发展。

1970年，泰国创办了第一批私立高校，有曼谷学院、歌乐学院、博仁学院、泰苏瑞亚学院、帕塔拉学院等。此后，又有一批私立高校建立，如商务学院、易三仓学院、东南亚学院、暹罗科技学院、西北学院和佛光学院。

1972年9月，泰国公布了第216号高等学校改革文件，提出设立国家大学部，隶属于总理办公室，直接管理国立高校。1977年，泰国颁布法律，将国家大学部改为大学部，成为独立机构，与其他部委并列。私立高校的监督管理也由教育部转移到大学部,此举大大提高了私立高校的办学灵活性。

1979年,《私立高等教育法》取代了1969年的《私立学院法》,将私立高等学校划分为学院、学会和大学三类,拓宽了私立高校的职责范围,促进了私立高校的教学、科研以及文化艺术各方面的发展,使私立高校对公立高校造成了竞争压力,客观上促进了公立高校的改革与发展。

总之,这个时期,由于社会经济发展对高层次人才的需要,加上社会稳定的需要,泰国开始实施国民经济发展计划和教育发展规划,先后颁布了《私立学院法》和《私立高等教育法》,使公立高校和私立高校都得到了迅速发展。

(四)修正完善期(1981—2000年)

经过20世纪60—70年代以数量增加、规模扩展为特征的快速发展,泰国高等教育为泰国培养了很多高层次专门人才,促进了经济社会发展,但是也产生了教育质量下降的问题。因此,20世纪70年代末80年代初,泰国政府在第四个、第五个高等教育五年发展规划中,都提出了调整高等教育结构、提高教育质量的目标。第五个发展规划强调高等教育要为国家培养急需人才,特别是要重点发展农科、医学、工程学等学科。第六个发展规划也提出高等教育要扩大社会经济发展所急需的学科的招生规模,保证教育质量。

与此同时,随着高等教育国际化趋势的加强,泰国在20世纪80年代末90年代初着手解决高等教育过于集中、僵化和条块分割、缺乏自主权的问题,开始大学自治实验,即大学部主要通过拨款和监督,对高校实行宏观管理,把财政管理、招生、人事任免等权力下放给学校,由学校自主决定。1990年和1992年,泰国还设立了两所自主性质的公立大学,对上述理念进行践实。

1998年10月，联合国教科文组织在巴黎召开世界高等教育会议，发表《21世纪的高等教育：展望和行动世界宣言》，提出将高等院校自治作为迅速变革中的世界高等教育应对主要挑战的原则，高校自治是学校正常运转和改革成功的先决条件。1998年和1999年，泰国又把两所公立大学变为自治大学。1999年7月，泰国国会通过教育法，保证高校的独立法人地位，使大学按照市场机制运作，从而提高学校学术的自由度和灵活性。同时，泰国政府还决定，到2002年，泰国的所有公立大学都转变为自治大学。

在人类准备迎接21世纪到来的时刻，世界各国纷纷进行教育改革，试图以新的面貌进入新世纪。但1997年一场金融风暴席卷亚洲，泰国作为此次金融风暴的发源地，金融系统受到严重冲击，进而爆发了严重的经济危机。受危机影响，泰国的高等教育经费下降了2%，公立高等教育也被推向市场。经济危机促使泰国政府进一步思考高等教育和经济社会发展的关系，反思高等教育的定位、办学目标、教育模式和人才培养方式。

（五）新世纪发展期（2001年以来）

进入21世纪后，泰国高等教育表现出两个特点，一是自治化，二是国际化。

泰国的高等教育自治化改革始于20世纪末，1999年的《国家教育法》提出要使高校拥有自主权。进入21世纪后，泰国又制定新的教育计划，继续下放教育自主权，包括财政管理、人事任免、招生等方面的决定权。《国家教育计划（2002—2016年）》高度重视高等教育管理部门权力下放，希望让高校拥有更多的自主权。通过努力，泰国高等教育由"国家—政府主导型"转变为"政府—院校协助型"。[1]

---

[1] 强海燕.东南亚教育改革与发展（2000—2010）[M].广州：广东高等教育出版社，2010：248.

国际化是这个时期泰国高等教育的又一重要特点。进入21世纪以来，泰国高等教育的国际化趋势不断增强。泰国政府加强了与国际组织特别是联合国教科文组织、东南亚国家联盟、东南亚国家教育部长组织、东盟大学网络组织的合作，加强高等教育交流，大力推动高等教育融入地区和世界。以上述交流平台为基础，泰国加强国际化课程合作，推动信息化发展，将信息技术引入高等教育，建立网络大学和教育与研究网络机构，确保远程教育质量符合国家标准和国际教育质量认证标准。需要说明的是，泰国在注重高等教育国际化发展的同时，也高度重视保护和传承民族文化传统，着力建构具有泰国本土特色并与全球化进展高度同步的教育体系。

特别需要指出的是，泰国尤其注意制定教育长期发展规划，描绘国家教育发展蓝图，强调教育对经济的服务功能。泰国《高等教育第二个十五年长期发展规划（2008—2022年）》就提出高等教育必须以服务实际生产为宗旨，服务各行各业经济发展。2014年，巴育政府上台后，着手制定国家20年发展规划。2016年，《第十二个国民经济和社会发展计划》出台，首次提出了"泰国4.0"战略，希望将泰国经济转型，进入信息化工业发展4.0时代，增强创新能力和国际竞争力。这为泰国经济、科技、教育、社会发展指明了方向。与此相适应，泰国制定了第十二个国家教育发展规划（2017—2021年）和《国家教育计划（2017—2036年）》，强调教育发展要与经济社会发展同步，与"泰国4.0"战略保持一致，重视十大领域的人才培养和科研发展，形成泰国的五大优势产业和五大未来产业。[1]

---

[1] 阚阅，徐冰娜.泰国教育制度与政策研究[M].北京：人民出版社，2020：144.

二、高等教育的发展现状

下面从高等教育机构类型和数量、学生数量和入学率、考试和招生、学历与学位、教育政策、教育经费投入、国际化状况等方面简单介绍泰国高等教育的现状。

（一）机构类型和数量

从泰国高等教育机构的投资性质上看，大致分为两大类：公立高校和私立高校。2016年，泰国共有高等教育机构156所，其中公立84所、私立72所。从数量上看，公立、私立相差不大。但从入学率看，只有14%的学生就读于私立高校，其余则就读于公立高校。此外，泰国还有大批医学护理、警察培训方面的学院，如果把这些机构算在内，泰国高等教育机构共有300多所。[1]

泰国公立高等教育机构分为皇家大学、自治大学和其他公立大学。

皇家大学起初为皇家学院，2004年升格为大学，有班颂德皇家师范大学、武里南皇家大学、清迈皇家大学、吞武里皇家大学、南邦皇家大学、北碧皇家大学，等等。

自治大学享有办学自主权，由泰国中央政府创办，在教育部指导下自行决定其行政管理机构，在财政管理、招生、人事任免等方面有自主决定权。自治大学的教师由大学聘任。自治大学虽是独立的管理机构，但仍可得到国家经费支持，接受国家教育质量监督。根据泰国教育部的数据，截至2014年，泰国有19所自治大学。

其他公立大学还有朱拉隆功大学、法政大学、玛希隆大学、清迈大学、

---

[1] DUMRONGKIAT M. University challenge: falling enrollment stemming from low birthrate is hitting where it hurts [N]. Bangkok Post. 2018-08-12.

农业大学、艺术大学、皇太后大学、孔敬大学、宋卡王子大学等。

泰国的私立大学有斯坦福国际大学、易三仓大学、曼谷大学、兰实大学、博仁大学、亚洲理工学院、斯巴顿大学等。

2017年5月,中泰两国签订了《关于相互承认高等教育学历和学位的协定》。据此,凡是泰国教育部(高等教育与科学技术创新部高等教育委员会)登记在册的大学,中国教育部均予以认可。

(二)学历与学位

2006年,泰国《国家高等教育资历框架实施指南》把泰国高等教育划分为六级:第一级,副学士学位;第二级,学士学位;第三级,研究生文凭;第四级,硕士学位;第五级,高等研究生文凭;第六级,博士学位。

副学士学位:学生在泰国皇家大学、皇家科技大学、地方或私立职业学院,以及体育、戏剧、美术学院等高等教育机构学习农业、工商管理、教育、工程技术、美术、音乐、戏剧和文学等课程2年,至少修读60个学分;如果是3年课程,则至少需要修读90个学分。合格者获得副学士学位。

学士学位:本科课程通常需要学习4年,完成120个学分;学习建筑、绘画、雕塑、药学、图形艺术等专业则需要学习5年,完成150个学分;牙科、兽医专业需要学习6年,完成180个学分。通过了这些课程考核,又完成了实习课程者可获得学士学位。

研究生文凭和硕士学位:学生在获得学士学位后,再参加一个一年的硕士项目,修满24学分,可获得研究生文凭;参加一年的研究生课程,修满36学分,完成高级课程和研究,平均课程成绩达到3.0以上,可获得硕士学位。文科生侧重全面综合的课程学习,通过考试即可,而理科生则需要提交论文。

高等研究生文凭：获得了医学等特定专业领域硕士学位或具有同等学力者，学习3年修满24个学分，可以获得高等研究生文凭。这个文凭是介于硕士和博士水平之间的层级。

博士学位：代表泰国高等教育的最高水平，分为学术类和专业类两种，通常学习年限为2—5年。具有学士学位者至少修满72个学分，具有硕士学位者修满48个学分，完成博士论文并满足一定条件者可以申请博士学位。[1]

需要说明的是，泰国的高等教育除了主要由教育部管理之外，文化部、旅游和体育部、公共卫生部、国防部、交通部等部门也管理着一些高等教育机构，在泰国高等教育发展与改革中也发挥了积极作用。

表6.1呈现了2015—2019年泰国本科学生人数及其所属管理部门情况。

表6.1 2015—2019年泰国本科学生人数及其所属管理部门 [2]

（单位：人）

年份	2015	2016	2017	2018	2019
教育部	1 790 960	1 743 411	1 689 026	1 612 636	1 522 370
旅游和体育部	16 876	17 480	15 495	14 840	14 375
文化部	3 630	3 344	3 363	3 233	3 518
公共卫生部	17 343	17 741	18 667	17 602	17 985
总理直属机构	1 091	1 123	1 385	1 382	1 235
国防部	2 773	3 350	3 415	3 226	3 210
交通部	2 302	2 558	2 492	2 306	2 427
曼谷都市管理局	1 311	1 334	1 413	1 538	1 768
学生总计	1 836 286	1 790 341	1 735 256	1 656 763	1 566 888

---

[1] 阚阅，徐冰娜.泰国教育制度与政策研究[M].北京：人民出版社，2020：156-158.
[2] 资料来源于泰国教育部常务秘书长办公室网站。

（三）学生数量和入学率

2016年，泰国高等教育机构有200多万学生，其中86%的学生就读于公立高等教育机构。2017年，泰国公立高校在校学生为1 979 699人，私立学校有269 062人；2020年，泰国公立高校在校生1 666 361人，私立高校学生391 888人。从数量上看，公立高校的学生数量减少了，而私立学校的学生增加了。表6.2具体呈现了2017—2020年泰国公立高校和私立高校各层次在校生的数量。近50年来，泰国的高等教育发展突飞猛进，从20世纪70年代高等教育入学率不足10%，到21世纪初达到45%，实现了高等教育从精英化到大众化转型，在东盟国家中入学率最高。

表6.2 2017—2020年泰国高等教育各层次学生数 [1]

（单位：人）

年份	2017		2018		2019		2020	
学校性质	公立	私立	公立	私立	公立	私立	公立	私立
学士学位及以下	1 839 607	246 398	1 655 011	370 240	1 585 071	362 148	1 552 540	366 720
研究生文凭	7 120	2 864	6 698	3 009	4 935	3 836	5 509	3 641
硕士学位	110 874	17 125	90 490	18 778	77 431	18 030	83 489	18 466
高级研究生文凭	1 760	—	1 792	—	1 544	—	1 228	—
博士学位	20 338	2 675	23 049	2 596	21 404	2 525	23 595	3 061
总计	1 979 699	269 062	1 777 040	394 623	1 690 385	386 539	1 666 361	391 888

---

[1] 资料来源于泰国教育部常务秘书长办公室网站。

（四）考试与招生

泰国自1961年开始实行高等教育全国统一考试招生制度，"一考定终身"。20世纪末21世纪初改为"一年两考"，取两次考试中较高的分数计入总分，高中学习成绩也纳入总分考量，重视高中阶段学生的表现，不把统考成绩作为选拔学生的唯一标准。

2006年，泰国高考招生制度发生重大改革，开始采用泰国大学中央录取系统。学生总分由四部分组成：高中学课程成绩平均分，占总分的10%；高中课堂学习成绩平均分，占总分的20%；普通国民教育考试成绩，占总分的35%—70%；国家高等教育考试，占0—35%。后来，泰国意识到高中课堂成绩评定标准不一，就取消了这一项，转而引入美国的学术能力评价测试，考察学生的普通能力和专业能力两个方面。普通能力测试占比为10%—50%，专业能力测试占比为0—40%。

泰国目前一年举办三次统一高考，分别在3月、7月和10月。但是，有些高等教育机构会在每年的11月开始组织自主招生。高中成绩特别优秀的学生，可以向大学申请免试入学。兰甘亨大学和素可泰塔马斯莱特大学则不要求入学考试即可入学。泰国2011—2015年高等教育本、专科层次入学人数，如表6.3所示。

表6.3 2011—2015年泰国高等教育本、专科层次入学数 [1]

（单位：人）

学历类型	年份				
	2011	2012	2013	2014	2015
专科	351 682	323 380	316 288	312 770	344 377
本科	1 825 066	1 845 253	1 881 816	1 843 477	1 851 652

---

[1] 阚阅，徐冰娜.泰国教育制度与政策研究[M].北京：人民出版社，2020：160.

2018 年，泰国 54 所大学开始实施泰国大学中央录取系统，招生总数达 20 多万。大学入学考试经过五轮选拔，难度逐渐增加。第一轮为招生，主要面向普通高中生、特长生和高校附属学校的学生，通过简历和面试选拔录取；第二轮为高考配额，主要面向高校所在地考生和附属学校学生，学生需要递交普通国民教育考试成绩、普通能力测试成绩、专业能力测试成绩；第三轮是联合直接录取，主要面向打算进入泰国医学联盟的学生，只要通过了泰国医学联盟的考试就可以被录取；第四轮面向所有普通考生，需要提交普通国民教育考试、普通能力测试、专业能力测试和高中所学课程成绩平均分，学生最多可选择四所医学教育机构；第五轮是高校自主招生，面向所有普通考生。通过五轮选拔，泰国高等教育机构基本保证了顺利招生，但各种选拔也存在一些问题。泰国大学校长理事会表示已经成立了三个相关的委员会，着重改善泰国大学中央录取系统，尤其是第三轮的招生选拔环节。[1]

（五）教育政策

泰国的宪法、教育法和高等教育法共同规定了泰国高等教育的基本制度和政策。

1999 年的《国家教育法》是泰国政府根据泰国宪法针对教育制定颁布的法律，明确了泰国教育的总则、宗旨、原则，教育的权利和义务，教育体制，国家的教育方针，不仅界定了教育的基本内涵，而且规定了基础教育和高等教育的相关内容。

《国家教育法》第二十八条规定，高等教育课程要保证学生的全面发展，还要强调知识和社会发展的特点，把发展高等职业教育、提高学术研

---

[1] DUMRONGKIAT M. Unlocking the Future through Educational Reform[N]. Bangkok Post, 2018-12-30.

究水平放在首位。第三十六条则明确国立高等教育学校的性质为法人团体，它既可以是政府部门的一部分，也可以是国家管理下的机构。

2007年9月，泰国高等教育委员会办公室和教育部联合颁布了泰国《高等教育第二个十五年长期发展规划纲要（2008—2022年）》，制定了泰国高等教育的实施纲要、15年发展规划、高等教育与国家发展前景、高等教育长期发展规划。这是泰国高等教育发展极其重要的纲领。

根据发展规划纲要，泰国到2022年高等教育发展的目标是：高等教育质量有所提高，培育出高素质的市场型人才；高等教育的创新能力有所提高，推动全球化趋势下国家竞争力的提高；通过合理地利用行政管理机制，并在学术自由化、多样化和系统一体化的基础上，制定质量标准和统一的教育系统，推动地方的可持续发展。

从高等教育的管理和治理方面来看，泰国1991年颁布的《公共行政组织法》、1997年颁布的《宪法》、1999年颁布的《国家教育法》等法律法规，将教育的行政管理、人事调动和财政管理等权力下放，鼓励地方自主举办高等教育，扩大高校的办学自主权，改变中央管理权过于集中、社会公众和地方教育参与不足的问题。特别是进入21世纪以来，泰国在国家层面和高等教育层面进行了改革，出台了不少政策，努力精简高等教育管理机构，重组教育体制，重新划分部门职能。《高等教育第二个十五年长期发展规划（2008—2022年）》提出要改革高等教育管理结构，鼓励高等教育机构尝试新的政策和管理体系，优化高校理事会成员选拔制度，提高管理人员的治理能力、管理能力和领导力。

《高等教育法》《国家战略（2018—2037年）》《国家教育计划（2017—2036年）》等法律规划，都高度重视高等教育管理的善治和有效性问题。《国家教育计划（2017—2036年）》提出，教育管理结构和体系必须做到清晰灵活，中央和地方行政部门都要以"善治"为原则，因地制宜；教育管理要有效；鼓励地方政府、社区、社会团体、私人机构、专业机构和宗教团体参与教育管理；积极探索符合地方和学校特点的管理制度。《国家战略（2018—2037年）》也重申了上述基本精神。2018年8月，泰国政府批准了《高等教育法》草案，将原来的科技部、高等教育委员会等多个部门整合，成立了统一管理高等教育的机构——高等教育与科学技术创新部，促进高等教育教学和科研标准的制定，努力精简教育管理部门，提高教育管理效率。

（六）教育经费投入

经费投入是影响泰国高等教育发展的重要因素。泰国政府充分认识到教育经费的重要作用，采取多方面措施，制定法律法规，鼓励社会多方面投资教育，提高教育经费，促进教育质量的提高。1999年的《国家教育法》和《高等教育第二个十五年长期发展规划（2008—2022年）》都是如此。概括来说：一是要加大对高等教育的经费投入，根据社会经济发展适当调整高等教育的预算；二是要建立高等教育经费的分配机制和管理机构，与政府协商高等教育政策和经费预算；三是要扩大高等教育机构的财政管理权，提高经费使用效益。泰国政府不仅实施了有效的高等教育经费投入政策，而且支持地方对高等教育的投入，努力创建世界一流大学，提高高校的国际竞争力。

近年来，泰国政府不断增加对高等教育的投入，2012年为738亿多泰铢，此后逐年增长，2017年达到1 129亿多泰铢；随后几年虽然有所减少，但每年都超过1 000亿泰铢，2021年为1 022亿泰铢。泰国2012—2021年高等教育投入情况见表6.4。

表6.4 泰国2012—2021年教育投入和高等教育投入情况[1]

（单位：百万泰铢）

财 年	2012	2013	2014	2015	2016
教育总投入	445 527.5	493 892.0	518 519.1	531 044.8	549 708.1
高等教育投入	73 821.3	83 326.3	87 721.9	97 725.7	106 829.1
财 年	2017	2018	2019	2020	2021
教育总投入	536 732.0	523 569.4	510 427.0	493 043.7	482 764.5
高等教育投入	112 975.0	108 340.9	101 832.7	100 653.0	102 269.9

为了帮助更多学生进入高等教育机构学习，泰国政府还制定了《学生贷款基金法》，为家境贫穷无力支付高等教育费用的学生提供贷款，支持学生完成学业。助学贷款15年还清，利率为1%，还款比例逐年增加，详见表6.5。

表6.5 泰国高等教育助学贷款年度还款比例[2]

（单位：百万泰铢）

还款年数	1	2	3	4	5	6	7	8	9	10	11	12	13	14	15
还款比例	1.5	2.5	3	3.5	4	4.5	5	6	7	8	9	10	11	12	13

（七）高等教育国际化

泰国高等教育自创立开始，就深受西方国家的影响，其国际化发展有先天的优势。《第八个国家高等教育发展规划（1997—2001年）》明确增加了教育国际化内容，1999年的《国家教育法》推动了泰国高等教育国际化的发展，2015年东盟经济共同体的建立，真是加速了泰国高等教育国际化，

---

[1] 资料来源于泰国教育部常务秘书长办公室网站。
[2] 阚阅，徐冰娜. 泰国教育制度与政策研究[M]. 北京：人民出版社，2020：167.

使泰国高等教育国际化水平处于东盟国家的领先地位。

泰国的高等教育国际化水平与新加坡、马来西亚、菲律宾等国类似，国际化水平比较高，这主要得益于泰国政府一直很重视与外国高等教育交流，积极参加各种形式的高等教育交流与合作活动。1949 年，泰国加入了联合国教科文组织，在曼谷还设立该组织的亚太总部。20 世纪 90 年代，特别是 1995 年泰国加入世界贸易组织后，其高等教育国际化进程加快。泰国采用的是欧美教育体系，教育体制层次完备，教学严谨，与欧美发达国家接轨。其大学在农业、工程、林业、文科、科学、企业管理、公共卫生、医学等领域的教育质量为国际考试机构认可，所颁发的文凭得到欧洲各国和美国、加拿大等国家承认。

泰国高等教育国际化具体表现在学校国际化、管理国际化、师资国际化、学生国际化、课程国际化和科研国际化等多个方面。[1]

学校国际化：根据泰国高等教育委员会 2014 年对 52 所高校（公立、私立）的调查，97% 的泰国高校将国际化列为优先发展方向，重视培养学生的国际适应能力和问题解决能力，培养全球型科研人才和教师。泰国地方性高校也不断加强国际化，与缅甸、中国、越南、柬埔寨等周边国家和地区交流互动频繁。

管理国际化：泰国高等教育借鉴发达国家的管理模式，在办学思想、招生就业、课程安排、师资培训等方面进行综合管理，以提高国际化水平。泰国政府还不断提高高校的独立自主权，设立专门的大学委员会，让大学自主管理和决策，在管理制度和理念上贯彻国际化思想。[2]

师资国际化：泰国通过吸引专业的具有国际视野的教师团队、引进外籍教师，提高高等教育师资国际化水准。泰国高等教育委员会 2014 年统计结果表明，泰国大约有 5.5 万名高校教师，其中 24% 的人获得国外最高学

---

[1] 李天胜，钟春妮. 泰国高等教育国际化发展现状及其启示 [J]. 北部湾大学学报，2019（11）：32-34.
[2] 曹甜甜，秦桂芬. 泰国高等教育国际化现状研究 [J]. 云南农业大学学报（社会科学版），2017，11（1）：111.

位。2015—2017年，泰国每年从100个左右的国家和地区招聘外籍教师，其范围不可谓不广。[1] 此外，泰国还每年派近2 000名优秀教师到海外进修或攻读学位，其中美国、英国、中国、日本等为主要目的地国。泰国还设立国际服务中心，为泰国教师在海外学习提供多方面服务。

学生国际化：根据联合国统计研究所的数据，泰国的国际学位学生人数从1999年的不到2 000增加到2017年的近4万，20年增加了超过20倍。[2] 在东盟国家中，泰国是仅次于新加坡、马来西亚的留学目的地，中国、印度等亚洲国家的学生，除了美国、英国、澳大利亚等国家外，去泰国留学的为数不少。泰国学生出国留学的人数在2001年至2015年间增加了约10%，2015年达3万人，主要学习商业、经贸、法律等专业。

课程国际化：国际化人才培养需要国际化课程，泰国为了培养国际化人才，采取多种方式使课程国际化。建立符合泰国教育利益、服务泰国人才培养和国家经济社会发展需要的国际化课程体系，是泰国教育部对高校国际化提出的要求。通过在已有课程体系中增加国际化内容，与国外高校合作办学，设立联合学位、双学位、单学位等学位项目，全部或者部分引入国外高校课程等方式，课程国际化得到有效提高。2013年12月，泰国高校开设了1 000多个国际教育项目；2014年，泰国教育部要求高校加大国际经典课程的引进力度，鼓励共建课程，提倡全外语授课，提高合作项目的质量水平。

科研国际化：泰国科研能力较强的综合性大学，如朱拉隆功大学、玛希隆大学、法政大学、农业大学等老牌高校，都努力提高自己的国际化科研水平，瞄准世界著名大学，设立中长期发展目标，与外国名校合作，建立实验室、开展联合研究。

泰国高等教育的整体实力也在不断增强，高校的世界排名也取得了不错的成绩。比如，在2018年QS世界大学学科排行榜上，泰国农业大学的农

---

[1] 陈倩倩，赵惠霞."一带一路"视角：泰国高等教育的国际化范式与启示 [J]. 东南亚研究，2019（3）：12.
[2] 李天胜，钟春妮. 泰国高等教育国际化发展现状及其启示 [J]. 北部湾大学学报，2019（11）：33.

学和林学排在第29位，朱拉隆功大学的化学工程和现代语言排在第51—100名；在泰晤士世界大学榜上，玛希隆大学排在第501—600名，朱拉隆功大学、泰国国王科技大学和苏拉那里工业大学排在第601—800名，清迈大学排在第801—1 000名。[1]

第二节 高等教育的特点和经验

泰国高等教育扎根本土，面向未来，在长期的发展过程中逐渐形成了自己的特色，取得了巨大成就，获得了丰富经验。

一、高等教育的特点

（一）由大众化向普及化发展

根据美国学者马丁·特罗的研究和经合组织修正的定义，仅就数量指标而言，当一个国家的高等教育毛入学率在15%以下时属于精英教育阶段，而达到15%时就进入大众化阶段，如果超过50%则进入普及化阶段。经过一百多年的发展，泰国高等教育早就迈入大众化发展阶段，目前已经向普及化阶段迈进。在东盟十国中，泰国的高等教育处于领先水平。

1997年，泰国在校大学生超过91万人，在亚洲和太平洋地区成员中排名第七。2009年，泰国高等教育毛入学率达到21%，之后逐年提高，到2014年时，泰国高等教育毛入学率已经超过30%。需要说明的是，这并没有包括开放大学的学生数量，如果加上比例会更高。由此可以认为，泰国

---

[1] 阚阅，徐冰娜. 泰国教育制度与政策研究[M]. 北京：人民出版社，2020：145.

高等教育已经跨入大众化阶段。一个有趣的现象是，2009—2014年，泰国18—21岁接受高等教育的适龄人口数量逐渐减少，而在校大学生却逐年增加，说明越来越多的泰国人接受了高等教育，详见表6.6。与其他发展中国家相比，泰国高等教育发展迅速，成绩斐然。

表6.6 2009—2014年泰国高等教育适龄人数、在校生数和毛入学率[1]

年 份	2009	2010	2011	2012	2013	2014
适龄人数（万人）	451.2	448.3	443.1	434.4	422.0	442.9
在校生人数（万人）	95.5	100.6	104.75	108.8	118.8	133.3
毛入学率（%）	21.2	22.5	23.7	25.0	26.5	30.2

（二）"四架马车"共同推动发展

当今的泰国高等教育已经形成多元化、多层次的"四架马车"共同发展格局。所谓"四架马车"，指的是泰国高等教育的四个主体：公立大学、私立大学、开放大学和自治大学。当然，这里所谓的四个主体只是从不同角度来说的，事实上，它们之间有的是同一主体。比如，公立大学后来转变为自治大学，而一些开放大学其实也是公立大学。它们也可能是不同时代或背景条件下的不同表现而已。

公立大学是泰国高等教育的主体，在泰国高等教育中发挥着主导作用，在一定意义上引领泰国高校发展的方向，代表着泰国高等教育的水平。泰国的公立大学包括研究型大学、地区性大学、教学研究型大学和开放大学。它们各自具有不同的定位和作用。研究型大学主要解决关键性社会问题，

---

[1] 资料来源于《2013—2014年泰国教育》。

为经济社会发展提供可行性对策；地区性大学则主要为促进当地经济社会发展服务；教学研究型大学主要培养社会需要的实用性人才；开放大学旨在促进高等教育机会均等，培养大众，提高社会文化水平。公立大学由于教学质量稳定、能及时贯彻国家的高等教育政策、培养出的人才能适应社会需要和发展，受到政府的支持，成为人才培养的主阵地、学术研究的主力军、实施国家经济社会发展政策的排头兵。[1]

私立大学是泰国高等教育的又一支重要力量。泰国政府的积极引导和优惠政策，特别是《私立高等教育法》的制定和颁布实施，极大地促进了私立高校的产生和发展。如今，私立大学是泰国高等教育的半壁江山，得益于政府对私立大学准入的放宽，私人也可以办学。政府鼓励民间资本投入高等教育，也使私立高校在短期内获得大发展，这既解决了因政府财政困难、投资不足而阻碍高等教育发展的问题，又刺激了社会闲散和个体资金的充分利用，客观上推动了高等教育的发展。有的时期，泰国私立高校在数量上甚至超过公立高校，如1988—1998年的10年，泰国平均每年新建2所私立高校；1997年公立高校招生79 201人，私立高校招生60 371人，仅相差不到2万人。

泰国在20世纪70年代创办了两所开放大学：1971年的兰甘亨大学和1979年的素可泰大学。这些大学受英国开放大学的影响，在办学目标、课程设置、教学方式、行政组织结构，以及教学组织与实施等方面，都与英国的相似。开放大学实行免试和宽进严出的入学政策，加之学费低廉、授课灵活，大大增加了学生入学的便利性，提高了泰国高等教育规模，推动了泰国高等教育的大众化。1970年，泰国高等教育入学率仅为3.9%，1975年提高到5.5%，1980年增加到15.8%，1997年开放大学学生人数就占到泰国全部高等教育学生总人数的64%，可见其贡献之大。除了上述两所著名的

---

[1] 曹甜甜，秦桂芬.泰国高等教育国际化现状研究[J].云南农业大学学报（社会科学版），2017，11（1）：109-113.

开放大学以外，泰国还有苏拉娜丽理工大学、大湄公河分区虚拟大学、法身开放大学等。这些大学同样加速了泰国高等教育大众化进程。

开放大学同样也会得到泰国政府的财政支持，甚至有的学校会受到皇室的高度关注，比如兰甘亨大学的学位就是由国王委托公主亲自为学生颁发的，这大大增加了学校的吸引力。另外，泰国的开放大学重视校园建设和教学管理，也使大学具有与主流大学相似的认同感。开放大学重视教育质量，为泰国培养了大批优秀人才，如泰国前总理马德祥就毕业于开放大学。在泰国，官方、社会和家庭都不会歧视开放大学，开放大学毕业的学生同样受到尊重。

泰国自治大学的探索始于20世纪90年代：1990年和1992年，政府分别设立了两所自治性质的公立大学，财政管理、人事任免等都由学校自主决定，试验新的办学模式，一举成功。1998年和1999年，这两所学校的教学人员相继脱离政府公务员序列。1999年，泰国通过新的教育法，以法律的形式保障了学校的独立法人地位，大学按照市场机制运作。

（三）教育质量保障评估体系完善

为了保障高等教育质量，培养经济社会发展需要的合格人才，泰国政府高度重视制定法律法规，采取有效措施，特别制定完善的质量保障和评估体系。自20世纪90年代开始，泰国政府就切实采取行动，制定了相关法律法规和办法。

1999年，泰国《国家教育法》提出，要建立统一而整体的质量保障体系，明确各级各类教育标准，特别明确了内部质量和外部质量保障体系的相关机构和职责范围，并在第六章"教育质量保证与保障"中对质量标准和保障问题做出规定，从律法上为泰国建立高等教育质量保障体系奠定了基础。

泰国高等教育有三类教育标准：国家教育标准、内部质量评估标准、外部质量评估标准。

《国家教育法》规定了国家教育标准的基本内涵、适用范围,以及各级各类教育标准制定的责任主体。2004年10月,泰国教育部教育委员会通过国家教育标准,以此作为制定高等教育标准的基本依据。2006年8月,泰国教育部颁布了三个高等教育标准,《毕业生质量标准》《高等教育管理标准》和《建立和发展知识型社会的标准》。同年,泰国教育部高等教育委员会公布了《泰国国家高等教育资历框架实施指南》。2008年,为了促进高等教育机构的发展,高等教育委员会又制定了《教育管理能力标准》和《高等教育机构运行标准》。2009年,政府制定了《高等教育资历框架》,对泰国高等教育毕业生的学习成果、道德伦理、知识、认知技能、社会交际技能和责任感、数据分析和信息技术能力等方面应达到的标准做出了规定。

按照《国家教育法》的规定,内部质量保障是指教育机构内部人员及其上级领导机构对教育机构的教学成果、教育质量进行评估和监督的行为。教育部高等教育委员会在教育质量监督中发挥主导作用。2003年,泰国《教育部关于高等教育机构内部质量保障体系、标准与程序的规定》提出了高等教育机构内部质量保障需要遵守的三个原则,认为内部质量保障是外部质量评估的基础,所有教育机构都必须遵守内部质量标准。2007年,教育部高等教育委员会制定了《高等教育机构内部质量保障指南》,提出了质量保障的9个要素、44项指标。这是泰国第一个统一执行的高等教育机构内部质量保障体系。此后,泰国实施了三轮内部质量评估:2007—2009年第一轮,侧重评估过程性指标;2010—2013年第二轮,重点关注投入和过程性指标;2014—2018年第三轮,重点评估产出和成果类指标。2014年1月,泰国高等教育委员会制定《高等教育机构内部质量保障手册》,综合考虑《高等教育第二个十五年长期发展规划(2002—2022年)》《第十一个高等教育发展规划(2012—2016年)》《高等教育标准》,以及2009年的《高等教育资历框架》的相关要求,提出了内部质量评估的9个要素,并以此为基础,详细阐述了实际操作环节的内容、细则等。2014年12月，泰国《高等教育内部质量保障委员会关于高等教育内部质量保障标准和指南的公告》提出要制定课程层次、学院层次和学校层次的内部质量保障体系。这种设想在2014年制定、2017年制定修改的《高等教育机构内部质量保障手册》中得到了落实，在三个层面都制定了详细的指标。考虑到泰国高等教育机构的多样性和差异性，泰国高等教育委员会也允许高等教育机构选择国际认可的一些内部质量保障体系，如东盟大学网络质量保障体系、卓越绩效教育标准体系，也可以自行开发内部质量标准体系。

至此，泰国制定了完备的高等教育内部质量保障和评估体系。不仅如此，泰国还制定了一系列的外部质量保障和评估制度和办法。

按照《国家教育法》的规定，泰国国家教育标准和质量评估办公室负责外部质量保障和评估体系的建立。该办公室下设基础教育、职业教育和高等教育评估体系发展委员会，分别负责建立基础教育、职业教育和高等教育的外部质量评估标准、指标和模式，监督和确保各级教育机构的质量和标准符合要求。

2001—2015年，泰国国家教育标准和质量评估办公室对高等教育机构进行了三轮评估，每次评估的重点不同。2001—2005年的第一轮评估重在了解高等教育机构教育质量情况，推动各高等教育机构对评估加以重视，并做好准备。根据首轮评估情况，高等教育机构被分为四类：教学与研究型大学、教学与社会发展型大学、教学与艺术发展型大学和教学型大学，并据此设定了7项共同标准、39项共同指标、9项选择性指标。2006—2010年的第二轮评估侧重对高等教育机构的教育质量和标准进行评估，提高外部评估的科学性和合理性。2011—2015年的第三轮评估强调结果标准而非过程性评估，注重高等教育的多样性。第三轮评估遵循了6项原则，执行了4项标准、18个具体指标（15个基本指标、2个个性化指标、1个社会责任指标）。其结果是，大多数高等教育机构的外部质量评估成绩良好，社区学院成绩优秀，所有公立高等教育机构都通过了评估认证。

国家教育标准和质量评估办公室还引入"区域评估模式"，按照行政区域划分对高等教育机构进行评估，目的在于加强高等教育机构与当地的联系，使教育资源和财政拨款更具有针对性。2012年区域评论涵盖泰国北部的8个府，2013年涵盖20个府、2014年涵盖41个府，根据评估结果，提出了提升区域高等教育发展的举措。

2016—2020年，泰国运用信息技术进行了第四轮高等教育外部质量评估，聚焦高等教育机构的整体表现，强调外部质量评估是为了验证内部质量评估结果。在本轮评估后，国家教育标准和质量评估办公室开发自动化质量保障系统，以便2021年开展第五轮外部评估时使用。

完备的高等教育内部和外部质量保障和评估体系，对泰国高等教育质量的提高发挥了积极作用。评估过程中既注意统一的标准和要求，又关注高等教育机构的差异性和个别性，既将中央所辖高等教育机构又将地方高等教育机构的质量纳入保障、监督和评估范围，目的都是为了更好地为地方经济和社会发展服务。

二、高等教育的经验

泰国高等教育在一百多年的发展过程中，取得了巨大成就，也获得了宝贵经验：依法办学，以法保障；着眼未来，规划发展；政府重视，财政支持；适应社会，面向国际。

（一）依法办学，以法保障

教育法律法规是泰国教育发展的根本依据。在长期的教育发展过程中，法律法规为泰国教育发展指明了方向，划定了界限，规定了内容。

1932年，泰国第一部真正意义上的宪法诞生了。自此以后，泰国颁布了18部宪法。目前实行的是2017年颁布的宪法，其中对教育的规定是教育的根本依据。

宪法第三章第三十八条规定：公民有接受教育和培训的权利，但不得与本宪法规定的公民义务相抵触，不得与普及教育法和教育设施法相抵触。

宪法第五章第六十五条规定：国家根据国情和需要，鼓励发展教育、训练和职业培训，鼓励私人举办各种水平层次的教育和培训。教育制度由国家制定，所有教育机构和设施应在国家的控制监督之下。公办教育中的义务普及教育部分应普遍有效地实行免费教育。高等教育应让学校在法律规定范围内独立自主地组织实施教育工作。第六十九条规定：国家应努力促进泰国人口素质的提高，特别要保证儿童和少年在身体、心灵、智慧、品行和道德各方面的全面成长。第七十条规定：国家应教育人民，增强和加深人民对以国王为国家元首的民主体制的理解和信念。

由上可知，虽然宪法专门规定的关于高等教育的内容只有一句话，但其他关于教育的内容同样适用于高等教育。

1999年泰国《国家教育法》的颁布实施，为泰国高等教育提供了新的法律基础和保障，大大促进了泰国高等教育的发展。其中对教育的总则、宗旨、原则，教育权利和义务，教育体制，国家教育方针，教育行政管理，教育质量标准与保证，教师和其他教育工作者，教育投入和保障条件，教育技术和临时条款的种种规定，都是高等教育发展必须遵循的法律条文。2002年颁布的《国家教育法（修正案）》(《第二国家教育法》)，2004年颁布的《皇家大学法》，2008年颁布的《非正规与非正式教育促进法》《职业教育法》等法律，为泰国高等教育院校的创立和发展提供了坚实的法律保障，使依法办学、依法治校成为可能。

泰国私立高等教育的发展也是如此。百年来，泰国的私立高等教育取得了长足发展，这不仅与泰国政府对私立教育的大力支持密切相关，也与泰国私立高等教育的法制化建设密不可分。1969年，泰国第一部私立高等教育法——《私立学院法》的颁布，使泰国掀起了申办私立高校的风潮，很快就有11所私立学院成立。此后，泰国于1979年颁布《私立高等教育法》，2003年颁布《私立高等教育机构法》，2007年颁布《私立高等教育法（修正案）》，赋予私立高等教育与公立高等教育同等的地位和作用，拓宽了私立高等学校的职责范围，促进了私立高等学校教学、研究、学术和文化保护等全面发展。1979—2003年，泰国新建立了47所私立高校，至2009年私立高校增加到69所。添加引用来源而私立高等教育的发展，又促进了教育公平和机会均等，为泰国经济社会发展做出了积极贡献。

（二）着眼未来，规划发展

泰国除了依法发展高等教育以外，还十分重视通过制定高等教育规划或计划来促进高等教育的发展。这些规划或计划有的是涉及高等教育，有的则是专门针对高等教育；有的是中央政府制定的，有的则是教育部制定的；还有一些是东盟国家统一制定的。这些规划或计划提出了高等教育的发展蓝图和发展要求，实际上是高等教育发展的政策。

自1962年至今，泰国连续制定了12个高等教育的五年规划，规定和指导了各个时段高等教育的发展目标和要求；制定了两个15年高等教育发展规划，为泰国高等教育描绘了长期发展蓝图，规划了高等教育发展的长期路线。泰国还制定了12个国家教育发展规划。这些发展规划每五年一个，其中也有高等教育的内容。与国家教育发展规划类似的还有"国家教育计划""国家教育规划"。

为了发展高等教育，泰国教育部也制定了一系列政策，涉及高等教育内部质量标准、保障体系、评估程序、与外国的学术合作等方面，如2003

年《教育部关于高等教育机构内部质量保障体系、标准与程序的规定》，2007 年《教育部关于泰国与外国高等教育机构学术合作指导方针的公告》，2014 年《高等教育内部质量保障委员会关于高等教育内部质量保障标准和指南的公告》，2018 年《教育部关于高等教育标准的公告》。这些政策有力地指导和促进了泰国高等教育的健康发展。

上述一系列教育法规和政策的制定，充分显示了泰国政府对高等教育的重视，为泰国高等教育提供了可靠的政策支撑和保障，是确保泰国高等教育良好发展的宝贵经验，值得汲取。

（三）政府重视，财政支持

泰国高等教育的发展离不开泰国政府的高度重视，事实上，泰国政府在高等教育发展中发挥了决定性作用。除了制定各种有利于高等教育的法律法规和保障、促进高等教育发展的规划、计划之外，泰国政府还积极扮演了"服务型政府"的角色，发挥了"服务型政府"的作用。比如，在私立高等教育方面，泰国政府结合本国的国情和高等教育实际，通过制定私立教育发展目标和教育政策，推进教育立法和改革，使私立高等教育获得发展的广阔空间。在私立大学的经营管理方面，泰国政府扮演着"监督者"和"把关者"的角色，主要对私立大学的师资队伍建设、经费使用情况，以及日常教学活动进行管理和监督。政府专门设立了私立高等教育委员会，对私立大学的相关事宜进行管理和监督，以保证私立大学教育教学活动的开展和教育教学质量达到教育部规定的标准。

再比如，泰国政府高度重视高等教育的国际化，把高等教育国际化确定为优先发展的重要战略目标，不断推动教育改革。特别是在 1995 年泰国加入世界贸易组织后，政府积极推动高等教育国际化；采取积极措施，应对 1997 年亚洲金融风暴对教育造成的不利影响。面对人民群众日益增长的教育需要，泰国政府逐步放低私立大学的办学门槛，提高私立高等教育的国际化水平，使得泰国私立大学的国际化水平与公立大学国际化水平相当。

（四）适应社会，面向国际

未来社会经济的发展，归根到底是靠人才的培养；未来国家竞争力的提高，需要大力发展人力资源，加强战略与创新人才的培养。泰国适应社会，面向国际，制定了国家战略和多种教育规划，着力创新型人才的培养，力求在未来国际社会更富有竞争力。

2017年宪法明确提出，国家应促进科学、技术方面的研究和发展，加强知识生产和创新，增强社会创新能力。《国家战略（2018—2037年）》构建了泰国国家总体发展战略，将科技发展、创新和人力资本开发提高到国家战略层面。《国家教育计划（2017—2036年）》则更突出了高等教育在国家产业创新发展中的作用，明确指出要培养高素质、符合社会经济发展需要的创新人才，培养拥有终身学习能力和创新创业能力的人才。该计划和《第十二个国民经济和社会发展计划》都指出高等教育创新人才培养的优先领域和具体目标，并要求与"泰国4.0"战略保持一致，在五大优势产业和五大未来产业培养创新人才。为此，要增加对这十大产业研发的资金投入和人力投入。在高等教育中，高度重视培养优秀的博士，为研究提供高素质的人员，支持最优秀的学生进入博士学习。20世纪末，泰国就设立了"皇家金嬉"博士生项目；泰国教育部高等教育委员会也设立"战略前沿奖学金"和"硕博士研究生奖学金"（投入440亿泰铢，提供16 000个博士和博士后奖学金名额），培养泰国经济社会发展所需要的高层次专门人才。

泰国政府在发展高等教育的过程中，注重本国实际和民族文化特色，不照抄别国经验。在经济全球化的情况下，注重结合自己的国情和本土意识，努力减少高等教育国际化的经济成本，积极探索适合本国的跨境办学和国际交流模式，提高办学质量和效益，加强与中国和欧美国家高校的合作，得到了国际社会的普遍认可。从泰国高等教育国际化发展的历史可见，自1992年东盟自由贸易区建设倡议的提出到2015年东盟经济共同体建成的20多年里，泰国政府不断推进高等教育国际化整体布局，将教育国际化从高等教育布局的边缘逐渐移到核心位置，成为泰国高等教育转型发展的重要推手，使泰国高等教育处于东南亚国家前列。

第三节 高等教育的挑战和对策

一、高等教育的挑战

（一）高等教育发展不平衡

泰国高等教育的发展水平虽然总体上处于东盟国家的前列，但仍存在发展不平衡的问题。这种不平衡主要表现在以下方面。

第一，高等院校城乡分布不平衡。目前，泰国高等院校的城乡分布差异很大，主要集中在城市里，尤其是大城市或重要城市里，而且城市之间、各府之间的差异也很大。曼谷的高校数量多，而且教育质量高，吸引了各地优秀的学生，竞争大，政府投入也比较多，比如朱拉隆功大学、法政大学、玛希隆大学、易三仓大学等著名高校都在曼谷。其他一些比较大或重要的城市里也分布着一些大学，促进了当地经济、社会和文化的发展。但在小城镇或乡村，就几乎没有什么高等院校。这种状况加剧了城乡教育水平的差异，扩大了教育的不公平。

第二，不同类型的院校发展不平衡。泰国的高等院校有公立的，也有私立的；有综合性大学，也有专科性大学；有普通高等院校，也有职业技术院校和成人教育院校。总的来看，公立高等院校占据优势，数量多，教育质量高，私立院校处于劣势，教育质量相对较低；职业技术院校或成人院校相比之下就不受重视，对学生和家长的吸引力不够大；开放大学的发展更加薄弱。不同类型的高校受社会尊重的程度不同，获得的社会资源也不同，这进一步加大了它们之间的不平衡。

第三，培养农林等方面专业人才的院校少。泰国由于得天独厚的自然地理条件，自然资源丰富，土壤和气候适合农作物的生长，造就了发达的农业，成为世界主要大米生产出口国；渔业资源丰富，海产品出口比重大，是重要的渔业国家。这种情况需要大量具有专门知识的农林渔业人才，但是泰国高校中农业、渔业、林业类院校所占比例却不大，课程设置也不合理，造成相关专业人才缺乏，反而影响了泰国农林牧渔等各业发展。

造成这些不平衡的原因是多方面的，有历史的、经济的，也有教育内部的原因。如何创造积极条件，平衡高等教育发展的不均衡，促进各级各类和各地高等教育都能健康优质发展，是泰国社会面临的一大挑战。

（二）课程和专业设置还不能完全适应泰国经济社会发展需要

在新冠肺炎疫情等因素造成的全球经济发展低迷的形势下，泰国的经济发展也遭受严重冲击，产业疲软，行业萎缩，失业人数剧增，影响教育健康发展和社会稳定。据中国驻泰国大使馆教育组2019年10月提供的数据，2020年4—5月，泰国大概有52.4万应届毕业生进入就业市场，但50%—60%的毕业生可能找不到工作。[1]劳动力市场更青睐科技领域的人才，而不是社会科学人才。泰国大学设置的课程跟不上制造业和服务业的变化，毕业生的专业和获得的教育不能很好地满足社会和经济发展的需要。

---

[1] 资料来源于中华人民共和国驻泰王国大使馆教育组网站。

(三)师资队伍短缺,教师工作质量参差不齐

泰国《高等教育第二个十五年长期发展规划(2008—2022年)》指出,泰国高等教育师资队伍在数量和质量上都存在不少问题。一是师资队伍总量少,总体规模小,师资短缺问题严重。根据相关预测,在以后的15年内,泰国高等教育师资缺口将高达3万人。二是师资队伍质量参差不齐,整体结构不合理,主要表现为具有博士学位的教师比例较低,教师的科研水平总体上还不够高。

二、高等教育的对策

(一)努力创造条件,促进高等教育均衡发展

为解决高等教育存在的发展不平衡的问题,泰国政府采取更加有利的措施,积极应对。

第一,加强高等教育的宏观规划、整体规划和长远规划,在高等教育的地区分布、类型数量等方面整体布局,分步实施;增强高等教育发展的针对性,更好地适应经济社会发展需要。在目前泰国城市中,特别是在发达的都市,高等教育比较发达,高等院校种类多、数量多,课程和专业设置比较丰富,培养了较多都市需要的专业人才。尤其是在曼谷都市圈,高等院校众多,有效地促进了当地经济社会的发展。但与此同时,在比较落后的城市和边远地区,高等教育发展相对落后,高等院校种类少、数量少,专业和课程设置也不丰富不合理,难以满足当地经济社会发展需要。针对这种地区高等教育发展的不平衡,需要政府对高等教育状况进行统筹规划,制定科学合理的发展方案,优化高等教育结构,丰富高等教育类型,科学

设置高等教育专业和课程，使普通高等教育和职业技术院校比例协调，特别是工农业和其他行业的高等院校以及课程专业针对性更强，以便更好地服务于经济社会发展要求。

第二，在认真研究的基础上，把握高等教育的实情，增加教育精准投入，为各地和各级各类高等教育的合理配置、优化结构、有机发展提供财政支持和保障。

（二）调整教育结构和培养目标，增强社会经济发展需要的适应性

泰国政府启动"青年建设国家"项目，希望为失业的毕业生提供一份为期一年的工作，以积累劳动就业经验。但是，这只是在经济衰退期间的失业帮助项目，只能部分、短时地解决一些矛盾。从整体和长远计，需要改革教育体系，调整教育结构，改善教育目标，以适应劳动力市场的需求，做好对经济状况和科技变革的准备，制定具体政策，培养社会经济发展需要的专门人才和综合性复合型人才。

泰国政府也希望大学和机构积极了解国家的需要，制定人才培养计划，开发社会适应性强的课程，培养优秀专门人才，推动国家发展。比如，增加经济社会发展比较落后地区和边远地区的普通高校数量，发展高等职业技术教育、开放大学，给这些地区的学生增加上大学的机会，提高办学水平层次，设置更加丰富合理的专业课程，提高课程对于地区经济社会发展的适应性和服务水平。

（三）改善师资状况，提高教师工作质量

针对高等教育领域师资队伍存在的问题，泰国政府高度重视师资队伍建设，通过制定一系列法规文件，提出了一些对策，努力改善教师队伍状

况，提高教师质量。

第一，加快调整教师队伍结构，促进教师专业成长。《2008—2022年规划》和《国家教育计划（2017—2036年）》等文件都提出，应根据不同地区和不同学科的实际情况，提高教师拥有博士学历的比例，制定和开发专门的扶持教师发展的政策和项目，提高教师队伍的素质。政府还设立教师海外留学和进修的专门流动资金，为具有本科学历的教师提高资助和进修机会，重点针对那些规模小、缺乏高质量教师、资金不足的私立高等教育机构，增加投入，发展教师的专业能力。

第二，调整教师培训计划，发展教师的专业能力。《国家教育计划（2017—2036年）》提出，高等教育机构的教师和其他教育工作者，不论其职称如何，都必须接受标准的能力培训，特别是掌握21世纪技能要求，以便能胜任教学科研工作，满足高等教育机构对教师的要求。《高等教育第二个十五年长期发展规划（2008—2022年）》也提出，要定期培训高等教育机构的教师，提高他们的教学和科研能力、职业道德水平、社会能力和管理能力；加强教师与科研部门、生产部门和民间组织的交流与合作，强化教师的实际工作能力。

第三，综合配套制定政策，保障教师的待遇和福利。泰国《国家教育法》明确规定要对教师给予经费保障，制定专门的工资报酬和津贴补助办法，设立专门奖励教师科研的基金，鼓励教师专业发展。《高等教育第二个十五年长期发展规划（2008—2022年）》也指出，要设立并有效利用"高等教育发展基金"，从资金上支持教师队伍成长。

这些政策和措施，对于教师队伍的发展和培养是积极有益的。泰国政府认为，师资队伍的建设对于增强教师的专业能力，提高高等教育机构的科研水平，培养创新性人才，都具有重要意义。

（三）改革时期

1997—2007年，政府成立了70所各类职业院校、19所技术学院、2所关于工商管理和旅游的职业教育学院。

2007年，教育部职业教育委员会办公室和科技部科学政策与国家科技办公室共同合作"建立科技学校"的项目。该项目培养具有科学技术知识和熟练技术的人才，以提高国家制造业和服务业的竞争力为目标，进行创造创新和发明。当年，科技学校的试点取得成功。2009年，教育部将科技学校改成科技学院，培养高等教育人才。

截至2020年，职业教育委员会办公室共批准了429个职业教育院校，主要涵盖了工业、渔业、建筑、旅游、机械、农业等领域，350多个专业可以颁发学位证书。

泰国是农业国，政府也非常重视农业职业技术教育，全国农业职业技术院校多达84所，占职业技术院校总数的40%。在农业职业教育机构学习的学生呈不断上升的态势：1960年14万人，1970年25万人，1980年46万人，1990年53万人。根据泰国政策规划局最新统计，2008年注册的学生有68万人。

二、职业教育的发展现状

（一）院校和学生数量

2020年，泰国共有429所职业院校。但是，从近五年（2016 2020年）的统计数据可以看出泰国职业院校已经大幅减少，如图7.1所示。

泰国人关注。1936年，教育部把职业教育归为泰国教育的一种，并规定职业教育分为基础职业教育、中等职业教育和高等职业教育。

1941年8月，教育部建立了职业教育部门，专门负责泰国的职业教育。

1956年，泰国职业教育稳步发展，许多中等职业院校被批准开设高等职业教育的课程，另外还有许多职业院校开设了本科专业。

1952—1960年，泰国建立了5所技术学院，即曼谷的曼谷技术学院（1952年）、南部的宋卡技术学院（1954年）、东北部的呵叻技术学院（1956年）、北部的北部技术学院（1957年）和中部的吞武里技术学院（1960年）。

1962年，泰国得到联合国教科文组织的援助，包括奖学金、教师培训，以及教育设备等，协助吞武里技术学院的教学。进入吞武里技术学院学习的人必须通过与大学相同的考试。

1963年，泰国受德国援助成立孔敬技术学院，该学院招收中等和高等职业教育的学生。

1963—1969年，泰国政府成立了许多技术学院，如1963年泰国在奥地利的援助下成立的梭桃邑技术学院，该学院开设中等和高等职业教育课程。

1969年后，许多职业教育学院获得教育部允许开设高等职业教育课程，其中有90所职业教育院校成为"学院"。

随后几年，泰国高等职业教育不断强化其管理体制、实施标准和评价方法，得到进一步的发展。

1985年，职业教育部门提出了"综合职业教育"的概念，并建立了职业教育项目办公室，目的是为支持与职业教育有关的项目。

1992—1996年，泰国政府成立了93所职业教育院校，其中有60所是在县成立的，目标是扩大当地民众获得职业教育的机会，以满足劳动力市场需求。

传，或者是民间相授，没有正式的课程。随着职业技术种类越来越多，职业教育课程逐步受到重视。此外，受外国职业技术观念的影响，泰国政府希望把职业技术教育统一成正式的教育。起初，教育部只把职业技术知识设计成职业课程。1898年，职业技术课程被纳入特殊教育课程。1909年，泰国的教育明确划分为普通教育和特殊教育两种类型，特殊教育学校培养学生的职业技术能力，比如医生、助产士、英语教师和秘书等需要的能力。1910年，泰国正式成立了两所职业教育学校，分别是玛哈普塔然寺庙商业学校和拉嘉布拉那寺庙商业学校。[1] 不久以后，为提升职业教育的质量，教育部颁布了有关职业教育的政策。1913年，政府又成立了一些职业教育学校，强调与理工有关的职业课程。1917年，泰国成立了第一所农业学校。1917—1932年，泰国在各个地区成立了许多职业教育院校，但全部是公立院校，没有私立院校。

（二）发展时期

1932年，泰国发生政治变革，当时正值全球经济衰退严重，许多泰国人失业。因此，当年泰国政府开始认真尝试提高劳动力的技能并允许成立私立职业教育院校。教育部规定职业课程为高中生必须学习的科目，如农业、手工业和商业等职业课程。

1932年，泰国政府颁布《发展教育计划（第一卷）》，明确了职业教育的管理体系。该计划规定职业院校须根据当地情况和要求设置技术课程，比如泰国南部和东部适合橡胶种植，那里的职业院校须开设与橡胶相关的职业技术课程等。

由于《发展教育计划（第一卷）》比较重视职业教育，职业教育也得到

---

[1] สมาคมโรงเรียนอาชีวศึกษาเอกชนแห่งประเทศไทย. สมาคมโรงเรียนอาชีวศึกษาเอกชนแห่งประเทศไทย[M]. กรุงเทพ：สนพ. สมาคม, 1996：15.

第七章 职业教育

泰国的职业教育是泰国教育体系的重要组成部分，在泰国专业人才培养、经济社会发展中发挥了重要作用。

第一节 职业教育的发展和现状

一、职业教育的发展历程

从历史发展来看，泰国的职业教育可以分为三个时期：起源时期（手工业兴起至1931年），泰国职业教育理念初步确立；发展时期（1932—1996年），泰国职业教育脱离普通教育，确定了自身的培养目标；改革时期（1997年至今），泰国职业教育发生巨大变化。

（一）起源时期

泰国设立职业教育课程始于泰国人开始对农民以外的其他职业，比如艺术和手工等职业产生兴趣。在此以前，泰国人的职业技术往往是代代相况，提高教师质量。

第一，加快调整教师队伍结构，促进教师专业成长。《2008—2022年规划》和《国家教育计划（2017—2036年）》等文件都提出，应根据不同地区和不同学科的实际情况，提高教师拥有博士学历的比例，制定和开发专门的扶持教师发展的政策和项目，提高教师队伍的素质。政府还设立教师海外留学和进修的专门流动资金，为具有本科学历的教师提高资助和进修机会，重点针对那些规模小、缺乏高质量教师、资金不足的私立高等教育机构，增加投入，发展教师的专业能力。

第二，调整教师培训计划，发展教师的专业能力。《国家教育计划（2017—2036年）》提出，高等教育机构的教师和其他教育工作者，不论其职称如何，都必须接受标准的能力培训，特别是掌握21世纪技能要求，以便能胜任教学科研工作，满足高等教育机构对教师的要求。《高等教育第二个十五年长期发展规划（2008—2022年）》也提出，要定期培训高等教育机构的教师，提高他们的教学和科研能力、职业道德水平、社会能力和管理能力；加强教师与科研部门、生产部门和民间组织的交流与合作，强化教师的实际工作能力。

第三，综合配套制定政策，保障教师的待遇和福利。泰国《国家教育法》明确规定要对教师给予经费保障，制定专门的工资报酬和津贴补助办法，设立专门奖励教师科研的基金，鼓励教师专业发展。《高等教育第二个十五年长期发展规划（2008—2022年）》也指出，要设立并有效利用"高等教育发展基金"，从资金上支持教师队伍成长。

这些政策和措施，对于教师队伍的发展和培养是积极有益的。泰国政府认为，师资队伍的建设对于增强教师的专业能力，提高高等教育机构的科研水平，培养创新性人才，都具有重要意义。

设置高等教育专业和课程，使普通高等教育和职业技术院校比例协调，特别是工农业和其他行业的高等院校以及课程专业针对性更强，以便更好地服务于经济社会发展要求。

第二，在认真研究的基础上，把握高等教育的实情，增加教育精准投入，为各地和各级各类高等教育的合理配置、优化结构、有机发展提供财政支持和保障。

（二）调整教育结构和培养目标，增强社会经济发展需要的适应性

泰国政府启动"青年建设国家"项目，希望为失业的毕业生提供一份为期一年的工作，以积累劳动就业经验。但是，这只是在经济衰退期间的失业帮助项目，只能部分、短时地解决一些矛盾。从整体和长远计，需要改革教育体系，调整教育结构，改善教育目标，以适应劳动力市场的需求，做好对经济状况和科技变革的准备，制定具体政策，培养社会经济发展需要的专门人才和综合性复合型人才。

泰国政府也希望大学和机构积极了解国家的需要，制定人才培养计划，开发社会适应性强的课程，培养优秀专门人才，推动国家发展。比如，增加经济社会发展比较落后地区和边远地区的普通高校数量，发展高等职业技术教育、开放大学，给这些地区的学生增加上大学的机会，提高办学水平层次，设置更加丰富合理的专业课程，提高课程对于地区经济社会发展的适应性和服务水平。

（三）改善师资状况，提高教师工作质量

针对高等教育领域师资队伍存在的问题，泰国政府高度重视师资队伍建设，通过制定一系列法规文件，提出了一些对策，努力改善教师队伍状

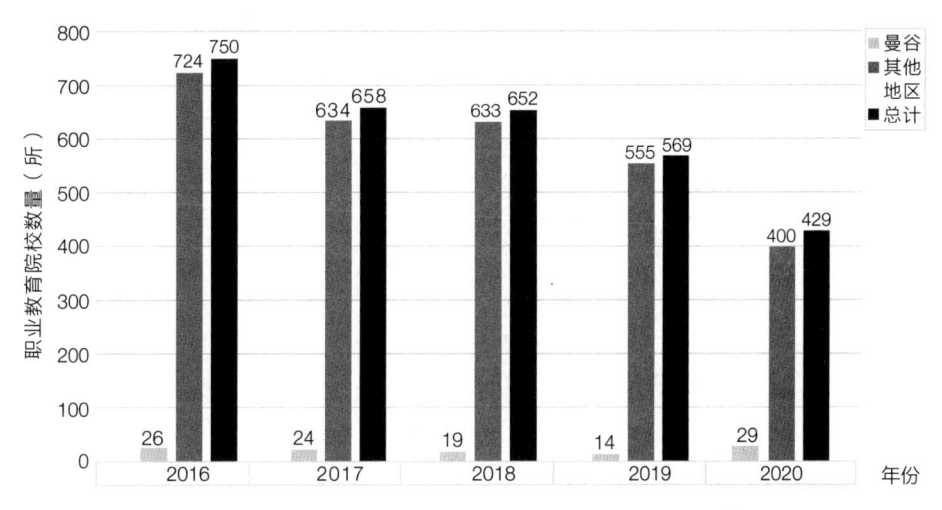

图 7.1　2016—2020 年泰国职业教育院校数[1]

从统计数字可以看出，泰国职业教育院校的数量明显下降。2016 年，全国职业院校共有 750 所，其中曼谷 26 所，其他府 724 所；2017 年全国职业院校共有 658 所，其中曼谷 24 所，其他府 634 所；2020 年全国只有 429 所职业院校，曼谷以外的各府的职业院校总数却骤减到 400 所。

泰国职业院校数量减少有较多的原因，从统计局的信息可以总结为两个主要因素。

第一个因素是有很多职业院校从小型（或中型）职业院校改成大型院校，并且从图 7.2 可以看出，职业教育人数越来越多，跟院校数量减少的趋势相反，大型职业院校可以招收更多的学生。

另一个因素是两所以上职业院校合并为新的职业学院。有一些职业院校为了方便开设多样化的专业而联合起来，而有些职业院校合并是因为学生减少或教师短缺等。虽然职业院校的数量越来越少，但不能因此确定泰国的职业教育发展缓慢，因为职业院校的组合可能会使其更加强大。2016—

---

[1] 资料来源于泰国国家统计局官网。

2020年泰国职业教育学生人数如图7.2所示。

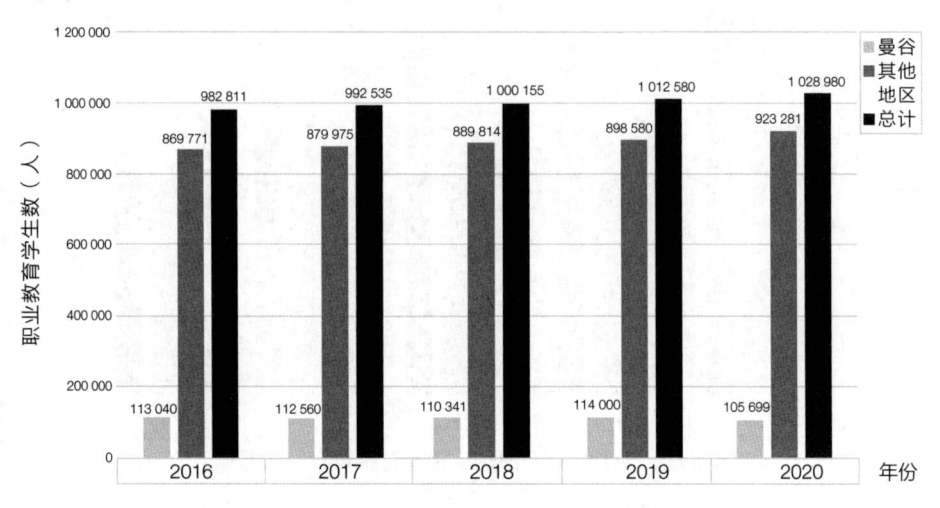

图7.2 2016—2020年泰国职业教育学生数[1]

从图7.2可以看出，职业院校的学生人数呈现增长态势。泰国职业教育发展的主要原因是社会、科学技术的飞速发展，以及劳动力市场对职业教育学生的需求不断提高。另外，还受益于泰国政府颁布的鼓励职业教育院校以双元制形式开设课程的政策。

（二）行政机构

1999年，泰国颁布了《国家教育法》，之后根据国家教育情况以及发展要求又修订了两次。2010年7月，泰国颁布了《国家教育法（2010年修订版）》，设置了教育部的下属机构，即常务秘书办公室、教育委员会办公室、基础教育委员会办公室、高等教育委员会办公室、职业教育委员会办公室，这五个部门直接向教育部负责。

---

[1] 资料来源于泰国国家统计局官网。

职业教育委员会办公室是泰国职业技术教育的行政管理机构。该办公室主要负责职业教育相关事务,并根据劳动力市场、经济、社会和文化等方面的需求培养泰国劳动力。职业教育委员会办公室架构如图 7.3 所示。

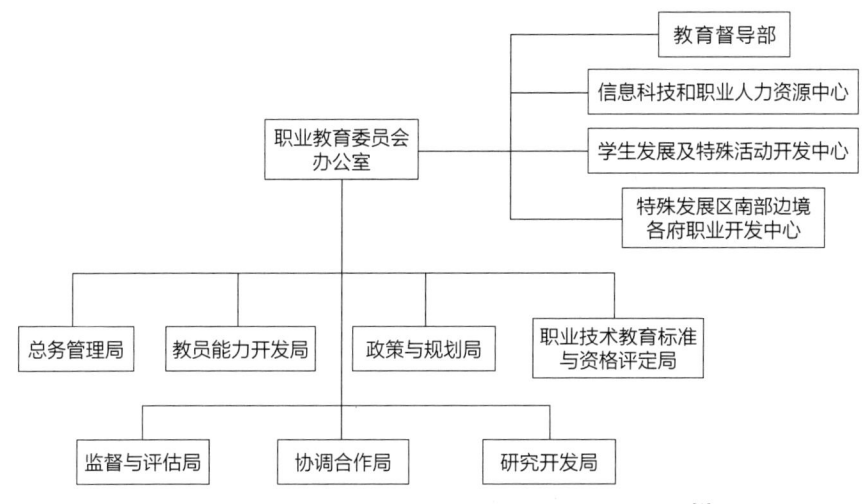

图 7.3 泰国教育部职业教育委员会办公室架构 [1]

职业教育委员会办公室内部设立 4 个组织,包括教育督导部、信息科技和职业人力资源中心、学生发展及特殊活动开发中心和特殊发展区南部边境各府职业开发中心。下设 7 个局,分别是:总务管理局,教员能力开发局,政策与规划局,职业技术教育标准与资格评定局,监督与评估局,协调合作局,研究开发局。[2]

此外,为了更好地了解各个地方的情况以及特点,全国被划分为中部、东部与曼谷、东北部、北部、南部五大区域,每个区域成立了职业发展与促进中心。完善的组织架构保证了教育法规以及政策的执行,使职业教育与社会紧密联系并得到持续发展。

---

[1] 资料来源于泰国教育部职业教育委员会办公室官网。
[2] 资料来源于泰国教育部职业教育委员会办公室官网。

（三）办学模式

从培养方案的角度，可以把泰国职业教育体系分为三种，即正规培养方案、非正规培养方案和双元制培养方案（The Dual-Vocational Education，简称 DVE）。

泰国基础教育采用"6-3-3"学制：6 年小学、3 年初中、3 年高中教育或中等职业教育。泰国高等教育分为三种形式，即高等职业教育、高等专科和大学本科（含硕士和博士）。虽然职业教育分布在基础教育和高等教育层次，但职业教育的管理属于职业教育委员会办公室。学生初中毕业后可以根据自己的情况选择在普通高中或中等职业学校就读。高中或中等职业学校毕业之后，根据自己的意愿可以报考大学、高等职业院校或就业。高等职业院校的毕业生也能报考高等专科学校，补修 2—3 年本科课程，毕业以后也能拿到本科毕业证。

目前，由于劳动力市场对劳动力技能的需求已经从农业转向农业技术、机械技术和电力等，以培养农业人才为主的职业院校正在减少。另外，职业学校开设了更多面向女生的课程，与家政、会计和营销有关的课程。泰国各类型职业教育院校如表 7.1 所示。

表 7.1 泰国职业教育院校的类型和数量

职业教育院校	数量（所）
技术学院	132
工业职业学院	135
商业管理与旅游专业学院	3
商业学院	5
手艺学院	3
工艺学院	48

续表

职业教育院校	数量（所）
职业教育学院	40
管理与技术学院	9
农业与技术学院	43
阚金娜批欣工业学院	1
造船工业技术学院	3
渔业学院	3
科技技术职业教育学院	1
农业与渔业技术学院	1
僧侣技能学院	1
制糖业管理学院	1

泰国职业教育院校分为公立院校和私立院校。虽然公立院校和私立院校都以培养劳动力技术能力为主要目标，但是由于管理机构不同，造成两种职业院校在课程、学费以及学生培养等方面都有差异。目前，公立和私立职业院校虽然都属于教育部职业教育委员会办公室管辖，但是两种职业院校对应职业教育委员会不同的下属部门。

另外，两类职业院校的课程与教学方法不一样，私立职业院校的教学方法与课程较先进。但两类职业院校最明显的区别是管理方式不同。私立职业院校解决问题比公立职业院校快，并且学生什么问题或者意见能直接与学校管理者商量。此外，公立职业院校也常常举行相关职业考试，公立职业院校的学生方可以报名考试等。但公立职业院校也有自己的优势。由于公立职业院校的历史比较长，并且由政府管理的，因此社会对公立职业院校且有信心。总的来看，两种职业院校都有自己的特点，人们能自由地选择符合自己需求的职业学校。

（四）职业教育层次

1. 中等职业教育

中等职业教育层面以职业教育证书（Certificate in Vocational Education，简称 Cert. Voc.）为主要划分依据，初中生毕业后可以进入中等职业教育院校学习。学制分为以下四种。

（1）中等职业教育方案，学制3年，颁发职业教育证书（Cert. Voc.）。初中毕业后，学生可选择在普通高中或中等职业学校继续学习。由学校安排理论与中等职业教育实践相关课程，以培训半熟练劳动力为目标。

（2）双元制技术和职业教育培训方案，学制3年，学生毕业后颁发双元制职业教育证书（Certificate in Dual Vocational Education，简称 Cert. Voc.-DVE）。

（3）夜课制技术和职业教育培训，颁发夜课制职业教育证书（Certificate in Vocational Education: Evening Class，简称 Cert. Voc.-EC），针对想继续深造的学生或已经有工作但仍想学习的人。

（4）非正规技术和职业教育培训，属于颁发职业教育证书的非正规学制，招收中学毕业生以上学历者，通过远程教育学习的，属于职业教育委员会办公室以及非正规教育委员会办公室合作建设的课程项目。

2. 高等职业教育

高等职业教育颁发职业教育文凭，主要适用于已完成中等职业教育或普通高中教育学业的学习者，通过竞争性考试入学。此学制为期两年，以培养熟练劳动力为目标。

3. 高等专科教育

高等专科教育学制为 2 年，2012 开始实施，适用于获得了职业教育文凭的学习者。学生毕业后获得高等专科教育的学士学位。

4. 短期课程职业培训

泰国短期课程或技术培训班的课程由政府和私人培训机构共同负责，以满足广大毕业生加强自己技术能力的需求以及促进政府实施终身学习的政策。各个课程根据内容制定合适的时间，为 6—255 个小时。职业培训的类型主要分为以下五种。

（1）短期培训课程学制。没有入学考试，唯一的条件是学生已完成小学学业。课程总学时 225 小时，完成后学生将获得证书。证书上有关于课程的技能、科目和所学技能水平的书面描述。

（2）短期培训课程。这种培训班的短期课程有从 6—225 小时不等的多样化课程。时间根据科目、提供课程的学校和课程适用性而确定。

（3）合作学习培训。这种培训班提供给将职业课程作为主修、选修或辅修的普通中学学生。

（4）农业短期培训。这些课程的培训时间为 7—8 天，内容以适合开设课程地区的农业需要为主。

（5）特殊职业教育学制（青年农民）。这是以农业为主的职业课程，目标是提升青年农民（15—25 岁）的职业技术水平。完成课程后学生将获得证书。

第二节 职业教育的特点和经验

一、职业教育的特点

（一）注重实践

泰国的职业教育具有较强的实践性，学生在既要学习理论知识又要完成职业技能训练。泰国的高等职业教育一般为两部制的，有日班和夜班，有些学校也有三部制的，设早班、日班、夜班。每班学生一般一天在课堂上学习三四个小时，其余时间自修或从事实践活动，这样能提高学生的实践能力，有利于培养高质量、有实践经验的专业人才。

泰国高等职业教育的办学方式越来越重视"双元制"，把实训作为一门课程来安排，称为"专业实训课"。参与"双元制管理计划"的学生一般有两个角色，在学校当学生，下课后去某个企业当员工。在学习过程中，学生必须学习基础课程和职业基础课程，一般一个星期在学校学基础课程 1—2 天，在实习基地实习 3—4 天。[1]

目前有一些企业集团专门成立高等职业教育院校，培养企业所需的专业人才，比如泰国正大企业集团，它所有的管理运营人才都是自己企业成立的院校培养的。在泰国职业教育委员会和教育部的大力推动下，院校引进德国双元制课程，吸收了德国职业教育的大量成功经验。采用双元制管理的私立高等职业教育院校的教学优点是，学生除了课堂理论学习之外，还能进入企业实习。在实习过程中，学生不仅可以积累工作经验，还能享受公司给予正式员工一样的待遇，正式通过院校考核毕业之后就可以直接

---

[1] จอมพงศ์ มงคลวนิช. การบริหารอาชีวศึกษาระบบทวิภาคี = Administration of dual education system[M]. กรุงเทพ: สนพ. สำนักพิมพ์แห่งจุฬาลงกรณ์มหาวิทยาลัย, 2018 : 29.

进入公司原有的工作岗位，不用再次面试。

总体来说，泰国政府越来越关注双元制教学模式，因为这种模式能培养出真正的具有扎实的理论知识、熟练的实践能力以及丰富的科学技术知识的现代化人才，能真正满足全球化劳动市场的人才需求。

（二）专业设置具有较强的实用性

泰国属于热带国家，土地和海域辽阔，泰国湾和安达曼海是得天独厚的天然海洋渔场，因此泰国也是世界市场主要鱼类产品供应国之一。泰国许多地区的土质不仅适宜种植粮食作物，也适宜种植橡胶、林果等经济作物。自20世纪80年代以来，出口产品由过去以农产品为主逐步转为以工业产品为主，主要出口产品有自动数据处理机、集成电路板、汽车及零配件、成衣、宝石和珠宝、大米、收音机和电视机、橡胶等。泰国也是全球热门的旅游区。因此，各职业教育院校纷纷开设与资源和劳动力市场需求相适应的专业学科。例如，农业学院都会开设泰国农业高需求的技术专业，如植物基本原理、畜牧基本原理、渔业方面的课程等。除了农业之外的，高等职业教育还有机械、电气、流通与贸易、工厂技术、艺术与工艺（包括工艺美术、编织、刺绣）、旅游、建筑等课程，这些课程都具有较强的实用性，教师不仅教学生基本的理论知识，而且让学生去亲身体验。高等职业教育的学生具有完善的专业理论知识和实践经验，这是高等职业教育和普通高等教育的一大区别。

（三）倾向地方办学

虽然职业院校多种多样，但是为满足地方需求，职业学校也倾向在地方办学。1892—1996年，为给民众扩大教育的机会，教育部在各地成立了

93所职业院校,并规定职业学校必须了解各个地方的行业需求,并开设符合这种需求的课程。例如,泰国中部地区的许多职业院校都开设了与旅游、商务和技术有关的专业,因为中部是泰国最发达的地区。[1]

地方办学的优势一是地区通常会有很丰富的相关资源,能更加有效地促进职业教学;另一方面,地方办学也能满足地方对行业人才的需求。

二、职业教育的经验

(一)根据社会需要发展职业教育

泰国职业教育院校的建立是为了满足人民在职业领域的需求。职业教育课程最初只被当作泰国的非正式教育课程,与当地农业、手工和渔业有关。1898年,泰国的教育体系分为普通教育和特殊教育,与职业有关课程属于特殊教育。特殊教育课程的目标是发展学生的技能,把学生培养为职业人才,比如医生、会计师、秘书和助产士等。为了满足劳动力市场对劳动力技术的需求,职业教育开设了种类繁多的课程。

(二)根据法律以及政策发展职业教育

泰国职业教育的每一项发展都依法进行,尤其是在管理方面。1910年,泰国政府成立了两所特殊教育学校,分别教授商业和技术课程,后来这两所学校成为泰国最早的两所职业学校。1917年,政府又成立了一所学校,教授与农业有关的课程。不久以后,政府颁布了《国家发展经济与社会计

---

[1] สำนักงานคณะกรรมการพัฒนาเศรษฐกิจและสังคมแห่งชาติ. แผนพัฒนาเศรษฐกิจและสังคมแห่งชาติ ฉบับที่ 12[R]. สำนักงานนายก, 2016.

划》。该计划规定职业教育为泰国的一种教育类型。职业教育分为三个层次，即基础职业教育、中等职业教育和高等职业教育。职业教育院校必须根据地区的情况和需求开设技术课程，注重培养学生的实践能力。

1985年，泰国政府为了支持职业教育，成立了职业教育项目办公室，鼓励与职业有关的项目发展。

1995年，泰国政府与德国合作开展双元制职业教育。2008年，《职业教育法》规定，泰国职业教育委员会办公室的主要任务是管理职业教育与职业培训。职业教育与职业培训的课程须符合教育质量提升计划和国家经济与社会发展计划，培养劳动力的技术能力与一般能力，提高职业教育质量，满足劳动力市场需求，并且毕业生能把学到的技术应用在自己的生活和工作中。

2012年11月，教育部颁布了《职业资格框架》，把职业资格分为七个水平层级：1级为半熟练技工，2级为初级技工，3级为高级技工，4级为技师或督导人员，5级为专业辅助和低级管理人员，6级为专业人员和中级管理人员，7级为专家和高级管理人员。[1]

2021年，职业教育委员会办公室发布《职业院校组合建立职业教育学院的规定》，规定职业院校联合的方法须按照《职业教育法》施行。职业院校联合可以加强泰国职业教育资源共享和加强各级各类职业教育管理。职业教育学院能开设学士学位，若高职学生毕业后，不必再考入其他学院或大学，可在同一个学校继续学习。[2]

可见，泰国职业教育的变革或发展都是执法不依，每一次改变以及发展都有明确的框架、模式和目标，而且，每一项法律法规的制定都基于国家以及国际现状，使职业教育的发展与社会条件相适应。

---

[1] วรรณดี สุทธินรากร และคณะ. การพัฒนาอาชีวศึกษาให้เป็นคำตอบของการพัฒนาประเทศ[M]. กรุงเทพ : สนพ. ศยาม, 2018 : 59.

[2] วรรณดี สุทธินรากร และคณะ. การพัฒนาอาชีวศึกษาให้เป็นคำตอบของการพัฒนาประเทศ[M]. กรุงเทพ : สนพ. ศยาม, 2018 : 61-62.

第三节 职业教育的挑战和对策

一、职业教育的挑战

泰国职业教育存在较多问题，主要包括预算不足、师资匮乏、课程设置不合理。

（一）预算不足

2008年以来，泰国职业教育出现了预算不足的问题。政府调查报告显示，政府为提高教育质量投入了较多资金，可是职业教育并没有因此分配到较多的预算。[1] 预算不足的问题对职业教育有很大的影响，直接导致职业教育缺乏资源。

2020年，职业教育委员会办公室举行"关于职业教育办公室任务的计划"的会议，会议不仅制定了职业教育办公室的任务，还总结了职业教育现有的问题。会议报告把问题总结为两个，即职业教育机构缺乏预算资金和职业课程质量问题。职业教育以培养学生的职业技术能力为目标，所以学生应该具有丰富的实习与经验，而大多数的职业课程都需要较多的设备与工具，且这些设备需要经常维修。预算不足导致泰国职业教育人才培养遇到阻碍。[2]

---

[1] ณัฐสิฎ รักษ์เกียรติวงศ์. การปฏิรูปอาชีวศึกษาของไทย[M]. กรุงเทพ: สถาบันวิจัยเพื่อการพัฒนาประเทศไทย, 2015 : 32.
[2] ณัฐสิฎ รักษ์เกียรติวงศ์. การปฏิรูปอาชีวศึกษาของไทย[M]. กรุงเทพ: สถาบันวิจัยเพื่อการพัฒนาประเทศไทย, 2015 : 54.

（二）师资匮乏

教育部报告显示泰国职业教育的教师与学生的比例是 4∶100。[1] 泰国职业教育教师匮乏原因有二：一是对职业教育教师素质要求较高，教师不仅能在教室讲课，还能带学生实训；二是职业教育教师工资不高，职业教育教师和普通教育教师的工资有较大的差异，教育部的报告显示，职业教育教师的平均工资是 6 753 泰铢，可普通教育教师的平均工资却是 20 460 泰铢。[2] 2012—2019 年，职业教育教师人数下降 9.7%，同期普通教育教师人数增加了 1.7%。2019 年，泰国职业教育的教师人数达 26 541 人，其中 57% 是政府预算招聘的教师，43% 是学校自己招聘的教师或者外来专家。[3]

（三）课程设置不合理

1.忽略学生的基本能力

根据国际学生评估项目（Program for International Student Assessment，PISA 测试）结果，泰国职业教育学生的数学和科学成绩较低。数学和科学是许多职业课程的基础课程，中等职业教育学生数学成绩不佳，导致很多职业课程的学习不能顺利进行。另外，中等职业教育的课程内容还没跟普通初中课程衔接，比如初中学三年级数学课程与中职一年级数学课程不同，导致普通中学学生无法理解中职数学课程。[4]

---

[1] 资料来源于泰国职业教育委员会办公室官网。
[2] 资料来源于泰国国家统计局官网。
[3] 资料来源于泰国职业教育委员会办公室官网。
[4] 资料来源于职业教育委员会办公室官网。

2. 不符合社会的需求

从泰国劳动力数据库的数据来看，劳动力市场最需要（80%）的劳动力是建筑和工业领域的学生，但是这两个专业的职业教育学生却只占30%。职业教育委员会办公室的年度报告显示，泰国只有较少的职业院校设置建筑和工业有关专业。同时，电工和汽车配装等专业已有足够的劳动力，而学生却很多。[1] 此外，虽然有职业教育院校设置了社会需要的专业或职业技术课程，并且已有了足够的学生，可是专业课程内容落后，学生毕业后不能把习得的能力应用在工作上。

二、职业教育的对策

根据教育部关于教育预算、教育政策和教育研究报告等资料，泰国政府缺乏对职业教育的重视。但是面对国际和国内劳动力市场的需求，泰国政府须紧急提升职业教育质量。

2017年6月，泰国职业教育机构在巴吞他尼府举行职业教育年度会议。会议报告主要内容分为两个重要部分。

（1）关于职业教育双元制。泰国职业教育机构应该与国外机构合作，并且双方应该合作设置职业课程，学生毕业后能拿到泰国和国外机构的学位证书。

（2）关于职业院校的项目。项目分为三种：第一是改善职业教育的形象，职业院校和外部机构合作改善职业院校的形象；第二是优化职业教育院校，职业院校与外部机构合作提高职业教育质量；第三是收集供求信息，为

---

[1] อนุชัย รามวรังกูร. กระบวนทัศน์ทางการอาชีวศึกษา[M]. กรุงเทพ : สนพ. สำนักพิมพ์แห่งจุฬาลงกรณ์มหาวิทยาลัย, 2015 : 11.

了理解职业教育需求,职业院校和外部机构分享双方信息。

2019年,职业教育委员会办公室举行会议,公布职业教育办公室2020—2026年的任务计划,主要内容是:制定泰国的职业能力资格标准,并按照标准提高职业教育学生的技术能力;增加职业教育学生的人数;提高职业教育质量;支持职业教育院校与外部机构合作。

另外,泰国东部经济走廊(EEC)项目也有力地促进了职业教育的发展。由于东部经济走廊项目在劳动力方面的需求,职业教育委员会办公室在东部特别发展区设立教育专业人士培训发展协调中心,目标是培养和发展东部特别经济区的教育专业人士,从而满足行业的需求。除了与当地机构共同制定课程之外,该协调中心还制定特别教师项目,邀请特定专业的专家进行教育,有益于校园、机构和外部专家的网络结构建立。学校的人员可以与专家交流经验,并且学生们有机会直接从这些有经验人士中获得更多的知识。

第八章 成人教育

成人教育作为一种教育形式，不同于普通全日制教学形式，它不限年龄，面向全体社会成员。成人教育是泰国教育体系的重要组成部分，是构建终身教育的必要条件。

第一节 成人教育的发展和现状

一、成人教育的发展历程

（一）1945年以前

早在素可泰时代、大城时代、曼谷王朝时期，泰国就开始有了成人教育的启蒙。那时候，成人教育的内容主要跟人民生活、宗教、社会活动有关，教学方法主要是非正式教育和自然习得，学习地点主要是寺庙和宫廷，学习的课程比较多样化。

泰国的现代成人教育可以追溯到20世纪30年代末。1932年6月，泰国人民党执政，公布了管理国家的六条原则，即独立原则、内部和平原则、经济原则、平等原则、自由原则和教育原则，其中教育原则明确提出"给予全民知识教育"。政府注重教育，指定所有公民都要接受教育，并以此作为地方人民代表选举的标准，即按照地方人口总数来算，来自超过一半公民具有小学四年级及以上教育背景的地区的人才能参加选举。虽然如此，1937年人口普查结果表明，泰国全国人口1 446万，男性731万，女性715万，10岁以上的文盲却高达688万，占68.9%，分别是男性267万，女性421万。从这个数据来看，当时的泰国文盲率较高。[1]

1937年12月，泰国总理披耶帕凤·丰派育哈色纳同意制定成人教育管理政策，并成立了第一个成人教育委员会，负责拟定成人教育制度及实施计划，交由政府实施。

1938年，皮布尔宋克拉担任新政府总理。他沿袭前任政府的理念继续开展成人教育工作，成立了第二个成人教育委员会，并提议成立成人教育处。

1940—1941年，泰国成人教育处于试探性发展阶段，成人教育的主要工作包括：对文盲人口进行普查；允许申请受学人数超过20人的地区用当地基金建设小学（该小学归教育部管理），并进行授课；授课时间安排在公民的非工作时间，一星期至少2天，一天1—2个小时，或选择在佛日、周日，一周只能有一天整日授课；教师课时费根据考试通过人数报销，每人3泰铢（大概相当于今天的300泰铢）。

虽然当时泰国也参加了第二次世界大战，但政府成人教育工作还是继续进行。1945年，政府与私人组织单位合作，在全国推行义务教育，发起扫盲运动。扫盲运动开展得非常成功，但直到第二次世界大战结束时，泰国成人教育的发展仍然缓慢。

---

[1] สุนทร สุนันท์ชัย. หลักและปรัชญาการศึกษาตลอดชีวิต[M]. เอกสารการสอนชุดวิชาการศึกษาตลอดชีวิตและการศึกษานอกระบบ หน่วยที่ 1 เล่มที่ 1 สาขาวิชาศึกษาศาสตร์มหาวิทยาลัยสุโขทัยธรรมาธิราช. นนทบุรี : โรงพิมพ์มหาวิทยาลัยสุโขทัยธรรมาธิราช 2532.

（二）1945—1960 年

第二次世界大战后期，受战争的影响，泰国人口外流，经济倒退，物价升高，成人教育也因此受阻。当时，泰国政府推出了促进职业、文化、公共卫生和管理相关工作的措施。1947—1948 年，泰国再次开展扫盲运动。为了应对世界发展与变化，教育部向内阁提出了一个、成人教育项目，对成人教育相关工作进行调整和改善，将成人教育课程扩展到初中和高中一年制课程，并将成人职业教育课程固定为 3—6 个月。为提高和促进成人教育事务工作，还专门设定了一个宣传部门。在此期间，成人教育在教育机构、办学形式、教学内容、学科门类、科学研究等方面都取得了长足进步。

1949 年 7 月，銮披汶·颂堪总理提出推广成人教育工作，建设公民图书馆。1951 年，政府把成人教育写入《1951 年国家教育计划》，界定成人教育是非定时教学，服务于小时候没有机会上学的成人或需要补充知识、学习职业技能的成人。二战后泰国的成人教育得到世界教育组织的支持，当时的成人教育注重"职业培养""生活质量提升"，主要分为五类。（1）扫盲基本教育，注重普通人读写能力和职业技能培养。（2）提高成人中学教育的普及率。（3）开展成人职业教育工作。1960 年，泰国已有 7 所移动成人职业教育机构服务于公民。（4）促进普通公民教育、视听教育和人民图书馆建设。（5）重视基本教育。对于基本教育的重视始于 1954 年，当时联合国教科文组织和泰国政府在乌汶府共建成人教育培训中心，目标是培养基础教育指导教师，给成人或没在学校上学的孩子提供教育，使他们能够运用地方资源参与地方经济与社会建设。该项目共培养了 451 个人。

（三）1961—2001 年

1961—2001 年，泰国成人教育走向提高教学质量路线，从以下方面加以提升：功能性成人教育，成人要能读、能写、能解决自己和社区的问题，提高自己的生活水平；提升全民阅读能力，构建乡村阅览室，提供信息资源；全面提高学生的学习和思考能力，转变教师角色，教师不只是授课，而要引导学习者进行思考和分析。

在此基础上，政府提出了对成人教学的八项理解：（1）成人有学习需求时才能有学习精神；（2）成人只学习自己感兴趣的事物；（3）成人学习方法是实验法；（4）成人学习重点是"实际问题"；（5）经验对成人的学习有影响；（6）对成人有利的学习环境是熟悉的环境；（7）成人教育的方法要多样化；（8）成人需要教师的建议，学习成果不应用考试或分数评估。

1969 年，世界教育组织派专家协助泰国开展成人教育，给泰国提出了改善成人教育教学的建议。1970 年，世界教育组织在印度尼西亚召开了成人教育会议，提出成人教育的理念是教授成人做文明的人。泰国也采纳了这种成人教育的理念，将成人教育称为"一站式成人基础教育"。

1977 年，泰国在《1977 年国家教育计划》中首次使用终身教育这个概念，并在第 14 条和第 28 条谈到政府将促进终身教育工作，使所有公民有机会终身学习。1979 年 3 月，成人教育处升格为成人教育厅，政府还成立地区和府市非正规教育中心，分别命名为"地方非正规教育中心"和"府市级非正规教育中心"，为民众提供非正规教育。

1992—1998 年，泰国非正规教育还是以终身教育为主，教育的关键词从"常识培养""职业培养""信息服务"变为"普通教育""职业教育"和"非正式教育"，并在全国设立 875 个非正规教育服务中心。这些中心的主要工作是推广和服务非正规教育，教学活动更强调普通教育，深化终身教育的理解，并设定了终身教育的重要理念，如终身教育会随着社会、经济和技术的发展与变化提高全民的生活水平；因为国家资源有限，需要多边合作培养地方人才，以提高全民的生活质量；正规教育、非正规教育和非正式教育应该适当联系在一起；终身教育是把"教育"放回"地方与社区"，让各地有机会恢复或提高当地教育水平，全面提高当地公民对智慧的认识；保护和促进地方文化，基于地方文化建设地方学习中心，使当地公民能够了解和分析信息，跟上时代的变化，解决生活上的困难，等等。

1999—2001年，泰国根据《国家教育法》第8条开展教育工作，重要内容包括：教育对公民是终身的教育，教育是社会可以参与的，教育要不断发展，要改善教学内容和教学方法。《国家教育法》也对终身教育进行了定义和解释，即"终身教育是正规教育、非正规教育和非正式教育的结合，终身教育是为了终身提高生活质量。"《国家教育法》关于终身教育的具体内容如下：每个人都平等，都有权利接受教育；教学组织必须实施终身教育；教学组织要以学习者为中心，学习者是最重要的，支持学习者根据自己的能力自然发展；组织教学的方法有三种，即正规教育、非正规教育和非正式教育；推动个人、家庭、社区、单位、企业、地方管理部门、宗教部门、社会部门合作参与；组织教学的主要目标是为了提高泰国公民的、知识、道德和文化水平，拥有良好的健康和心态使他们能够与他人快乐地共同生活；正规教育、非正规教育、非正式教育的教学内容要结合一些重要内容，如历史、政治、科学技术、宗教、文化、数学、语言、职业相关知识；与家庭、社区等一起组织教学，学习内容要符合学习者的兴趣，培养其思考能力，使其能够从实际经验中学习，并提高能力；权力下放，教育管理部门分布到各地，建设地方教育区；提高教育人员的质量；推动建设社区终身教育学习中心，如人民图书馆、博物馆、艺术馆、动物园、公园、体育中心等；调动政府部门、私立部门、社区、地区管理部门、企业以及其他社会部门的终身教育资源；推动与支持运用多媒体和技术组织教学。

（四）2002 年以后

2002 年后泰国进行了机构改革，教育部把原来的 14 个部门合成 5 个办公室，非正规教育部门属于教育行政办公室，由教育部常务秘书长办公室管理，成人教育管理与推广工作在各方面得到提升，成人教育学习者也日益增多。

2019 年，参加继续教育的共 2 016 991 人，各类型教育的具体人数为：生活技能教育 381 175 人，职业技能教育（社区职业培训中心项目）942 178 人，发展社会和社区教育 345 092 人，充足经济理念教育 192 150 人，山区教育 77 444 人，识字教育 78 952 人。

2019 年，非正式教育的渠道较多，如广播学习平台、电视学习平台，以及阅读与识字活动等，学习人数为 27 558 463 人，其中科学类活动 5 026 538 人，阅读与识字活动 13 373 933 人，网络多媒体教学活动 9 157 992 人。

2020 年以来，全世界都受到了新冠肺炎疫情的严重影响，泰国也不例外，很多参加非正规教育和非正式教育的学习者选择放弃学习。2021 年的一次调查显示，2021 年第二学期失学人数高达 1 174 人，休学 2 727 人，迁址学习者 2 848 人，退学 1 188 人，联系不上的学习者 1 666 人，共计 9 603 人。[1] 为了应对这一挑战、提高教学效率，促进非正规和非正式教育办公室建立了"在线 NFE [2] 学习平台"，方便学习者在线学习。2022 年，泰国教育部和政府推出了"把学生带回学校"的项目，借助应用程序和网络平台帮助学习者继续学习，该项目于 2022 年 3 月开始实施。

---

[1] 资料来源于促进非正规和非正式教育办公室。

[2] Non Formal Education 的缩写，即非正规和非正式教育。

二、成人教育的发展现状

（一）成人教育 NFE 办学

NFE 的主要工作，是向没有在学校受教育的公民和没有机会上学的公民提供校外教育，促进与支持公民终身教育。

1. 理念和宗旨

NFE 的办学理念是泰国充足经济理念。充足经济理念是在内部资源与外部力量之间以及国内社会需求与全球经济之间寻找平衡的指导方针。办学宗旨是使每个泰国公民都有机会学习，尤其是进行优质的终身学习，能够在不同年龄段过上好生活。

2. 办学任务

（1）促进与实行 NFE 工作，随着时代发展不断提高 NFE 工作质量，让 NFE 适合每个年龄段的公民，合理调整培养方案，和社会一起构建一个"终身教育"社区。（2）促进与对接 NFE 工作，与其他单位合办 NFE 教学活动。（3）利用数字化技术提高教育水平，让每个公民都有机会学习。（4）不断调整培养方案、教学活动、多媒体教学、教学评估。（5）培养 NFE 相关工作者，提高管理能力。

3. 主要工作

（1）开办校外教育，为没有在学校受教育的公民提供教育，学习方式是远程教育、自学教育、课堂授课等，以此提高公民的整体教育水平和生活水平。（2）通过组织各种教育科技活动来促进教学，包括广播电视节目、科学展览等。（3）促进非正式教育，创建方便公民学习的学习资源，如建设地区公民图书馆、小区图书馆、科学教育中心，以及广播电视教学等。

4. 办学策略

策略一与课程、教学方法、测试与评估相关，NFE 要组织与经济、社会、政治、文化、历史、环境相关课程活动，根据公民的需求设置多样化课程，培养公民思考能力；提倡院校组织科学、技术、工程、数学方面的教学。

策略二是培养教师和教育相关人员，具体体现在三个方面：策划 10 年人员配备；策划 10 年教师培养工作，尽快培养适合 NFE 各项工作的教师，尽可能全面提高教师的能力，培养教师组织教学的能力，提高教学质量；调查地方教师与教育人员的需求，与调整雇用标准。

策略三是培养人才，全面提高科研水平，具体表现为：推动劳动阶段年龄的公民（15—59 岁）接受义务教育；根据《促进非正规和非正式教育办公室 2014 年识字课程》进行识字教育，清除文盲，培养泰国公民最基本的读写能力；根据国家发展策略以及地方需求，开展非正规教育与非正规学习，培养地方所需要的职业员工。

策略四是扩大学习机遇，使更多的人能够享受教育基础服务以及能够终身学习，具体工作是：设立一个部门，专门为退学的学生、没考上大学的学生、残疾人提供教育；调查泰国识字人数；开展 NFE 地方（镇级、社区）教育，使相关院校能够推动地方教育发展；组织与设立"NFE 公民院校"，让每个年龄段的公民都有机会学习，提高生活质量；促进全民阅读，每一个社区都设立"坐哪儿都能学习都能阅读"的阅读厅。

策略五是开展通信技术教育，具体是发展镇级 NFE 的通信技术基础设施，扩大学习网络资源，促进公民使用网络资源作为学习辅助工具。

策略六是开展教育管理，促进每个部门都参与教育设计，具体包括加快小型院校管理；调查分析以及调整 NFE 和义务教育的学费；给 NFE 工作相关人员组织培训教育学科的基本理论和基本知识，使他们具有较强的职业知识，了解职业相关法律，熟悉泰国教育方针、政策和法规，具有良好的思想道德品质。

（二）管理机构及其义务

泰国成人教育管理机构大致分为以下几个部门/机构。

1. 促进非正规和非正式教育办公室

促进非正规和非正式教育办公室为国家级成人教育管理机构，主要职责如下。（1）促进、支持、对接非正规和非正式教育相关工作。（2）向委员会提出非正规教育和非正式教育的建议、政策和标准。（3）促进、支持和提高非正规和非正式教育的学术质量和科研质量。（4）促进支持与实行 NFE 科目转学分工作，即知识与经验相关科目的学分转换。（5）与家庭、社区、地方管理部门、私人企业、宗教组织、公司以及其他相关部门对接工作，加强非正规和非正式教育工作。（6）调查分析，以提出网络学习平台、广播电视台与非正规和非正式教育应用的建议，以此为公民终身学习提供便利。（7）跟踪监察与评估非正规和非正式教育工作。（8）落实《2008年促进非正规教育和非正规教育法》或其他相关法律法规的相关任务。

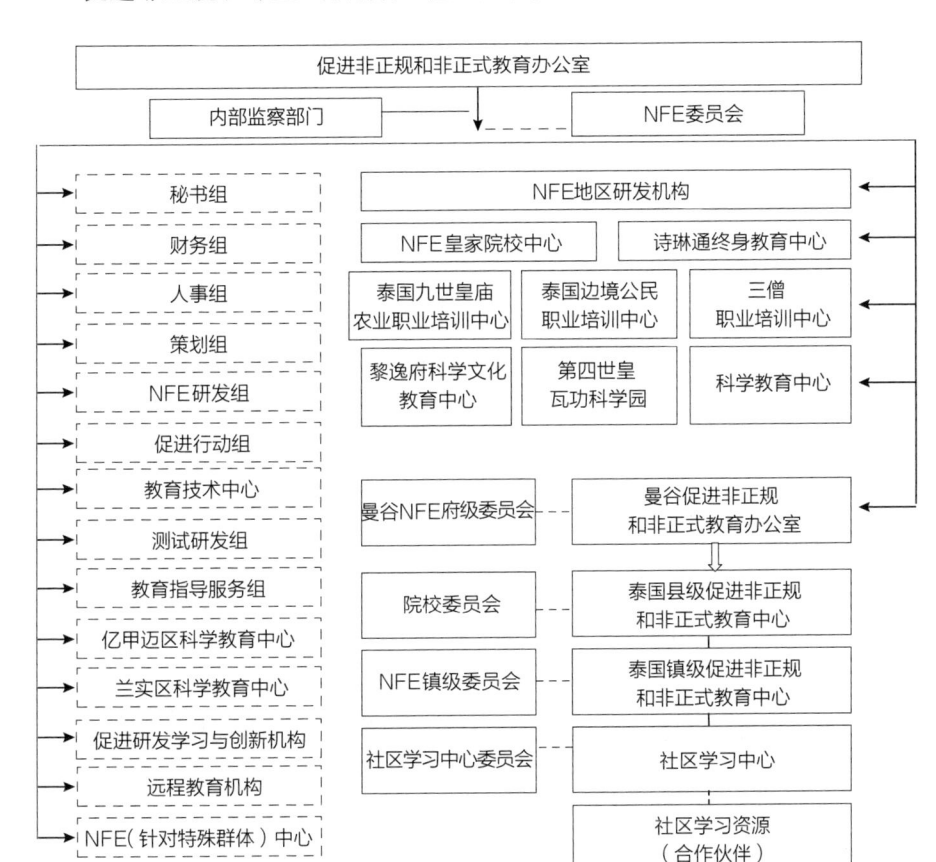

促进非正规和非正式教育办公室的内部架构如图 8.1。[1]

图 8.1 促进非正规和非正式教育办公室的内部架构

2. 首都曼谷及府市促进非正规和非正式教育办公室

首都曼谷及府市促进非正规和非正式教育办公室的简称是"曼谷 NFE"和"府市 NFE",隶属于促进非正规和非正式教育办公室,负责管理曼谷和府市的非正规和非正式教育工作,具体职责如下。(1)制定符合国家策略、教

---

[1] 资料来源于促进非正规和非正式教育办公室网站。

育标准、国家教育计划、社区促进与发展计划的策略。（2）研究、调研、收集首都曼谷及府市促进非正规和非正式教育办公室相关的信息资源。（3）分析、设计"曼谷 NFE"和"府市 NFE"基金预算。（4）负责"曼谷 NFE"和"府市 NFE"相关部门的沟通和对接工作。（5）根据法律规定提供教育质量保障。（6）促进支持与实行转学分工作。（7）与办学机构和合作机构合作调整课程方案和多媒体教学。（8）合理调动资源，包括人力资源。（9）促进与支持 NFE 研究工作。（10）培养教师和教育相关人物以及合作机构的人员。（11）促进、支持与改进皇家项目、政府项目。（12）管理、跟踪与评估办学机构与合作机构的教学质量。（13）其他相关工作。首都曼谷及府市促进非正规和非正式教育办公室由 NFE 办公室主任领导，主要任务是管理"曼谷 NFE"和"府市 NFE"公务员、教师以及其他教育相关人员。

3. 促进非正规和非正式教育办公室办学机构

促进非正规和非正式教育办公室的办学机构目前已有 964 所，其中曼谷 50 所，各府市 877 所，其他机构 37 所，其职责是促进、支持、对接促进非正规和非正式教育办公室的教学任务。

4. 合作机构

除了政府机构以外，合作机构也是 NFE 必不可少的合作伙伴。合作机构包括个人、家庭、社区、地方管理部门、宗教部门、商业部门，以及其他相关部门，还包括不属于促进非正规和非正式教育办公室的教学机构。合作机构的主要任务是沟通、合作、帮助和参与 NFE 的工作。

5. 首都曼谷及府市促进非正规和非正式教育委员会

根据《2008年非正规教育基础教育培养方案》第15条规定，首都曼谷及府市促进非正规和非正式教育委员会的职责是指导、促进、支持、发展以及追踪、改善、评估非正规和非正式教育的相关工作。委员会包括曼谷秘书长、NFE秘书、社会发展和人类安全部代表、内政部代表、劳工部代表、公共卫生部代表、部长所选任专家，由NFE办公室院长任委员和秘书。

其他府市委员包括府尹，常务府尹，府农业、府卫生、府劳工、府社会发展和人类安全、府行政机构、部长所选任专家，由NFE府市办公室主任做委员和秘书。

6. 镇级NFE

泰国第二次教育改革（2009—2018年）注重教学质量和学习效果，增加泰国人学习机会，促进社区教学，以达到"每个泰国公民都有机会受到高质量教育，可以终身学习"。因此，教育部设立了镇级NFE。镇级NFE是社区学习中心，普通公民可以前来学习和查资料。镇级NFE的小学理念是利用当地教学资源和条件，和当地人一起设计教学培养方案，依据地区环境进行有效教学。

镇级NFE工作分为领导工作、教师工作、工作人员工作、志愿者工作和合作伙伴工作。领导的任务是与当地教师、工作人员对接，依据地方计划调整管理与实施工作；教师的任务是组织教学活动，与地方工作人员、领导一起执行任务；工作人员的任务主要是寻找镇级NFE会员、培训、推广、组织会议；志愿者的任务是推广NFE教学；合作伙伴的主要任务是合作举办NFE活动和推广NFE。

（三）办学模式

1. 成人教育培养方案

2008年非正规教育的基础教育培养方案主要分四步进行。

一是宣传指导。指导工作是学校较重要的工作，每所学校必须根据《2008年非正规教育基础教育培养方案》进行教学指导工作。指导工作内容包括非正规和非正式教育教学模式与方法；介绍NFE毕业规则以及学习者转学分方法。

二是申请阶段。学习者根据学习需要填写申请表。小学一学期可以选12—14个学分，初中一学期可以选14—16个学分，高中一学期可以选18—20个学分。以上可根据学校具体情况调整。

三是开学仪式和教学安排。

四是教学测试与评估，分为非正规和非正式教育的教学测试与评估和国家教育质量评估。前者包含课程测试与评估、提高生活质量活动评估和道德评估；后者要求学习制定质量评估条例，以及评估课堂的教学原则和方法。

2. 学制长短与转学分系统

（1）学制长短。泰国成人教育可分为小学、初中和高中，学习时间均为两年。小学2年，48学分；初中2年，56学分；高中2年，76学分。学习时间根据学校课程设置调整，一般为一星期一天。

（2）转学分系统。如果学习者需要将学习经历转换为学分，可以通过两个方法：一是提供学习证明以及课程描述，课程内容要跟目前在学的学习内容至少有60%相同；二是学习者的职业知识与经验要通过评审专家的严格评审。

3. 招生对象及时间安排

非正规和非正式教育的招生对象广泛，有工人、农民、农村儿童、残疾人、囚犯、住在山区的公民、地方领导、边境地区公民、老年人、贫民、在国外的泰国人等。招生一般在 4 月和 10 月进行，开学在 5 月和 11 月，期末考试在 9 月和次年 3 月。

4. 教学方式

非正规和非正式教育的教学方式分为自学、分组学习、远程教育、课堂教学和专题学习等。

自学是学习者根据个人需要自己选课，由辅导教师提供意见。为了确保自学能够达到教学目标，学生必须与教师协商签订一份学习合同。合同内容包含学习目标、学习内容、学习成果和成果测试。自学的具体操作是：（1）学习者分析学习需求，以此制定学习内容；（2）设定学习目标；（3）制定学习计划，包含学习方法、学习时间、学习频次、分组学习安排、与指导教师见面时间和结束时间；（4）选择学习地点（如图书馆、寺庙）和学习资源（如课本、网络课）；（5）确定辅助教学相关任务和责任；（6）教师和学习者一起制定评估方法。

分组学习是教师布置任务，让学习者分组完成任务，教师组织教学并进行指导。分组教学时间一般为每周 3 个小时。"分组学习"难度为中高级，以学生为中心，培养其思考能力，注重生生交流和师生交流，由学生个人或小组收集资料做报告，并有测试。

远程教育要求学习者远程教育学习设备齐全，须安排好与教师交流的时间，可以通过聊天室、电子邮件、网络平台、博客、脸书等进行交流，学校和教师向学生提供所需的帮助。

课堂教学主要包括教师讲解、学生问答以及其他教学活动。课堂教学由学校设定课程、学习时间和学习地点。

专题学习是学习者根据自己的兴趣进行学习，通过调查分析、做实验等得出结果，做专题报告，有教师辅导。学校可以根据学生的需求确定教学方式。

5. 毕业要求

（1）根据学习培养方案完成五项培养课程的测试，即学习技能、基本知识、职业技能、生活技能、社会发展。小学不少于 48 个学分，其中必修 36 个学分，选修 12 个学分；初中不少于 56 个学分，其中必修 40 个学分，选修 16 个学分；高中不少于 76 个学分，其中必修 44 个学分，选修 32 个学分。

（2）参与提高生活质量活动 200 个小时。

（3）道德品德评估成绩为"及格"以上。

（4）通过国家教学质量评估 N-NET 考试。考试时间一学期一次，考试地点在 NFE 中心。

6. 课程设置

NFE 小学、初中和高中的课程分为以下五项。（1）技能学习课程，培养自学能力、学习资源的应用、知识应用、思考能力和基本研究能力。（2）基本知识课程，主要包含语言与交际、数学、科学与技术相关内容的课程，如数学课、泰语课、科学课、英语课。（3）职业技能课程，主要包含职业机遇、职业技术、职业道德、职业发展相关内容的课程，如职业培养课、提高职业能力课、职业专家课。（4）生活技能课程，主要包含重组经济理念、生活健康与安全、生活艺术相关内容的课程，如艺术课、充足经济课、体育健康课。（5）社会发展课程，主要包含地理、历史、经济、政治、宗教、文化与习俗、公民职责、个人发展、家庭发展、社会发展相关内容的课程，如社会学课、宗教与公民责任课、社区社会发展课。

除了以上五项主要课程，学习者还须完成提高生活质量活动和选修课。选修课根据学校所在地区设置，但其中要包含至少3学分的小论文。

7. 教学资源

泰国 NFE 教学资源丰富，不同地方设有不同的教学资源，主要可以分为下面五大类。

一是社区学习中心，如黎逸府科学馆。社区学习中心有义务组织社区学习活动、计划、安排与更新学习方法，建造良好的学习社区。

二是博物馆，如学校博物馆和公民博物馆。各府还有地方博物馆，如汶干府东北水布手工艺中心、孔敬第九世皇纪念馆等。

三是图书馆。图书馆搜集、整理、收藏图书资料以供人阅览，是终身学习的好地方。学习者不仅可以到图书馆阅览图书，而且可以学习社区智慧。各府都会设有人民图书馆、地方图书馆，甚至社区图书馆。

四是寺庙。佛教是泰国的国教。寺庙不仅是佛教徒聚集的地方，从古到今还是重要的学习中心。泰国的寺庙是开放性的学习场所，不管男女老幼都可以到寺庙来学习。

五是科学中心。NFE 科学中心有多种类型，如空堤县天文馆、黎逸科学中心等。

8. 教学活动

NFE 的教学活动可以分为提高学习者个人潜力活动、安全设施活动、策略活动、综合活动、提高教学质量与学习能力活动、终身教育活动等。

9. 教育质量

《2008年促进非正规教育和非正规教育法》《2019年非正规和非正式教育评估方法》针对教育质量提出了三项标准：《非正规基础教育标准》《继续教育标准》《非正式教育标准》。每个标准都包含学生质量、教学质量和学校管理质量三方面，详细内容见表8.1、表8.2和表8.3。

表8.1《非正规基础教育标准》内容及其参考项

内容（分值）	参考项（分值）
学生质量（50分）	·学生成绩符合学校要求（10分） ·学习者品德符合学校规定（10分） ·学习者能够分析、思考、与其他人交换意见（5分） ·学习者具备创新能力（5分） ·学习者能够运用数字化技术（4分） ·学习者身体健康、乐观（4分） ·学习者能够读写（4分） ·毕业生能应用所学到的知识（8分）
教学质量（20分）	·培养方案符合地方需求（5分） ·教学环境（5分） ·教师有能力组织以学生为中心的课堂（5分） ·系统性评估教学（5分）
学校管理质量（30分）	·合作管理法（3分） ·教学质量系统（4分） ·培养教师和其他教育工作者（3分） ·应用数字化技术促进管理工作（3分） ·学校工作评估（3分） ·学校委员会工作效果（3分） ·教学合作（3分） ·促进学习活动（5分） ·研究（3分）

表 8.2《继续教育标准》内容及其参考项

内容（分值）	参考项（分值）
学生质量（50分）	・学生学习成绩、能力、品德、技术符合学校要求（10分） ・毕业生能把学到的知识应用在生活中（20分） ・毕业生能够有效应用所学的知识（20分）
教学质量（20分）	・继续教育培养方案质量优先（4分） ・授课或讲座专家知识能力符合所讲主题的要求（4分） ・教学环境（4分） ・系统性评估教学（4分） ・组织教学能力（4分）
学校管理质量（30分）	・合作管理法（3分） ・教学质量系统（4分） ・培养教师和其他教育工作者（3分） ・应用数字化技术促进管理工作（3分） ・学校工作评估（3分） ・学校委员会工作效果（3分） ・教学合作（3分） ・促进学习活动（5分） ・研究（3分）

表 8.3《非正式教育标准》内容及其参考项

内容（分值）	参考项（分值）
学生质量（50分）	・学习者有知识、技术、经验，符合非正式教育目标（50分）
教学质量（20分）	・非正式活动组织（5分） ・组织活动者知识能力符合活动目标（5分） ・教学环境（5分） ・学习者满意度（5分）

续表

内容（分值）	参考项（分值）
学校管理质量（30分）	·合作管理法（3分） ·教学质量系统（4分） ·培养教师和其他教育工作者（3分） ·应用数字化技术促进管理工作（3分） ·学校工作评估（3分） ·学校委员会工作效果（3分） ·教学合作（3分） ·促进学习活动（5分） ·研究（3分）

第二节 成人教育的特点和经验

一、成人教育的特点

（一）皇室思想与成人教育实践相结合

泰国 NFE 工作一直以来都秉持充足经济理念，即适度之道，在全国各地建设和发展示范和学习中心，促进可再生能源的有效利用。第九世皇一直以来都关注国家开发工作，经常探访泰国农村地区，将实地考察获得的知识应用于解决公民的问题。实施皇家项目就是其一，其核心在于构造可持续发展的经济体系。初期的皇家项目注重解决偏远落后地区儿童的营养不良问题，教他们种植庄稼、饲养动物，并用自己种植和饲养的食材来做午餐。后期皇家项目更加注重偏远落后地区儿童的教育。午餐农业项目始于 1980 年，最早在叻丕府、北碧府和巴蜀府实施，后扩展到偏远地区的 44

个府。除了第九世皇的项目，也有其他诸多皇家项目，如诗琳通公主泰国山区学习中心"Mah Fah Luang"项目，这个项目的目的是帮助偏远落后地区的儿童、青年和弱势群体，注重提高公民健康、教育、职业水平和培养地方文化。该项目实施得非常成功，自2000年开始实施以来已开设100多个学习中心，覆盖全国各地。泰国各地NFE办公室都设有皇家学习中心，传播皇家思想，实施皇家项目，以提高公民的生活水平。

（二）注重每个年龄段的终身教育

泰国成人教育注重各年龄段的终身教育，根据学习者不同年龄段的需求设置相关职业课程，以"再技术"和"提高技术"的教学模式进行教学，确保学习内容在学习者生活中能够学以致用。针对泰国老龄化时代的到来，NFE也积极应对老龄化相关工作，例如举办提高老年人生活质量和提高老年人能力的职业培训，以及关爱老年人的相关课程。另外，为了跟上国际劳动力市场需求，成人教育也会注重提升学习者的英语语言技能。

（三）利用科学技术手段

泰国成人教育科技发展迅速，从线下教学扩展到线上线下教学，根据学习者需求和学习条件设计相关课程，不断进行课程、媒体、技术和教育创新。不仅教学模式发生变化，教学资源也扩展为网络资源，如给学习者提供在线博物馆、在线科学中心等服务，使学习者能够随时随地学习。此外，招生系统、学习系统、考试系统也都实现了网络化。

（四）促进非正式教育，注重思考原则

泰国成人教育注重促进非正式教育，创建方便的学习环境，使公民能够随时随地、持续和永久地学习。同时，成人教育注重培养学习者的思考能力，引导学习者对"自己""社区与环境"和"相关学术资料"进行思考，运用充足经济理念过上幸福的生活。

二、成人教育的经验

（一）注重加强成人教育的法制化制度化建设

泰国在发展成人教育的过程中，不断改善与制度化成人教育体系，颁布了《2008年促进非正规教育和非正规教育法》。该法的颁布标志着泰国成人教育体系有了法律基础，为成人教育的发展提供了重要的保障。

（二）大力发展多种形式的成人教育院校

泰国设立了多所成人教育院校与NFE学习中心，如促进非正规和非正式教育办公室管辖的下设在泰国各地（如北部、东北部、东部、南部、中部曼谷）的非正规和非正式教育机构、泰国77府促进非正规和非正式教育办公室（即"曼谷NFE"和"府市NFE"）、职业培训中心、科学与文化中心、远程教育机构、皇室学习中心、诗琳通可持续发展院校、特殊群体非正规和非正式教育中心、国外非正规和非正式教育中心等，多种形式的成人教育院校极大地促进了泰国成人教育的发展。

第三节 成人教育的挑战和对策

一、成人教育的挑战

（一）成人教育的工作实施问题

目前泰国成人教育工作实施问题主要体现在教学服务质量不高、缺乏社区合作、学习点设置不足以及培养方案课程不完善等方面。以培养方案课程为例，课程设置模式单一，缺乏灵活性，无法学以致用，缺乏连续性，而且要修的课程过多，给在职工作者造成较大的学习压力。此外，课程设置和教师资源不匹配，一位教师要负责多个课程，教师专业培养能力不足，教师授课课程与专业不对口，以及培养方案不合理也进一步阻碍了成人教育工作的顺利实施。

（二）成人教育的局限性

成人教育的发展受到很多因素的制约。例如，虽然泰国各地都设有成人教育学习点或 NFE 学习中心，但实际上并没有普及所有公民，还有相当一部分人无法接受成人教育，特别是一些在偏远山区的人和特殊学习群体。再如，在管理工作上，成人教育的各级工作人员对成人教育的了解并不透彻，所以在工作的时候必然会出现各种问题。这些都阻碍了成人教育的进一步发展。

二、成人教育的对策

泰国成人教育面临诸多困难和挑战，为此政府和各级管理机构从成人教育基础工作、教育平等、专业课程设置、数字化教学等方面予以积极应对。

（一）重视成人教育基础工作

成人教育基础工作从教学计划、教学活动、教学服务、促进社区活动和合作方面谋求对策。教学计划对策包括制定工作计划、合理安排对接工作和组织终身教育培训；教学活动对策包括组织培养方案、分析方法培训、组织新技术相关培训和培养教师代表；教学服务对策包括指定教具、电脑软件应用培训和设立镇级 NFE 学习中心；促进社区活动方面的对策包括结合社区环境组织相应活动、组织社区文化学习活动和在镇级 NFE 设立地方博物馆；合作方面的对策包括组织相关工作坊、研讨会和新教师培训。

（二）以教育平等、专业课程设置、数字化教学为工作重点

2021 年泰国成人教育的工作重点如下。

一是根据皇家理念开展工作，如根据皇家发展项目设立农学示范与学习中心，建立幸福村，开展创造工作机会项目（如"一个镇，一个创新产品，发展地方产品"项目），组织社区发展义工团，培养学习者的良好道德和爱国思想。

二是促进与支持终身教育，让全国人民都有机会学习，并针对不同年龄段将学习模式调整为"再技术"（reskill）和"提高技术"（upskill）教学模式。学习者结业后可以拿到相关技术证书。另外，还有提高公民英语水平的相关课程和老龄大学，组织模式以多方合作为主。

三是调整课程设置，使其适合每个年龄段的学习者。课程设置需考虑经济与社会现状、学习者的需求、新时代的需要。政府应开发在线学习平台，发展在线教学、广播教学模式，开发网络学习资源，如在线博物馆、在线科学中心、在线图书馆等，以达到"全公民都有机会学习、什么地方都能学习、什么时间都可以学习"的目标。另外，在招生和结业方面，进一步开发在线招生系统、在线学习系统、转学分系统、在线考试系统。

四是促进多边合作，如与政府部门、私营公司、社区、地方管理部门合作开发地方产品，举办"支持地方特色的职业培训""开发地方产品市场""增加地方产品价值"等职业学习培训。

五是发挥工作人员潜力，提高工作效率。提高各级工作人员使用数字化技术的素养，以达成有效的数字化服务目标。提高教师专业知识、英语水平、课堂多媒体制作与应用能力、组织教学能力、思考能力。

六是根据社会的变化调整工作结构、管理结构，使用更科学、更有效的方法来进行成人教育相关工作，以更有吸引力的推广方法宣传成人教育。

第九章 教师教育

第一节 教师教育的发展和现状

一、教师教育的历史发展

泰国教师教育至今已有一百多年的历史了。从历史上看,泰国教师教育发展主要经历了四个阶段:非制度化时期、初步制度化时期、发展转型时期和制度化完善时期。[1]

(一)非制度化时期(1892年以前)

1892年之前的泰国教师教育处于非制度化时期。这个时期,泰国还没有专门培养教师的机构。公民的教育或是从生活中学习,或在家由父母教育,或在宫廷由官员教育,或在寺庙由僧人教育。泰国素可泰早期公民学习用的是巴利文和梵文,后来兰甘亨国王发明了泰语字母,泰国公民才开始学习泰语。当时泰国教育学科分类并不细致,大致分为生活常识、职业、

---

[1] 施晓光,努尔潘.泰国教师教育的历史演进与现实变革[J].教师发展研究,2019,3(1):120-124.

道德和防身几类，学习方法基本都是在生活中自然而然地学习。大城时代增加了文字学课，当时的教师主要由皇家培养的人才、僧侣和学术界人士担任。1887年，泰国成立教育厅，负责管理全国34所学校、81位教师和1994名学生。

（二）初步制度化时期（1892—1953年）

1892—1953年是泰国教师教育初步制度化时期。随着学生日益增多，教师需求量扩大，泰国开始创设专门培养教师的教育机构。1892年10月，第一所师范学校成立，由英国格力隆先生担任校长，当时学校只有3名学生。[1]1918年，该校改名为培养教师师范学校，开设2年制小学教师专业，招收高中毕业生入学。1947年，该校再次改名为帕那空师范学校，培养小学教师，学制改为3年[2]，开设培养教师的专业。泰国当时还有专门培养女子教师的学校。1913年，公共教育部在皇家女子中学内设立第一所女子师范学校。这个时期，教师教育出现了制度化的趋势，开始引进国外师范教育模式和教学方法，并成立教师专门协会，出版报纸，此外还专门设立了师范科。

（三）发展转型时期（1954—1998年）

1954—1998年是泰国教师教育的发展转型期。此时，基础教育迅速发展，师资需求量急剧增加。为了满足中小学教育师资的需要，泰国开始将教师培养列为国家教育发展的战略重点之一。1954年，教育部设立教师培训厅，专门负责教师教育发展和师范院校管理。1961—1962年，教育部将

---

[1] 资料来源于泰国帕那空皇家师范大学校网站。
[2] 1966年，教育部把帕那空师范学校升格为帕那空师范院校，即现在的帕那空皇家师范大学。

所有师范学校升格为师范学院，并设立教师教育学证书课程。1972年，泰国政府成立政府大学总局[1]，负责监管教育部管辖之外的公立大学和私立大学。从此，泰国教师教育培养机构分成两部分：一是教育部教师培训厅管辖的36所独立的师范院校，二是政府大学总局管辖的13所大学二级教育学院。之后，这13所大学二级教育学院逐步取代高等师范学校，成为教师学历教育的主要力量。

（四）制度化完善时期（1999年至今）

1999年至今是泰国教师教育制度化完善时期，也是一个不断进行改革和变化的时期。为了进一步完善教师教育制度，提高教师专业化水平，泰国出台了一系列政策和举措，主要体现在以下几个方面。

一是修订《国家教育和教师职业发展法》，对教师职业标准做出明确的规定。例如，1999年颁布的《国家教育法》制定了各级教育条款的框架，[2] 提出教师教育属于高等专业教育范畴，教师上岗需具有专门签发的教师资格证书。2003年，《教师委员会和教育工作者法》进一步明确教师职业的专门性质，要求从事该职业的人员必须具有教师资格证书、学士或同等学力，或其他获得教师协会认证的资历；同时至少在学校参加教学实习一年，并通过考评达到教师协会规定的要求。

二是成立教师培养院校协作组织。2000年，教育部常务办公室支持55所高等院校教育学院成立教育学院院长委员会，共同协商教师教育和教师职业发展问题。

三是开展教师教育质量评估活动。2000年，泰国政府设立国家教育标

---

[1] 政府大学总局1977年更名为大学总局，2003年更名为高等教育办公室，并入教育部，成为高等教育委员会的下设机构。2019年高等教育办公室更名为高等教育与科学技术创新部部长办公室。

[2] 黄炳瑜，黄斗．泰国教师教育政策发展与现状分析[J]．广西教育学院学报，2009（6）：41-45．

准与质量评估办公室，负责每5年至少一次的教师培训机构的外部质量评估。评估结果向相关政府部门和民众通报。

四是进行教师教育教学改革。2000年，泰国开始考虑将师范学/教育学的学士课程从4年延长至5年，旨在提升新教师的专业知识、能力和素质。教师教育学士毕业生从教后的初始工资也将高于普通4年制学士毕业生的初始工资。

五是加强教师教育的组织与领导。2001年，教育部国家教育委员会办公室成立了教育改革办公室，负责相关领域的工作。教育改革办公室的主要职责包括制定国家教师教育发展规划，如《教师教育发展规划（2004—2006年）》；提供奖学金，吸引更多优秀学生选择教师职业；实施新式教师培养模式和课程体系，以培养新一代有教学知识、技能和经验的教师；提高教师教学团队水平，保证教育工作者培养课程的标准和方向。

2007年，泰国召开教师专业发展年度大会。这是一次直接服务于全国教师专业发展的大型教育交流活动，会议主题聚焦国际教育先进趋势，体现了泰国对教育的重视。[1] 2009年，国家专门出台《国家高等教育资格标准框架》。按照框架的要求，2011年，教育委员会将教师教育本科学士学位课程年限从4年制改为5年制，并要求所有负责教师培养的教育机构在2012学年执行新的培养方案和课程体系。2016年，泰国将培养有师德、有知识、有能力的"三有教师"写入法律，充分体现了泰国教育改革的决心和对教师队伍建设的重视。[2] 2019年2月，教育部公布《2019年教师专业与教育专业4年制本科资格框架》，皇家师范大学教育专业本科改回4年制。实施5年制培养方案的毕业生毕业直接获得教师资格证，不需要再考，4年制毕业生毕业后需要考取教师资格证才能从事教师工作。

---

[1] 周堞薇，张荣伟. 合作与交流：泰国教师专业发展年度大学的核心理念——基于EDUCA2019的探讨[J]. 福建教育学院学报，2020（4）：28-34.

[2] 刘敏，爱沙. 泰国中小学教师队伍建设及发展研究[J]. 世界教育信息，2021（6）：65-69.

泰国教师教育经过四个历史阶段，一直不断发展。由于国家教师需求量扩大，泰国教师教育除了4年制教师教育本科以外，还有2年制教师教育专业和教师教育硕士。2年制教师教育专业并不是普遍开设，需要根据机构对教师的需求量来设定。本章主要介绍的是4年制教师教育本科，也就是泰国目前教师学历教育的主要部分。

二、教师教育的发展现状

（一）教师教育理念

泰国政府制定了20年国家战略，强调培养优质人才，即具有竞争力和创新能力的优秀人才。教师专业和教育专业是一门涉及培养与发展教师和其他教职人员的学科，主要目的是促进教师的发展，使其具备职业知识和专业能力，培养职业价值观、职业意识、师范精神。泰国以此作为教育理念，培养优秀的教师人才。

（二）办学机构

泰国教师教育办学机构按运营模式来分类，有政府所属院校和私立院校。政府所属院校又可以细分为公立大学、技术类大学、艺术类院校、体育学院、皇家师范大学，私立院校没有再细分。所有院校的学生毕业后都要向泰国教师委员会申请报考教师资格证。

公立大学有教育学院、汉学院等，专业有教师专业、教育专业、技术与教育专业等。表9.1为泰国部分开设教师教育专业（学院）的公立大学。

表 9.1 泰国部分开设教师教育专业（学院）的公立大学

开设专业（学院）	公立大学
教师专业	朱拉隆功大学
	那空帕农大学
	川登喜大学
教育专业	农业大学
	诗纳卡宁威洛大学
	加拉信大学
	蓝康恒大学
	素可泰开放大学
	艺术大学
	东方大学
	那黎宣大学
	清迈大学
	孔敬大学
	玛哈沙拉堪大学
	宋卡王子大学
	他信大学
	乌汶大学
技术与教育专业	国立法政大学
汉学院	清莱皇太后大学
拉查斯达学院[1]	玛希隆大学

技术类大学开设的和教师教育相关的专业主要有工业与技术教师专业、工业教师专业。表 9.2 为泰国开设了以上专业的技术类大学。

---

[1] 拉查斯达学院是诗琳通公主殿下创办的学院，是一所为残疾人开发潜力、提供教育准备和就业机会的学校。

表 9.2 泰国开设与教师教育相关专业的技术类大学

开设专业	技术类大学
工业与技术教师专业	国王科技大学
工业教师专业	先皇技术学院（北曼谷）
	先皇理工大学
	塔亚武里皇家理工大学
	曼谷皇家理工大学
	帕那空皇家技术大学
	苏旺那蓬皇家理工大学
	威差亚皇家理工大学
	拉加芒加拉科技大学
	东北皇家理工大学孔敬分校

泰国艺术类院校一般开设艺术教育专业，这类学校有博塔伦府戏剧学院分校、加拉信府戏剧学院分校、清迈戏剧学院分校、华富里戏剧学院分校、洛坤府戏剧学院分校等。

泰国体育学院在泰国各地都有分校，设有教育专业，如体育学院素攀武里分校、体育学院清迈分校、体育学院红统府分校、体育学院春武里府分校、体育学院曼谷分校、体育学院春蓬府分校等。

开设教师教育专业或学院的私立院校有博仁大学、兰实大学、曼谷吞武里大学、翁差瓦拉昆大学、巴吞他尼府大学、合艾大学、东方管理技术大学、法塔尼大学、呵叻学院、三大蓬大学、曼谷北部大学、泰国南方科技大学、彭世洛府大学、拉塔纳工商大学、拉查塔尼大学、东北大学等。

（三）招生

1. 报考资格

报考教师专业和教育专业的考生须具备以下资格：高中学历或其他同等学力，有良好的心态，有教师精神，通过教师考试测试，通过高考，以及符合招生院校的其他要求。

2. 招生专业和人数

教师专业和教育专业设有多种分类，根据不同教育阶段，可以分为基础教育、职业教育、非正规和非正式教育。根据不同的课程内容，教师专业和教育专业分为幼儿教育（3—6岁），初等教育，泰语与外语，数学，科技与技术，社会学，卫生、体育和休闲活动，艺术、音乐和舞蹈，心理学与指导，技术与交际，教育评估，特殊教育，终身教育与社区教育，图书馆学与信息技术专业，职业创新，以及其他跟教育相关的专业。

泰国教师教育各院校的招生规模不同，不同专业招生人数也不同，一般一个专业招生30—75人。以清迈大学为例，2020年教师教育专业的招生人数是初等教育75人，泰语、英语、社会学、数学、体育学各45人，生物学、化学、物理学各35人。

（四）课程设置

教师专业与教育专业注重教学设计，要求掌握主修和辅修专业知识，能够跟上时代，有自学能力、反思能力、应变能力，可以在不同环境下适当组织教学和管理教学，并跟教育相关人士有良好的合作。根据以上要求，教师专业与教育专业的课程设有普通平台课和教师专业课。

普通平台课是培育一个社会好公民的课程，主要培养学习者价值观，使其了解所在的社会文化和环境，自我提升，有应变能力，有社会道德，善解人意。普通平台课程不少于30个学分。

教师专业课的教学目标主要是使教师专业学习者理解与掌握教育宗旨、教育心理学、教学法、TPCK[1]知识、STEM[2]理念、数字化知识，以及具有研究能力；学习者能够在不同教学环境、针对不同教学对象，结合多领域学科内容进行教学以及测试与评估。教师专业课内容包括教师精神、教师道德和职业道德、教育宗旨、教育心理学、课程组织与教学知识、创新与信息通信技术、测试与评估教学、研究与创新、语言与交际。根据学校规模的不同，各校可以根据全国专业标准方案自由设置课程。

（五）培养方案

泰国教师教育专业学习者的培养根据泰国高等教育资格框架分为道德培养，知识培养，思考能力培养，交际能力培养，数字分析、交际与技术应用能力培养，组织教学能力培养六个领域，具体内容如下。

道德培养包括以下几个方面。（1）具有敬业爱业精神、职业自豪感、荣誉感，遵守职业道德。（2）有服务意识，工作有责任心，诚实，不断提高自己的能力，做一个好榜样。（3）尊重他人，有团队精神，可以理智地判别是非。（4）有分析与解决问题的能力，能够运用社会道德规范来解决问题。工作上以社会规范和公益为重，反腐败，不违反学术道德。

知识培养包括以下几个方面。（1）具有教师职业理论知识、教育思想、

---

[1] TPCK（Technological Pedagogical Content Knowledge）即整合技术的学科教学知识。

[2] STEM 是科学（Science）、技术（Technology）、工程（Engineering）、数学（Mathematics）四门学科英语首字母的缩写。

教育学相关知识，以此帮助学习者有效地学习与提高能力。具有研究能力，能够发展与创新教育学方法，开发教学相关产品等。具有职业教师的语言沟通能力、指导能力、研究测试能力和应变能力。此外，了解并应用多学科合作知识，如 TPCK 识知、STEM 理念、社区教育理念等。（2）了解所教课程要运用的理论、思想、内容，能够分析教学内容，能够将新技术用于课堂，提高学生的学习能力。最重要的是所设计的课程内容要符合教师专业知识标准框架。（3）懂得应变，能够理解和应变对文化差异，以"充足经济理念"为指导提高自己的生活、工作能力，并以此来提高学生的能力。（4）能够用标准泰语和英语进行交际。

思考能力培养包括以下几个方面。（1）善于思考、寻找答案、分析信息，具有国际意识，能够在国家所设定的专业知识理论、价值观，以及社会道德原则下学习和工作，能够运用平台和新技术来提高工作效果，解决相关问题。（2）有创造与创新能力。（3）能够通过学术研究来开发对学生或社区有帮助的课程。

交际能力培养包括以下几个方面。（1）善解人意，积极思考，能够控制情绪。（2）有团队协作能力，是一个好的引领者，也是一个好的合作者，与社区、家长、同事和学生保持良好的关系，有社会责任感。（3）善于解决工作问题。（4）在学术和职业上具有领导力，能够引导和传达知识给学习者、学校、社区和社会。

数字分析、交际与技术应用能力培养包括以下几个方面。（1）为了尽快理解专业和教育相关知识，要有数字分析能力，能够做定性研究和定量研究。（2）能够合理地跟社区、家长、学生进行交流与沟通，适当应用新的信息技术进行交流。（3）能够有效地运用信息技术搜索信息，运用教育相关软件组织教学，以及运用信息技术辅助工作和管理等，能分析信息可信度，避免出现学术成果被抄袭的情况。

组织教学能力培养包括以下几个方面。（1）有能力在不同环境下组织教学。（2）能够运用心理学分析学生或特殊学习者的行为，组织有效的课堂活动。（3）组织实习活动，使学生能够将知识学以致用。（4）与家长、社区积极沟通，一起创造有利于学生的学习环境。（5）通过教学，培养学生的学习能力、思考能力、团队能力、语言与交际能力、技术能力、"充足经济理念"应用能力和生活应变能力。

（六）教学策略、方法与教学评估

教师要能够把多学科应用于课堂教学，以提高学生的专业能力。泰国教师教育的教学策略与方法可以使用但不限于以下方法：案例教学、价值澄清理论教学、实践教学、互动式演讲、合作式学习、探究式学习、建构主义理论、混合式教学、翻转课堂、模拟教学、项目式教学、研究性学习、问题学习、生产学习、自我导向学习、苏格拉底教学法[1]、团队导向学习、工作本位学习、慕课（MOOC）学习。

泰国教师教育教学评估根据实际情况使用各种方法，评估的目标是让学习者能够自主学习，了解自己并获得所需知识，以在学业和专业上提高自己。评估学习者学习成效可以使用但不限于以下方法：观察学生的学习行为、实践行为、学校实习情况；朋友、家人的评价；案例分析；评估教师心理、道德、价值观、教师精神、学习精神、多媒体教学能力，以及其他知识等；知识测试，如理论课程知识测试；实践评估，如报告评估、论文评估、课堂研究评估、学校实习评估等；辩证法评估。

评估根据课程和专业所设定的检验方法进行，但必须设有专业人士评估检查，检验教学成效，实习院校也需要做学习成果评估。

---

[1] 苏格拉底教学法是古希腊哲学家苏格拉底创立并使用的教学方法，其核心是教师不直接把学生所应知的知识告诉他，而是根据学生已有的知识和经验，通过讨论、问答甚至辩论的方式来揭露对方认识上的矛盾，逐步引导学生思考，最后自己得出结论的方法。

（七）教学质量保证

保证教学质量是每个教育机构的职责。教育部的质量保证体系分为三个级别，即教育机构级别、学系级别和专业级别。教育机构必须建立符合教育部规定及公告的教育标准。该教育标准要符合高等教育标准和教师专业标准，注重课程质量保证、学习者的成效保证、教师质量保证、教学质量保证、教学资源质量保证。各专业可以根据自身特征和教学目标自由设定教学质量保障检测指标。另外，教育机构可以根据自己的工作重点增加检测指标。近几年，泰国教师教育专业响应政府提高学习者英语语言技能的号召，每个教育机构都有学科所需、机构所需、教师所需的英语最低语言水平测试，还制定了提高学习者英语水平的短期计划和长期计划，确保学习者能够通过测试。

第二节 教师教育的特点和经验

一、教师教育的特点

（一）多元开放的教师教育系统

与很多国家独立设置师范学院不同，泰国现在培养教师的任务大多由综合性大学的教育学院承担。这样能够接收更多人学习教师和教育专业。不是教师教育专业毕业的本科生如果想从事教师工作，也可以选择两年制教师培养方案。另外，针对一些学科缺乏教师的现象，非教育专业学生也可以在校先做实习生，同时参加两年制教师培训，毕业后考证，也可以成为教师，从而解决汉语教师紧缺问题。

（二）完备的教师培养模式和课程体系

泰国教师教育经历多次改革，不断完善教师培养模式和课程体系。例如，培养教师时间从 2 年延长到 4 年；颁布《教师教育本科资格标准（5 年课程）》，要求所有院校按照泰国教师委员会的规定，开设教师教育的通识、专业和公选三类课程；专门有教师教育本科课程开发委员会负责审核和认证学校委员会申请的课程。2019 年 2 月，教育部公布《2019 年教师专业与教育专业 4 年制本科资格框架》，指定皇家师范大学教育专业本科改为 4 年制，而其他教师培养院校可以根据专业特征调整，有的院校还可同时开设 5 年制和 4 年制教师教育专业。对于 4 年制的毕业生，为保证教学质量，学员毕业后需要自行报考教师资格证考试并通过才能从事教师工作。

（三）教师教育质量优化

为优化教师教育质量，泰国教师教育建立了教师质量内外部监控体系。泰国高等教育委员会制定了《高等教育内部教育质量保障架构》，提出 9 项指标体系，具体包括办学理念和目的，目标与执行计划，毕业生培养，学生发展活动，研究、学术服务社会，艺术文化保存，经营与管理，财政与预算，以及质量保障体系与机制。

在外部评估方面，全国教育标准和质量评估办公室制定了《高等教育外部质量保障架构》，提出 3 组指标。(1) 基本指标，检查毕业生质量、研究和创新能力、社会学术服务、艺术文化保存、学校管理和发展及内部质量发展和保障。(2) 特征指标，检查学校发展情况是否符合时代特征。(3) 支援保障指标，检查大学与社会发展的关系问题。全国教育标准和质量评估办公室按照国家教育标准和各级各类教育绩效标准、教育管理标准、以学习者为主的教育标准及内部质量保障标准等，对各个学校进行检查和评估。

（四）重视教师教育职业发展

泰国教师教育重视教师职业发展和在职培训，教育人事委员会办公室每年都与教育相关机构组织教师职业发展活动。另外，根据教师资格证书新规则，证书有效期为 5 年。因此，泰国教师需要不断参加在职岗位培训，通过评估，重新获取上岗证书。教师在职培训的主要内容包括教育学理论和观念的更新、教学信息化与通信技术应用、学科知识更新等。

二、教师教育的经验

（一）积极开展国际合作

泰国在教师教育国际合作方面拥有丰富的经验，特别是与中国保持着紧密的联系。泰国教师教育领域的国际合作大体可以分为两种模式：与国外院校签署教育合作项目和交换教师及学生。泰国很多高等教育院校都与中国高校有合作关系，双学位合作项目目前较为普遍。例如，泰国孔敬大学与中国西南大学合作，学生在泰国攻读 3 年，在中国攻读 2 年，毕业后获取西南大学汉语国际教育本科学位和泰国孔敬大学国际教育本科学位。再比如，泰国艺术大学与中国云南大学签署教育合作备忘录，学生可以选择两个方案，第一个方案获取一个学位证书，在泰国攻读 4 年；第二个方案获取两个学位证书，在中国攻读 2 年，泰国攻读 2 年。此外，在交换教师方面，目前还是外国教师到泰国授课的较多，泰国教师主要是到国外去进修或者攻读学位。

（二）巩固教师职业能力

为提高教师职业技能，完善教师教育培养体系，泰国不断改善教师培养方案。根据泰国教师教育教学标准，合格的教师必须具备良好的道德，知识面广阔，有较强的思考能力、交际能力、数字分析能力、交际与技术应用能力，能够组织好教学。在教师职业能力的培养方案中，每所院校都要设计学校实习活动，实习时间不少于1年，所有毕业生上岗之前都须具备教师基础职业能力。

第三节 教师教育的挑战和对策

一、教师教育的挑战

（一）数字化时代的挑战与教师教育的转变

传统教师的主要任务是传授知识和答疑解惑，但如今全世界已进入新科技时代，教师教育也要适应时代的变化，更加关注教师的数字化能力、多媒体应用能力和新世纪应变能力。学校也要不断改善课程、教学方法、管理方法和评估方法。

目前泰国教师教育的最大挑战是缺乏一站式教师服务平台和教学共享平台。

目前泰国服务教师的网站很多，如教育部教育信息中心网站，上有学校、教职工和学生相关数据，以及教师奖学金信息；泰国促进教学科技技术机构网站，上有教师培训课程；教师委员会网站，上可查看申请教师资格证的信息。虽然有很多网站和平台服务教师和院校，但目前还缺乏一个能提供一站式服务的平台，教师往往需要进入多个网站或到多个相关单位去申请或办理事情，且程序较多。如果能够创建一个综合性、一站式服务平台，将会给教师和教育相关机构带来极大便利。

泰国目前有大学慕课平台，学习者可以进入网站学习在线课程，但慕课平台上与教师教育相关的课程很少。随着时代的发展，人们的学习方式也会随之而变。如果能更多地开发教师教育课程并在教学平台上共享，那么教师教育的推广将会更加广泛。

（二）工作量与管理问题

泰国教师教育专业的毕业生上岗后遇到最大问题就是工作量过大。教师除了上课以外，还要完成其他任务，如学校的行政工作、财务工作、采购工作等。此外，有的教师还要负责多科目教学，而这些科目并不是他们的专业，因此要花大量的时间备课，没有时间休息，影响工作成效。

学校管理问题主要体现在教师的教学评估和管理方面。目前泰国基础教育评估是校内评估，缺乏有效性，不能激励教师很好地提高自己的教学能力。另外，学校缺乏教师工作鼓励机制，组织的教师培训内容一般都不符合教师的需求，无法真正提高教师的能力。

泰国基础教育师资管理问题突出，比较明显的是师资分配问题，泰国学校和教师大都集中在市区，较偏远的地方师资远远不够。师资管理问题还存在以下问题：管理机构缺乏退休教师信息；教师两年工作试用期缺乏有效性管理标准和指导教师；报酬相差较大，如公务员教师、公务工作者和特聘教师工资差别很大；考核系统不完善，职称评审标准和方法不符合实际工作情况，有的教师虽有职称但其实水平不够，培养出来的学生也不理想；转校、评职称、评估存在腐败问题；领导层考试以选择题和记忆性测试为主，导致校领导层缺乏领导力、学术水平和经验，无法胜任本职工作；管理层缺乏对地域环境的理解，也缺乏相关工作知识。

二、教师教育的对策

（一）实施教师教育双倍系统方案

泰国教育部为了完善教育系统，计划在新冠肺炎疫情过后实行教育双倍系统方案。这个方案包含3个部分，即教育系统、运营系统、供应需求。泰国教育双倍系统方案模型中将包含人力资本卓越中心、数字教育卓越平台和卓越个人发展计划。所有教育体系都是双倍：双倍学习者、双倍教师、双倍教室、双倍教具和双倍学校。以上的"双倍"包含意义不同："双倍学习者"是指改变以往的学习方法，学习的目的不是为了考试，而是因为想学、想提高生活水平、生活所需、适应时代所需；"双倍教师"指的是如果想要学习者有能力，那么教师就非常重要，需要有良好的教师选拔方法，培育优秀人才来做教师；"双倍教室"就是翻转课堂，减少课堂时间，增多自学时间，多提供多媒体资源，构建教学平台；"双倍教具"不光是书本，也包括在线学习工具，学生不管在哪里都可以学习；"双倍学校"是按照学生数量评估学校，增强学校与社区的互动与知识共享。

（二）教师教育管理对策

2021—2022年教育部提出如下教师教育管理相关对策。（1）更新课程和教学过程，并以提高学生知识储备为目标，以适应泰国社会变化。（2）提高教师的质量、工作效率和数字化能力。（3）通过国家数字学习平台转化数字化教学，促进日常数字化技能培养；开发国家数字学习平台，用于现代学习管理流程，并引入中央教育数据库，用于提高行政效率和教育管理。（4）提高教育行政效率和教育管理能力，促进和支持教育机构独立和灵活工作，教育行政权力下放。优化人力资源管理系统。（5）调整教育评价与质量保障体系；组织必要的知识测试，以及学术和专业方面的技能测试；提高与更新教育评价与质量保障体系。（6）向所有目标群体分配资源，包括从所有合作部门调动教育资源，公平分配教育资源，为目标群体创造与其他群体同等的接受优质教育的机会。（7）依据国家资格框架和东盟资格参考框架实施教育工作。使用"转学分机制"将经验转为学分。（8）促进职业教育的发展，以国家级竞争力为目标，让教师能够在国际舞台上有良好的表现。

第十章 教育政策

泰国曼谷王朝教育的发展转变始于拉玛一世国王对佛教教育的改革，而泰国现代教育政策的制定始于拉玛五世国王在位期间，随着西方政治制度进入泰国，教育随其转变。1887年，朱拉隆功大帝成立了教育厅，1898年开始制定一系列的教育规划和实施计划。拉玛六世在位期间于1921年颁布了《义务教育法》。1932年实行君主立宪制后，泰国开始制定国民教育计划，至此形成了体系化的教育计划。

进入拉玛九世时期后，泰国的教育政策不再是单独的规划与计划，而是根据国民经济和社会发展而制定，并以国家政策的形式在全国实施。泰国教育部1961以来制定了八个五年计划，称为国民教育计划，作为教育行动的指导方针。

第一、第二个国民教育计划（1961—1971年）主要侧重扩大基础教育，特别是普及小学教育。第三、第四个国民教育计划（1972—1981年）强调提供更广泛的基础教育，以涵盖学龄儿童和失学人口中的成年学生。第五、第六个国民教育计划（1982—1991年）指出教育质量的改善应是基础教育的主要关注点，另一个关注点是为弱势群体提供教育服务。第七、第八个国民教育计划（1992—2001年）强调以人为本的发展。教育的重点是着力提升教育质量，同时加快开展终身教育，鼓励私营部门更多地参与教育以满足特定需求。1999年，《国民教育法》颁布，作为教育改革管理和实施的根本法。

此后，泰国教育进入可持续发展阶段，《国民教育法》每五年进行一次修改，《国家教育规划》则根据国民教育计划的实施情况重新制定。2008年发布的《2009—2016年国家教育规划（修订版）》将宗教、艺术、文化和体育纳入各级教育课程。2016年，教育部又制定了《2017—2036年国家教育规划》，确立了泰国教育框架体系，同时设计了相关规划和监督机制，确保教育工作在国家框架体系内有效实施。

第一节 教育政策规划

目前泰国教育政策由政府根据国家发展战略制定，在规划教育政策时，根据泰国经济、社会发展等情况制定相匹配的教育政策。

泰国的教育政策与经济社会发展紧密联系，不仅在宏观层面制定了国家教育政策调控教育发展，而且在中观层面也有教育部制定发展战略，推动宏观政策的实施。

一、背景及目标

基于"充足经济理念"，泰国着力完善以人民为中心的国家发展机制，国家发展遵循"稳、富、可持续"的原则。为了实现以上目标，国家内部所有系统应统一、协调发展。因此，泰国教育应在《第十二个国民经济和社会发展计划》[1]的指导下发展。泰国目前教育政策的目标是为所有年龄段

---

[1] 由泰国内阁总理办公室及国家经济和社会发展局办公室编撰，并于2017年12月29日在《皇家公告》公布。

的泰国人提供技能和知识，并帮助他们在一生中不断自我发展，形成结构牢固的知识体系。

二、国家资格框架

泰国内阁于 2013 年 1 月批准了国家资格框架。此后，教育部部长担任推动国家教育资格框架顾问委员会主席，并由教育议会秘书长办公室与相关机构共同推动国家资格框架的落实，增进各方对国家资格框架的了解。

2016 年 8 月，泰国内阁正式批准成立国家教育资格框架委员会，副总理（负责教育学历和职业技术资格工作）担任委员会主席，教育部部长担任副主席，31 名委员共同组成委员会。

根据内阁意见，2017 年 4 月，"国家资格框架（修订版）"制定。内阁要求教育部与相关机构共同落实国家资格框架，并汇报落实情况。

根据《国家二十年战略（2018—2037 年）》《第十二个国民经济和社会发展计划》和推动国家改革委员会相关议题，"推动国家资格框架落实规划"制定，同时建立推动落实国家资格框架工作委员会。到 2017 年 12 月为止，推动落实国家资格框架工作委员会已经举行了 2 次会议，会议主要内容是提交"推动国家资格框架落实规划草案"（2017—2021 年），并进行讨论。2018 年初，规划草案全部完成。

下一阶段将举行会议讨论如何培养与全球和本国劳动力市场需求相适应的劳动力，与相关机构举行会议确定泰国发展急需的专业，并建立国家资格框架标准制定和质量发展小组委员会和基础资料库发展小组委员会，推动和落实国家资格框架。

三、国家教育政策

泰国国家教育政策由泰国国家教育委员会制定,在国家宏观层面对教育进行指导,把握教育的整体方向。国家级教育政策的原则和具体内容如下。

(一)将全面均衡发展人才作为发展的基础

(1)提高各级各类教育的质量。

(2)培养学习者的美德和道德伦理价值观。塑造泰国人的自豪感及公众意识,同时坚持以国王为国家元首的民主政体,抵制腐败政府。

(3)提倡终身教育。特别加强弱势群体、残疾人或偏远地区的贫民的教育和学习机会。

(4)与其他国家合作开发和培养国家需要的人力资源。

(5)建立教育评估系统,包括教育单位内部质量评估系统和外部质量评估系统。

(6)制定教职员工和其他教育工作人员的工作标准,加强其道德修养。

(二)将泰国社会建设为道德、智慧与文明社会

(1)促进正规教育、非正规教育、非正式教育机构的人员培训管理。

(2)促进和支持艺术学习,让文化、体育融入日常生活。

(3)促进研发知识创新体系,开发知识管理系统并创建研究成果转化机制。

（三）将社会环境发展作为人才培养和建设道德、智慧与文明社会的基础

（1）开发和应用信息技术以提高教育机会和终身学习机会。

（2）加快管理权力下放，提高地方政府组织管理效率。

（3）提高私营部门、民众、社会团体和政府部门的参与度，加强教育行政能力，促进社会层面的教育。

（4）调动各种资源，有效地管理和使用资源。

（5）促进教育国际合作，发展国际教育，提高泰国的国际竞争力。

四、教育部政策

泰国教育部制定的教育政策是对泰国教育实施稳定发展的直接性战略，其目的是使教育委员会制定的政策能够落实到事实层面，增加泰国国家竞争力、建设学习型和友好型社会、创造公平教育、高效管理教育是教育部的教育政策方向。教育部政策围绕以下六大战略制定。

（一）战略一：为国家和社会稳定开展教育

该战略的主要意图是优化教育制度以保护国家安全和国家体制，并通过教育手段改善泰国人民的教育质量。除此之外，还要以教育手段让全体国民能够应对新形势下的威胁和危险，如毒品威胁和网络安全威胁。

（1）全体公民应该热爱国家，维护国家体制。在基础教育机构中开展爱国教育；在教学课程和活动中，培养学生的公民意识以适应多元文化社会。

（2）让泰国南部边境地区的全体公民能够享受高质量的学习和教育。提

升泰国南部边境地区中小学生在国家基础教育水平测试中各学科的通过率；接纳不同民族、宗教信仰、语言、文化的学生以及外来务工人员的子女；同时增加这类人群的学校；提高此类学校员工的工资和奖励等。

（3）开展新形势下的避险教育。制定教学课程和活动使学生能够应对新环境下的各类威胁和危险；制定严格的机制和标准以预防新形势下的威胁与危险；减少校园暴力事件。

（二）战略二：增强国家竞争力，培养卓越人才，促进学术研究

该战略的发展方向是培养与国家和社会发展需求相符合的人才；根据目标产业劳动力市场需求制定人才发展规划，培养与劳动力市场相匹配的人才；培养具有卓越能力的专业型人才；在基础知识领域进行研究、开发和创新，从而提高发展生产力的附加价值，进而促进经济的可持续发展。

（1）根据不同产业分类建立全面的劳动力需求数据库。职业教育人数应与学历教育人数相当；相对于学习社会科学学科的人数，学习医疗科学、科学和高科技学科的人数应有所增加；增加各职业劳动人口获得相应职业证书的人数。

（2）教育机构应以培养具有较强专业知识和技能的毕业生为目标。根据劳动力市场需求和国家发展，培养不同学科层级和种类的中级、高级毕业生；学校与工厂应开展合作，增加在工厂中开设课程的数量；在学校增加双学位的开设；促进政府、民营企业、职业协会和教育管理机构的紧密合作。

（3）在基础知识领域进行研究、开发和创新，增加生产力的附加价值。提高民营资本在科研和开发领域投资的比例，并尽快超越政府的比例；推动基础知识发展和创新实用型项目与研究型项目的增长，助力国家发展；提高科研人员比例；增加注册专利的数量并保护知识产权；增加学术研究

成果的国际发表。

（三）战略三：提高全民学习能力，建设学习型社会

该战略的发展方向是：促进和发展高质量的知识数据库，并建立高质量的教学媒体和学习媒体，使民众在不受时间地点限制下接触到学习资源；完善泰国民众的价值观，使民众能够遵守纪律、拥有公民意识和良好的行为习惯；发展高效的知识跟踪、测量、评估系统和机制；培养各地区的教师。

（1）接受教育的泰国公民应该遵守纪律，拥有公民意识。初中或相同级别学校及以上教育机构应该增强纪律性培养，增加符合社会需要的课程数量等。

（2）使全民拥有符合教育标准和职业标准的技能、能力，并据此提升生活质量。提高5岁以内的儿童成长达标率；提高国家基础教育水平测试通过率；提高老年人生活技能培训服务率；为老年人增加学科和职业课程，使老年人能够获得工作知识和经验。

（3）各级别的学校能够按照规定的质量和标准开展教学活动和课外活动。提升幼儿园、学前班教育质量达标率；小学应该围绕小学生课程和能力开展相关课外活动，使教育达到东盟其他国家同等标准。基础教育学校的课程和活动应符合21世纪人才的技能和能力要求；根据国家战略开设职业教育和高等教育课程。

（4）促进和发展高质量的基础知识数据库，并建立高质量的教学媒体和学习媒体，使民众在不受时间地点限制下接触到学习资源。提升教育资源质量；利用大众媒体传播相关知识，制作教学节目；增加教学媒体和教育媒体。

（5）发展评估、跟踪的高效率系统和机制，包括高效测试系统和机制，

用于衡量和评估各教育层次受教育者的知识、技能和能力；拥有跟踪适龄儿童中缺乏学习机会、辍学和有辍学倾向者的系统。

（6）培养符合各级教育机构标准的教师和工作人员，根据学科、学校规模、府进行分类，建立 20 年内教师和其他教育工作人员的需求、培训数据库。拓宽教师培养渠道。

（7）根据标准提升中小学教师、大学教师和其他教育工作人员能力；根据机构需求和发展战略要求增加自我发展的比例，提升中小学教师、大学教师和其他教育工作人员在工作中的自我发展满意度。

（四）战略四：创造公平、平等的教育机会

该战略的发展方向包括增加民众接受高品质教育的机会的公平性，发展为全民服务的科技教育，建设符合标准的教育信息数据库，并向民众开放使用。

（1）全体受教育者能够接受公平、平等的高品质教育，包括降低经济和地区差异，使民众获得公平的受教育机会，降低不同地区和学区的学生在国家基础教育水平测试中数学、英语科目的分数差距。

（2）通过高科技方式，增加全体民众接受教育的机会，建设高效和满足受教育者、服务使用者需求的现代化数字教育网络系统；每所学校拥有高质量的互联网设备。

（3）为制定教育管理规划、跟踪评估和报告成果，建设全面、准确的信息系统。建立根据身份证号码识别的个人信息系统，能够与资料库相连接并交换数据，包括能够让教育部和其他机构如公共卫生、和劳工管理机构共享信息；建立全国统一的教育和与教育相关的信息系统，保证系统能够全面、准确和实时使用。

（五）战略五：通过教育提升生活质量，实现环境友好型生活目标

（1）拥有环境保护理念，践行"充足经济理念"。使各级别受教育者明确并接受环境友好型的生活态度；提高泰国高等院校在世界绿色校园中的排名等。

（2）增加与环境友好型生活、道德伦理修养相关的课程。教育机构应开设培养道德伦理和"充足经济理念"思想的课程及实践活动，并通过媒体传播和倡导环境友好型生活理念。

（3）通过学术研究提升知识水平和促进创新，建设环境友好型生活目标。建立各学科领域的知识数据库等；鼓励培养环境保护意识和道德伦理修养思想；发展环境友好型生活的教育模式。

（六）战略六：提高教学管理能力，提升教学效率

该战略的发展方向是：调整教育管理制度；提升教育管理效率；促进各部门参与教育；调整与教育相关的财政系统；建立/建设中小学教师、大学教师和教学机构工作人员管理系统。

（1）建设高效率和高效能的管理系统，提升教学质量和标准。帮助教学机构提高学生在国家基础教育水平测试中的平均分。

（2）社会各方面应共同参与建设符合民众和地方需要的教育。促进政府、民营和地方自治组织参与建设教育，增加与教育机构合作的机构、协会、基金会或其他机构的数量，提高民营、民间组织和团体创作的学校比例。

（3）根据受教育者、教学机构和国家劳动力市场需求分配教育资源，制定合理分配教育资源的法律、法规、制度和体制，根据市场需求通过模式、方针和机制调整国家预算。

（4）建设公平的教育人员管理系统，以保证中小学教师、大学教师和教育机构工作人员全心全意地高效工作。

第二节 教育政策实施

泰国各个层级的教育机构按照教育政策的愿景、理念、目标以及规划，将国家层面、部级层面制定的教育政策进行有效的实施。

一、教育愿景

泰国国家教育规划的愿景为："让每一名泰国公民享受高质量的教育，在'充足经济理念'的指引下在21世纪的变革中幸福生活。"实现该愿景的路径包括发展高质量、高效率的教育系统和教学流程，培养泰国民众的公民意识，拥有泰国宪法、国家教育法和国家战略规定的相应的技能和能力；将泰国社会发展为学习型社会；团结一心，共同推动国家可持续发展；带领泰国进入中等收入国家，并减少国内贫富差距和不公平现象。

二、教育理念

泰国教育理念包含十大方面，每个方面都为教育方向进行了针对性引领。
（1）促进教育可持续发展。在重视正规教育的同时激发泰国人学习的潜能。通过提高学习质量，满足本地区农业、工业、服务业的需要。
（2）根据学习者的需求和教育机构所在区域，调整预算分配。改进和整合有效的教育贷款系统，增加弱势群体受教育的机会。

（3）为民间社会组织、私营部门、地方政府组织和公众提供参与优质教育的机会。将教育管理权力下放至教育机构和地方政府组织。

（4）促进终身学习。调整学习过程和课程，使学习者适应未来的就业趋势。将知识与道德相结合，促进学习者在知识、技能、学习等方面的发展。

（5）促进职业教育和社区大学教育。按照市场需求和专业标准培养熟练的劳动力以适应当地劳动力需求。

（6）培养合格的、有职业精神的教师。教师应具有与所教科目相匹配的资格，在教学中能应用信息技术和适当的工具。

（7）保留和弘扬佛教和其他宗教，鼓励宗教组织开展道德教育，创造和平、和谐、可持续发展的泰国社会。

（8）保护文化遗产。为了增强泰国的经济文化价值和培养泰国人民的自豪感，应加强泰语、泰国艺术和文化、以及泰国历史的学习和传播。

（9）支持外语学习。为了使泰国在国际化、东盟一体化的进程中占有优势地位，了解其他国家尤其是邻国的语言文化是重要的一环。

（10）培养良好的价值观。支持优质媒体，创造公共空间，鼓励创造性的表达。

三、原则与目标

进入 21 世纪以来，泰国面临日趋复杂的社会发展态势。在内部和外部环境急剧变化的情况下，无论是一般的学习者还是成功人士都必须在不同的教育层面提高自己，以适应这种变化。另外，由于泰国老龄化加剧，国家也应尽快改革教育，以适应国际竞争和各种挑战。

（一）教育原则

（1）全民教育原则。让适学人员、职场人员和老年人都有终身教育和学习的机会。每个人根据自身条件学习知识、技能，并满足国家、社会和人才市场的需要。任何人都不应放弃学习。

（2）平等教育原则。教育面向所有目标学习者群体。国家应注重学生群体、弱势群体以及因经济条件有困难而缺乏机会的群体的学习情况，应该有效地分配教育资源，支持这些群体接受教育。同时还要照顾身体、精神、智力、社交、情感、沟通和学习等有障碍的人，为这些人提供同等的接受教育的机会。

（3）"充足经济理念"是所有人的生活方式和行为方式。在教育实施过程中培养诚实、耐心、有坚毅等美德，才能有效地进行教育规划并快乐地生活。

（4）社会各界参与的原则。为所有公民团体提供优质高效的教育，要求社会各界都参与。国家教育必须覆盖所有年龄段和所有群体，满足个人需求，同时适应国家战略和经济社会发展需求。强调和支持个人、家庭、社区参与教育，通过多种形式的教育方式为社会做出贡献。

（二）教育目标

1. 所有人都能获得优质教育

（1）儿童早期教育得当。

（2）所有公民都有机会接受从幼儿园到中学的同等质量与标准的教育服务。

（3）提高劳动力人口的技能以满足国家发展需要和就业市场的需求。

（4）发展老年人口的知识和技能，使其在工作中或退休后提升幸福感与价值感。

2. 所有目标学习者群体都获得公平和平等的教育服务

保证所有学习者，包括正常人、残疾人、弱势群体以及不同社会或经济背景的人，获得公平和平等的教育机会和教育服务。

（1）所有公民都有机会接受优质教育，发挥每个人的特长、技能、知识，激发每个人的潜力和能力，在以知识为基础的社会经济体系下，人们可以终身学习，幸福生活。

（2）所有教育部门、教育机构都必须以符合国际标准的质量为每个学习者提供和分配教育费用。社会各界应参与筹措教育费用。

（3）建立变化的、动态的教育系统。教育体系和标准应跟上21世纪的变化步伐，国家根据就业市场、社会和国家战略的需要发展人力资源技能，并促进环境友好型国家的建设。

四、教育规划实施

泰国的教育发展规划将各目标群体和各级教育系统纳入实施范畴，要求各利益方和普通民众参与政策实施全过程：向民众进行宣传，使民众了解国家教育规划的重要性，并参与共同落实的实践工作；使各机关、机构和社会各部门理解国家教育规划的愿景和目标；推动国家教育规划的20年国家战略、政府政策、五年教育规划、四年公务员工作规划和各机关年度工作规划，由教育议会秘书长办公室和相关机构共同制定评估标准并进行评估；推动各级教育发展，完善法规、制度和法律。

（一）规划实施分期

规划实施的时间进度分为五个时期。

紧急推动时期（2017—2018 年）：推动教育管理战略实施，稳定社会和国家；提高创新创造能力。

第一个五年规划时期（2017—2021 年）：修改或建立重要规则体系，尽快处理关键问题或危机问题，做好政策试点。

第二个五年规划时期（2022—2026 年）：以国家教育战略确定的指标为指导，各个教育组织机构必须采取方案，制定 5 年教育发展规划以及具体操作方案，细化到每一年的运营计划，在 5 年内达到规定的效果。

第三个五年规划时期（2027—2031 年）：研究评估十年前的战略、目标、结果，同时测评国内外经济、社会、文化、技术和人力需求方面的情况，根据测评结果改进战略目标。

第四个五年规划时期（2031—2036 年）：稳定实施上一期制定的战略目标，并总结前四期的发展情况，根据结果再次修订未来的发展规划，制定未来的发展目标。

（二）规划实施评估

泰国的中央和地方教育机构都必须按照《国家教育计划（2017—2036 年）》中规定的时间和进度落实工作。

（1）项目开始前的背景评估、执行过程中的评估、项目结束后的最终评估。

（2）制定中央、部委、地方、府和区级别的评估系统，与国家教育规划中各级教育机构的行动计划相衔接。

（3）促进中央、教育部、教育质量评估机构、政府年度预算机构、地方政府相关联机构的沟通交流，提高评估效率和效用。

（4）选择第三方的专业部门或机构作为跟踪评估机构。

（5）举行听证会，听取民众的意见和建议。

（6）向相关各方汇报国家教育规划跟踪和评估状况。

泰国教育规划从人员、时间、项目进度等方面实施具体工作，要求实施时间进度与跟踪评估进度相匹配，保证同一时间内各教育机构发展战略和方向保持一致。

第十一章 教育行政

　　泰国教育行政体系是中央垂管与地方行政组织结合的综合管理模式，从上到下分为三个层面：中央、地方、基层教育机构。中央教育部门制定政策、计划、标准，负责资源支持，并进行监督和评估；地方教育部门负责支持和推动教育政策的实施，并以中央级部门制定的标准监测和评估教育政策的实施情况；基层教育机构则是实施教育政策的具体机构。该模式不仅使各级教育机构能够在工作中实现独立性，而且保证了中央部委、地方行政组织在教育管理方面的统一性。

　　泰国的中央教育体系较为复杂，教育部是制定全国教育政策的部门，同时也是管理教育机构的部门，不仅管理下辖的所有教育区，也管理直属的教育机构，包括所有的高等教育机构。[1] 其他部委也为满足自身人力资源需求而设置了专门的教育机构，这些教育机构设置了从小学到高等教育的课程，但是在教育的实施层面则需要遵守教育部的相关政策及规定。地方层面则更为复杂，教育部将全国77个府划分为13个教育区，每个教育区管理辖区内的教育事务。除此之外，各府、市也有自己的教育管理机构，它们主要接受内政部下属的政府机构 [2] 管理，同时接受由教育区代表教育部提

---

[1] 高等教育委员会于2019年升级为高等教育与科学技术创新部，与教育部平级。因此，高等教育机构从教育部分离出去后，教育部仅管理中小学教育机构。

[2] 泰国的府级政府机构在地方实施事务管理，但是其府尹由内政部派出，府级事务由内政部管理；市级政府则属于地方行政组织，其行政长官由地方选举产生。

供的政策支持。而最基层的教育机构则包含了所有的公立或私立的学校或机构。泰国教育行政管理体系见图11.1。

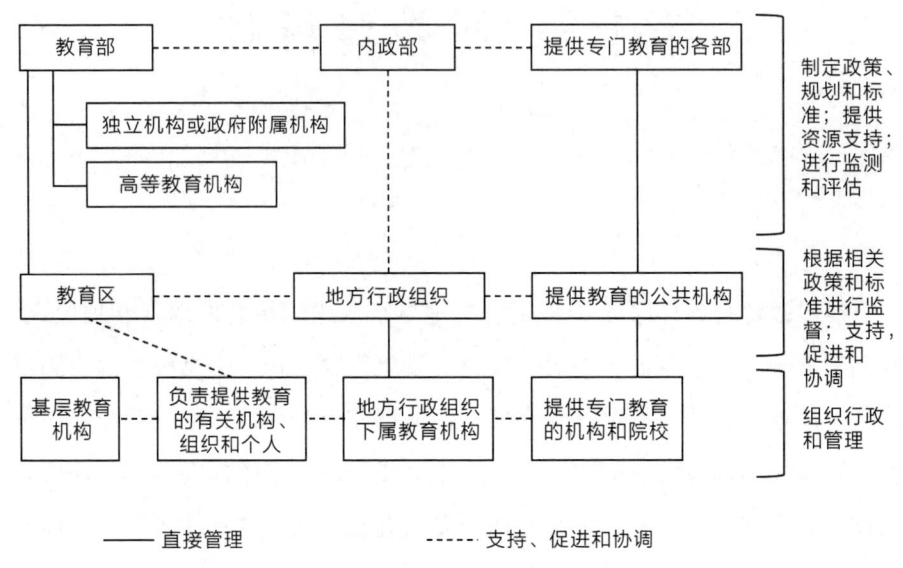

图 11.1 泰国教育行政管理体系 [1]

第一节 中央教育行政

泰国中央层面的教育系统较为复杂，虽然教育部是主要的教育管理机构，但是内政部、交通部、公共卫生部、农业部、数字经济与社会部、国防部、泰国皇家警察培训处、泰国红十字会、国家宗教局、社会发展与人民保障部等都有下属的教育机构。除此之外，高等教育委员会也于2019年从教育部分离出来成为高等教育与科学技术创新部，对高等教育进行专门的管理。

---

[1] Office of the National Education Commission. Education in Thailand 2002/2003[M]. Bangkok: Amarin Printing and Publishing, 2003: 28.

为了使泰国的教育与经济社会发展相匹配，泰国国民经济和社会发展委员会在制定泰国总体发展计划时，将教育纳入整体政策的制定中。教育部、高等教育与科学技术创新部和其他部门共同实施行政管理职责，由此而设立了教育委员会。该委员会常设人员包括委员会主席（由教育部长兼任）、社会发展和人类安全部常务秘书、数字经济与社会部常务秘书、内政部常务秘书、劳动部常务秘书、高等教育与科学技术创新部常务秘书、教育部常务秘书、国务院办公厅秘书长、各个领域的专家学者等。

教育委员会的主要任务是制定和实施教育政策、计划和标准，提高教育质量，改善教育机会和就业前景；开展和支持政策研究，制定素质教育和人力资源开发政策、规划和标准；对教育管理进行监测和评价，建立教育管理和人力资源开发评价体系；开展与教育和人力资源开发有关的法律工作；鼓励合作推动教育和人力资源开发；提高组织管理的有效性。

一、教育部

泰国教育部是负责教育管理和教育行政的主要政府机构，分为内部行政体系和管理体系。行政体系包含9个局和2个单位。9个局包括总局、教育政策和规划局、教育标准和学习发展局、教育研究发展局、教育评价局、教育法局、对外教育合作局、组织传播局和幼儿发展政策局。2个单位为公共部门发展组和内部审计组。管理体系是教育部最重要的机构，包括6个办公室、4个独立机构和3个公共组织。

（一）6个办公室

教育部长办公室：教育部长日常办公的场所，由部长亲自领导并发布重要指令。

常务秘书长办公室：为教育部长提供建议，负责全国的教育行政指导，协调教育部内部管理系统，出具泰国教育规划草案。下辖部门包括非正式教育办公室、私立教育委员会办公室、国家教职员工与教育人事发展研究所。

教育委员会办公室：领导机构，制定国家教育政策、法律法规、计划和标准；提供教育评价；负责课程开发等事务。除此之外，还制定教育资源调动政策，同时为进一步发展教育能力和加强竞争力进行研究。

基础教育委员会办公室：负责全国中小学教育，以培养学生的学术能力和竞争力；提出基础教育的政策、发展计划、标准和核心课程；调动资源发展基础教育行政系统，促进和协调学习和教学信息网络；开发学习者的潜力并根据21世纪的课程和特点为学生创造平等的学习机会，确保所有学习者平等地接受教育；培养专业管理人员、教师和教育人员；根据可持续发展目标平衡和发展各级教育管理体系，进行基础教育创新；监督、检查和评价基础教育；开展基础教育委员会的秘书工作。

职业教育委员会办公室：主要负责职业教育的管理，根据劳动力市场和国家经济增长需要调整职业教育和培训，在全国各地开设职业教育机构。每个职业教育机构都有自己的活动计划，以适应当地社区的各种需要。

高等教育委员会办公室：主要负责高等教育机构的管理。目前已经独立为高等教育与科学技术创新部。

（二）4个独立机构

泰国教师委员会：是一个面向教师、教育机构管理人员和教育管理人员的组织，负责制定专业标准，颁发和吊销教师资格证，培养教师、教育机构的管理人员和教育管理人员。所有教师、教育行政人员和其他教育人员都必须依法从该协会取得专业执照。

教学科技促进研究所：负责开展和促进各级科学、数学和技术课程、教学技术和评价研究；举办师生培训课程；开发科学、数学和技术教学的科学设备和材料；促进和发展教育机构科学、数学和技术标准的质量保证体系和评价；培养在科学、数学和技术方面的天才学生和教师；向教育机构提供教育建议。

教师教育人员福利促进委员会办公室：负责保障教师和其他教育人员的福利和安全；促进教师和其他教育人员之间的和谐相处；促进和支持教学材料、教育设备等事项的管理；促进、支持和发展与福利有关的教育和研究；维护教师和其他教育人员的荣誉。

泰国国家童军组织：其成立的目标是在身体、智力、情感和道德方面发展童军，使他们成为优秀的、负责任的公民，并维护国家安全，创造一个和谐进步的社会。

（三）3个公共组织

国际贸易与发展研究所：负责为国际贸易、金融、财政、投资、发展和其他相关领域的人员开展教育培训和促进研究；向发展中国家提供援助；促进和支持区域经济合作；通过国际经验交流促进与其他国家的团结。

国家教育考试服务研究所：负责开发教育测试和评估系统；组织国家教育考试；为基础教育和职业教育提供考试服务；开展研究活动，并推广教育评估方面的创新实践和技术；既是教育测试信息中心，也是教育测量和评价领域的国家和国际学术合作中心。

玛希隆学校：成立于1990年，是泰国第一所科学和数学学校，为在科学、数学和技术方面极具天赋的高中生提供专业教育。学校位于佛统府，由政府资助。除了完成教育部规定的国家课程外，学校还精心设计了数学和科学专业化程度高的课程。学校目标与泰国的国家愿景相匹配，即培养在科学、数学和技术方面具有高能力的全面、负责任的人，致力于为提高国家的未来竞争力做贡献。

2017 年隶属泰国教育部和其他政府部门的正规教育机构数量见表 11.1。

表 11.1 2017 年隶属泰国教育部和其他政府部门的正规教育机构数量[1]

（单位：所）

	全国	曼谷	其他地区
常务秘书长办公室	3 941	648	3 293
基础教育委员会办公室	30 405	160	30 245
职业教育委员会办公室	904	96	808
教育部下属其他组织	1	—	1
内政部	1 640	—	1 640
社会发展与人民保障部	2	1	1
曼谷都市管理局	439	439	—
公共卫生部	46	5	41
交通部	2	1	1
国防部	19	14	5
文化部	16	1	15
旅游和体育部	29	—	29
国家宗教局	409	11	398
总理府下属教育组织	214	—	214

二、高等教育与科学技术创新部

高等教育与科学技术创新部原属于教育部高等教育委员会，2019 年根

---

[1] 资料来源于泰国国家统计局官网。

据泰国政府颁布的《部、局和司改进法》从教育部分离出来。该部设有部长办公室、常务秘书长办公室、科学服务司、高等教育委员会办公室、国家研究委员会办公室、高等教育科学研究创新办公室、和平利用原子能办公室、国家科学技术开发署、国家创新署、国家统计研究所等。

该部门的主要职能是：处理政府部级有关事务，并持续支持高等教育和科研创新改革，在国家战略总体规划下实施高等教育计划、科学计划，创新研究培养和发展国家的人力资源，同时还根据高等教育标准对高等教育机构进行监测和评估。

三、其他政府部门的教育管理机构

除了教育部和高等教育与科学技术创新部之外，还有其他中央政府部门也负责下辖教育机构的管理。这些部门主要是承担相关部门的人力资源培养。

这些部门涉及农业、交通、数字经济、国防、法律、医疗、警务等专业人才培养，开发的课程包含从小学到高中以及职业技能类课程。根据2013年的数据，泰国非教育政府部门管辖的教育机构培养的学生大约有77 914人（见表11.2）。

表11.2 2013年泰国非教育政府部门管辖的院校类型及学生数

（单位：人）

政府部门	院校类型	学生数
农业部	灌溉学院 兽医学院	330
交通部	商船培训中心 民航培训中心	2 857

续表

政府部门	院校类型	学生数
数字经济与社会部	气象学院 邮政学院	190
国防部	军队院校预备学校 陆军、海军、空军学院 医学院 护理学院 技术培训学院 测绘学院 音乐学院	11 160
公共卫生部	护理学院 公共卫生学院 医疗技术与公共卫生学术	24 208
内政部	府级电力学术	145
司法部	法律培训研究所	32 807
泰国皇家警察局	皇家警察学院 护理学院 警察学院	4 222
泰国红十字会	护理学院	702
曼谷都市管理局	医学院护理学院	1 293

这些教育机构接受教育部和高等教育与科学技术创新部的支持与指导，并由总理办公室下属的国家教育标准和质量评估办公室进行评估。泰国所有教育机构每五年接受一次外部质量评估，评估结果会向有关机构提交并公布。

第二节 地方教育行政

泰国的地方教育行政体系分为区域行政级和地方行政级两个层面，二者既有统属关系，又有相对独立性。区域级教育行政机构负责 3—4 个府的教育，在学术工作、研发方面支持府级发展，并监督和评价府级教育办事处的工作。而地方级教育行政机构负责管理地方性教育机构和具体的行政管理。区域级和地方级行政机构根据泰国教育府级集群发展战略相互合作。

根据 1999 年《国家教育法》和 2002 年《国家教育法（修正案）》，有关学术事务、预算、人事和一般事务的管理权力下放给基层教育机构。每个提供普通教育和职业基础教育的机构都设有学校董事会。董事会由家长、教师、社区代表、地方行政组织代表、校友、佛教僧侣和该地区其他宗教机构的代表和学者组成。校长担任董事会秘书。董事会的主要职责是监督学校的行政和管理，促进和支持学校的活动。

在泰国地方教育行政体系中，作为法人实体，各教育机构在校董事会成员的监督下，在行政和管理方面具有更大的灵活性、独立性和权力。

泰国地方教育行政体系见图 11.2。

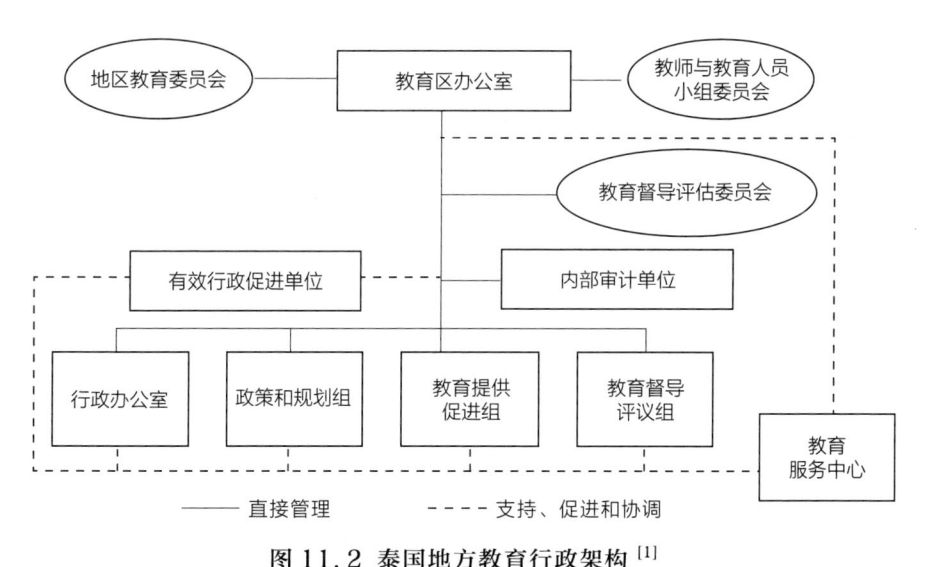

图 11.2 泰国地方教育行政架构 [1]

---

[1] Office of the National Education Commission, Education in Thailand 2002/2003[M]. Bangkok: Amarin Printing and Publishing, 2003: 31.

一、地区教育委员会

泰国有 77 个府,教育部根据各府人口、文化背景、教育机构的数量以及其他条件,在这些府设置了 183 处小学教育服务区和 42 处中学教育服务区。这些教育服务区又被划分为 13 个教育区,其中曼谷单独为一个区,其他教育区分别为教育 1 区至 12 区,这些教育区下辖不同数量的府级教育局。

每个教育区有一个教育区域委员会。教育区域委员会具有学术事务管理、预算管理、人事管理、综合管理等方面的权力,负责监督本教育区工作。教育区办公室管辖该区域内的学校。此外,还设立了教师与教育人员小组委员会,负责教育区内的教师和其他教育人员的工作。

二、地方教育管理和监督机构

泰国地方教育行政组织分为府级行政组织、市级行政组织、分区行政组织和地方特别行政组织。泰国有 7 853 个地方行政组织,其中 628 个地方行政组织为教育管理机构,1 855 个地方行政组织为教育监督机构。泰国地方行政组织中负责教育管理和教育监督的机构数量见表 11.3。

表 11.3 泰国地方行政组织中负责教育管理和教育监督的机构数量

(单位:个)

地方行政机构类型	教育管理机构	教育监督机构
府级行政组织	52	347
市级行政组织	453	923
分区行政组织	121	137
曼谷都市管理局	1	437

续表

地方行政机构类型	教育管理机构	教育监督机构
芭提雅市	1	11
总计	628	1 855

整体上讲，泰国自实施1999年《国家教育法》以来，在中央行政体系和管理制度上没有太大的改变。但是在教育区监督体系内，中央教育、地方教育、私立教育机构都有一定程度的发展。进入21世纪以后，虽然教育行政体系变化不大，但在灵活度上却有所变化，教育形式也增多了。2010年以来，泰国中央和地方教育机构逐渐增加。中央级别的教育部门整体权力缩小了，地方级别的教育权力增大了，教育管理更加多元化。

总之，泰国教育行政体系不仅具有自身历史文化延续的特色，还同时具备现代教育系统的特点。

第三节 教育行政的主张与实践

一、早期佛教组织的教育主张与实践

泰国早期的教育由国内的佛教寺庙来承担，直至今天一些泰国寺庙仍设有学校。泰国佛教历史悠久，广为流传，对泰国教育的发展和形成也起到了重要的作用。随着社会的变迁和发展，僧侣式的佛学教育转变成了现代教育制度，但佛教对教育的影响仍然存在并且贯穿始终。

佛教对师生的影响巨大。教师必须按照严格的规定来规范自己的言行，所以教师在泰国享有很高的地位和声誉。而学生见到教师也必须毕敬恭恭。

佛教教育与成人教育相结合，形成了以佛教价值观指导成人教育的哲学和思想体系。另外，泰国各地经济发展不平衡，在广大的农村地区，寺庙仍旧承担着非正式教育的职能。寺院教学中会设有社会福利和乡区发展课程，帮助无法参加正规教育的成人完成知识的学习和储备。

二、现代化的教育主张与实践

教育部设立之后，泰国形成了体系化的教育。从中小学教育到高等教育，从公立教育到私立教育，从地方到中央，都形成了完备的体系。

进入 21 世纪之后，泰国的教育体系形成较为复杂的三级层面相互协作勾连的体系：可持续发展成为主要的教育主张，从国家层面将教育纳入社会经济体系内，在"充足经济理念"的方针指导下发展教育。

同时，中央一级的教育行政部门负责促进和监督各级各类教育，制定教育政策、计划和标准；地方一级的教育行政部门调动教育资源，促进和协调与教育有关的宗教、艺术、文化和体育事务，监督、检查和评价教育机构；各个教育机构实施教育政策，实现教育计划，从而使整个泰国教育形成一个较为完整、统一的教育体系。

第十二章 中泰教育交流

中国和泰国是亲密友好的邻邦，自古以来，中泰两国就有着千丝万缕的联系。在长期的交往过程中，中泰两国人民结下了深厚情谊，建立了全面战略伙伴关系，谱写了互帮互信、交流合作、共同发展和繁荣的友好诗篇。

2019年9月，在中华人民共和国成立70周年大典前夕，国家主席习近平签署主席令，授予泰国诗琳通公主中华人民共和国"友谊勋章"。诗琳通公主成为东南亚唯一获此殊荣的外国友人。[1]

2020年7月1日，中国国务院总理李克强同泰国总理巴育互致电函，庆祝中泰建交45周年。李克强在贺电中指出，中国和泰国是亲密友好邻邦，建交45年来，双边关系稳步发展，各领域合作富有成效，给两国人民带来切实利益，也为促进中国和东盟国家关系发挥了示范作用。泰国总理巴育在贺信中表示，回顾泰中友好合作历程，双方始终风雨同舟，建立了深厚友谊。"中泰一家亲"正是对中泰特殊关系的生动描绘。中泰两国将继续秉持友好团结精神，携手应对挑战，密切合作，推动两国全面战略伙伴关系迈上新台阶。[2]

教育合作是中泰建立友好合作关系的一个重要领域，是促进两国人民

---

[1] 林涌泉.友谊勋章与泰国公主[N].广西日报，2019-09-27.
[2] 中华人民共和国外交部.李克强同泰国总理巴育就中泰建交45周年互致电函[EB/OL].（2021-04-01）[2022-07-09].http://www.fmprc.gov.cn/web/gjhdq_676203/yz_676205/1206_676932/xgx.

紧密相连、互相信任和正确认知的重要机制。中泰两国的全面友好合作关系为双方教育的交流与合作创设了良好环境。

当今中泰两国在教育领域的交流合作呈现多层次、全面性态势。中泰两国教育部经常互访交流，互换留学生，中国还派遣志愿教师到泰国教授汉语。除此之外，中泰两国的教育机构还通过其他多种形式进行合作交流，如经常举办教学、培训、学术研讨等。

第一节 交流历史

中泰两国的教育交往，以1975年中泰建立外交关系为界，可以划分为前后两个大的历史阶段。两个阶段的中泰教育交流与合作在目标、内容、方式、成就等方面，都表现出不同特点。

一、建立外交关系前的教育交流

（一）新中国成立前

据史料记载，中泰两国的交往，早在1世纪就开始了。5世纪，唐朝与盘盘国（位于今泰国南部）就有外交往来。明朝郑和下西洋，多次到访暹罗。13世纪，有不少华人移居泰国，为了延续中华民族的传统，培养子女的"中华根"意识，这些移民设立了中国式私塾，由华人担任教师，教授中国语言和文化。1578年，明朝大学士张居正提议，在四夷馆内设立暹罗馆，把来访的暹罗使者留教习番字，正式开启了中国官方主办的泰语教学事业。这是有记录的、最早的、正式的中泰教育交往。[1]

泰国拉玛一世统治时期，也就是曼谷王朝成立初期，大城府的华人华侨将各家私塾集合起来，组建了专门教授华文的学校，学生大约 200 人。这是泰国华人华侨建立的第一所华文学校。18 世纪末 19 世纪初，泰国的民主主义革命热情高涨，社会团体纷纷开办学校，华文学校获得发展，1912—1921 年，泰国共创办华文学校 30 所。[2]

1908 年，孙中山在泰国创办了华益学堂曼谷分校。这是泰国政府批准成立的真正意义上的华文学校，以教授汉语为主。第一次世界大战期间，泰国政府对华政策比较宽松，大量中国知识分子移民泰国，当地华人建立了一些华文学校，开展汉语教学，传播中华文化。这个时期的中泰教育交流主要是民间的、自发的，而且主要形式是华文学校。1920—1933 年，泰国华文学校数量由 28 所增加到 271 所[3]，可谓华文学校发展的一个"黄金时代"。

第二次世界大战之前，在泰国的华人为了自身生存和发展的需要，投资兴办了一批华文学校，采用中国管理方式，培养了一批通晓汉语和中国文化的华人，在中泰教育的交流与合作中发挥了积极作用。

第二次世界大战期间，日本占领泰国，推行同化政策。泰国政府关闭华文学校，华文教育遭到重创，致使二战后泰国了解中国语言文化的人非常少，严重阻碍了中泰教育交流。

第二次世界大战结束后，中国的国际地位提高，泰国政府暂时解除了对华文的限制，泰国华文学校重办，1947 年泰国华文学校有 426 所，学生 6 万多人。但是 1948 年，銮披汶执政，取缔华文学校，要求全泰华文学校不得超过 152 所，致使许多华文学校停办，[4] 华文教育遭到重创。

---

[1] 段立生，赵雷.从泰语和中文教学看中泰两国关系之发展[J].华侨大学学报，2014（1）：5.
[2] 李玉年.泰国华文学校的世纪沧桑[J].文化史志，2017（1）：71-75.
[3] 赵惠霞，秦娟.泰国华文教育发展演变及影响[J].东南传播，2019（10）：66.
[4] 赵惠霞，秦娟.泰国华文教育发展演变及影响[J].东南传播，2019（10）：67.

（二）新中国成立至中泰建立外交关系前

新中国成立初期，两国的教育交流合作很少。数据显示，1951—1972年，泰国华文学校总体上呈递减趋势：1951 年 240 所，1956 年 195 所，1958 年 185 所，1960 年 177 所，1972 年 162 所。[1]

20 世纪 60 年代，中国重新开办了暨南大学和华侨大学，部分泰国学生选择到中国留学。1966 年，泰国朱拉隆功大学开设中文专业和汉语硕士学位，北京大学也派教师到该校任教。朱拉隆功大学中文专业的泰国学生还到北京大学实习调研了两个月，并在北京大学教师指导下完成毕业论文的部分内容。[2]

1971 年，中国恢复在联合国的合法席位，泰国逐渐改变了敌对中国的态度和政策，中泰关系逐步走向正常化，两国教育交流状况有所改善。

这段时间的中泰教育交流表现出三个基本特点：两国的教育交流主要在个别大学之间开展，由于双方还没有建立正式的外交关系，很难开展官方教育交流，也不可能制定发展双方教育交流与合作的政策和措施；政治和意识形态的对立严重影响了中泰双方的教育交流与合作；华人在中泰民间教育交流与合作中发挥了积极作用，在两国没有建立正式外交关系的情况下，泰国的华人开办华文学校，从事汉语教学，促进了两国的联系，为以后两国大规模教育交流合作奠定了基础。

---

[1] 高玛琍.泰国华文教育的现状和前景 [J].八桂侨史，1995（2）：46.

[2] 姜雪梅，任雪莲.中国和泰国的高等教育交流与合作初探 [J].文教资料，2010（4）：27.

二、建立外交关系后的教育交流

（一）1975—2000 年

1975年7月1日，中泰两国相互承认并建立外交关系，开启了两国关系和教育交流合作的新篇章。

正式建立外交关系之后，中泰教育交流与合作在政府间和民间逐步展开。在中泰教育交流与合作中，中央政府占据主导地位，发挥主导作用，掌控着双方教育交流与合作的方向、目标、原则和基本内容，地方政府则根据中央政府制定的总方向和要求，开展积极的创造性工作。

1978年，中国与泰国、菲律宾签订科技合作协定。1980年，中国政府派出首批3人赴泰国公费留学。1991年，中国和东盟（1967年成立）正式确立官方交往关系，双方的互信逐渐提升，中泰关系也随之得到大大改善。

1999年2月，中泰签署了《中华人民共和国和泰王国关于二十一世纪合作计划的联合声明》，确定双方将加强在文化、教育、卫生、体育、环保等方面的交流与合作，并在联合国教科文组织、儿童基金会以及亚太经合组织和其他国际和地区组织的框架下加强协调与配合。1999年，泰国来华留学生512人，居于外国来华留学生第9位。

2000年7月，中国教育部和泰国大学事务部在云南昆明共同举办"中泰大学校长研讨会暨泰国高等教育展"，为中泰高等教育的交流与合作创设了良好的平台。

值得一提的是，泰国诗琳通公主对中国的历史、语言和文化有着浓厚的兴趣，为促进中泰文化和教育交流发挥了积极作用。2000年，中国教育部授予她"中国语言文化友谊奖"；2001年北京大学授予她名誉博士学位，中国作家协会中华文学基金会授予她"理解与友谊国际文学奖"；2004年中国人民对外友好协会授予她"人民友好使者"称号。

（二）2001—2011 年

2001 年 8 月，中泰签署《中华人民共和国与泰王国联合公报》，其中第四条指出，双方一致认为，两国在政治、经济、文化、教育、卫生、科技等各领域开展的合作给两国和两国人民带来了实惠；不断扩大双方在上述领域的交流与合作对全面发展两国关系具有重要意义。

2003 年，中国建立了专门为来华留学生服务的具有社会保险性质的医疗保险制度。中泰两国签署了一系列声明、公报、行动计划等文件，进一步加强了各领域的交流与合作，把两国关系提升到新的高度。双方的教育交流与合作也获得了新的重要发展。

中国西南大学与泰国教育机构建立并保持了长期的友好合作与交流关系。2003 年以来，西南大学分别与泰国 39 所大学和教育科研机构开展了富有成效的合作；2006 年，西南大学与泰国孔敬大学合作建立了孔敬大学孔子学院，这是泰国第一所揭牌的孔子学院，承担着汉语教学、泰国本土教师培训、汉语考试（HSK 和 YCT）、文化交流等任务，为中泰教育交流与合作做出了积极贡献。[1]

2006 年 1 月泰国教育部举办的泰国首届汉语教学大会在曼谷开幕。中国国家对外汉语教学领导小组办公室与泰国教育部签署了中泰教育合作协议，规划了双方关于汉语教学合作的政策、内容与措施。同年，岱密中学孔子课堂和 10 所孔子学院在泰国建立，到 2016 年已经发展到 11 个孔子课堂和 15 所孔子学院。[2]

2007 年是中泰教育交流发展非常重要的一年。这一年，中泰两国政府签署了《关于相互承认高等教育学历和学位的协议》，大大促进了两国高等

---

[1] 中国新闻网. 重庆市侨办陪同泰国公主诗琳通在渝走访 [EB/OL].（2011-04-12）[2022-07-18]. https://www.chinanews.cn/zgqj/2011/04-12/2966209.shtml.

[2] 马勇幼. 泰国：孔子学院十年成规模 [N]. 光明日报，2016-10-06.

教育的交流与合作。

2009年，中泰双方又签订了《教育合作协议》等，进一步推动了两国教育的交流与合作，给两国教育发展注入了新动力。

2009年9月，泰国东方大学孔子学院暨中国研究中心举行揭牌仪式。泰国诗琳通公主、中国驻泰国大使管木等百余名嘉宾出席仪式。东方大学孔子学院是经中国国家汉办批准成立的，中国温州医学院、温州大学和泰国东方大学合作共建，以中医文化为主要特色，成为泰国研究中国语言文化的重要基地，为当地文化及汉语教学发展做出了积极贡献。[1]

2011年9月，泰国教育部高等教育委员会代表团访问中国。

这个时期，中国与东盟签订了多方面的合作协议，建立了多个合作联盟，双边关系持续发展升温，教育合作与交流进入快速发展阶段。与这种形势相适应，中泰双方的教育关系也不断发展。中泰双方在留学生数量、奖学金政策、学历学位互认、科学研究与人才培养、校企联合、职业教育等多方面、多领域等开展了合作，中泰教育交流与合作呈现出可喜景象。

（三）2012年以来

2012年4月，中泰两国发表了《中华人民共和国和泰王国关于建立全面战略合作伙伴关系的联合声明》，指出在对方国家推广本国语言文化并设立文化中心，为在泰国的孔子学院和孔子课堂以及在中国的泰语角和泰语研究提供支持。在两国教育合作协议和相互承认高等教育学历的协定框架下，加强双方学生交流以及在教育机构、汉语教学方面的合作，鼓励青年志愿者加强交流。

2013年，习近平主席提出"一带一路"倡议。随着"一带一路"倡议

---

[1] 国务院新闻办. 泰国公主诗琳通为泰国东方大学孔子学院揭牌 [EB/OL].（2009-09-16）[2022-07-19] http://www.scio.gov.cn/ztk/wh/12/8/Document/759867/759867.htm.

的推进，中国与沿线国家的教育交流与合作逐渐广泛而深入，为推动区域教育大开放、大交流、大发展、大融合提供了大契机。为进一步扩大"一带一路"国家教育领域的交流与合作，2016年，在"一带一路"倡议提出3周年之际，中国教育部联合多部门专门制定了《推进共建"一带一路"教育行动》，提出了"聚力构建'一带一路'教育共同体，形成平等、包容、互惠、活跃的教育合作生态，以及促进区域教育发展的合作愿景、合作原则、合作重点。

2013年10月，两国在曼谷发表了《中泰关系发展远景规划》，其中对发展两国教育合作与交流做出了远景规划。中泰双方同意落实好教育合作协议和相互承认学历和学位的协定，深化两国政府部门、教育机构和民间的教育与研究合作。双方欢迎在泰增加孔子学院和孔子课堂。双方同意扩大留学生交流，拓展人力资源培训与合作，加强在职业教育领域的合作。

2019年11月，两国政府发表联合声明，其中确立了关于教育方面的内容。双方对当前的教育合作谅解备忘录框架下的合作表示满意，同意通过联合办学、专项交流、学术交流、远程授课等方式，加强各层次、各领域教育合作，为两国发展建设提供人才和智力支持。11月25日，中国驻泰国大使吕健同泰国教育部副次长杜丽亚在曼谷签署了中泰澜湄合作专项基金职业教育合作协议。双方一致认为，应该用好澜湄合作这个平台，持续加强教育培训合作，为共建澜湄流域经济发展带、实现次区域经济可持续增长提供充足的人力资源保障，为本地区民众带来更多福祉。双方相信，此次澜湄合作专项基金职业教育项目将有助于持续提升相关国家职业教育水平，为未来打下坚实基础。[1]

2020年12月，中国教育部中外语言交流合作中心与泰国教育部职业教育委员会在线签署了《关于开展"中文＋职业技能"合作的谅解备忘录》，

---

[1] 孙广勇. 中泰签署澜湄合作专项基金职业教育合作协议[EB/OL].（2019-11-26）[2022-07-19]. http://world.people.com.cn/n1/2019/1126/c1002-31474635.html.

双方共同启动建设第一所语言与职业教育学院，推动中文教育和职业教育融合发展。[1]

除了政府间多方面、多领域的教育交流与合作之外，中泰两国非政府间的教育交流与合作同样丰富多彩、成就巨大。这包括两国普通高等院校、职业技术教育学校、中小学之间的教育交流与合作，也包括各种文化团体、非政府教育机构，甚至经济、卫生、艺术、铁路等行业组织开展的教育交流与合作。

不过，需要特别指出的是，即使是高校等非政府机构之间的教育交流与合作，在许多情况下，也离不开"政府搭台"，甚至就是政府推动和支持的结果。单纯的非政府间的中泰交流很少。因此，本部分所谓非政府间的交流，只是相对意义上的。

中泰教育代表团的互访是中泰教育交流与合作的重要形式。2013年，云南师范大学代表团访问泰国，与泰国素可泰艺术学院以及泰国华文学校合作，举办中文大专班，招收有志于中泰交流与合作的高中毕业生进行为期两年的培养，为泰国地方发展培养人才。此外，云南师范大学还开设了国际经济与贸易、旅游管理与服务、对外汉语等专业，选派学生到泰国高校留学，截至2012年，共派出888名学生到泰国高校留学。2008—2013年，云南师范大学共招收泰国留学生2 853人，在泰国建立了3个实习基地。[2]

在"一带一路"倡议和中泰铁路合作的背景下，中泰两国高校也开展了相关方面的培养合作。泰国孔敬大学孔子学院自2015年开设职业院校高铁培训班，先是在泰国对参加培训的学员进行语言培训，合格后推荐他们到中国的铁路学院继续学习专业知识。2016年9月，第三届高铁班20多名学员到武汉铁路学院学习。孔敬大学高铁培训班与武汉铁路学院联合培养

---

[1] 明大军，任芊. 中泰合作推动中文教育与职业教育融合发展[EB/OL].（2020-12-18）[2022-07-19]. https://www.baidu.com/s?ie=utf-8&f=8&rsv_bp=1&rsv_idx=1&tn=68018901_2_pg&wd=%20.

[2] 国务院新闻办. 云南师大代表团访泰 助推滇泰教育文化交流[EB/OL].（2013-03-12）[2022-07-19]. http://www.scio.gov.cn/dfbd/dfbd/Document/1296846/1296846.htm.

人才的模式获得了初步成果，受到中泰教育行政部门的高度重视。高铁培训班是中泰职业教育合作的成功范例。双方职业院校通过密集的项目合作，从汉语教育和培训双向发力，推进了双方教育行政部门的接洽并签署合作框架协议，为职业院校间的交流合作搭建了更高的平台。[1]

2017年2月，中国高校联盟泰国办事处在曼谷成立，办事处在泰国留学中国馆提供全方位服务。同日，中国高校联盟与泰中人才交流协会、泰国中国企业总商会以及泰中记者协会在曼谷签署合作备忘录，正式成立中泰校企联盟。这是首个由中泰两国学校及企业联手搭建的跨国人才培养平台，旨在通过探索中泰跨国人才培养机制，凝聚产业界和教育界的共识和合力，为满足驻泰中资企业不同行业的人才需要提供保障。[2]

2017年5月，中国广西柳州职业学院向东盟国家开展"高铁+汽车"职业教育品牌和技术服务输出，与泰国皇家理工大学共建中泰轨道交通学院。中国广西柳州职业学院负责教学资源库建设、师资培养和实训设施建设，泰国皇家理工大学负责校园建设。

2019年7月，在"一带一路"倡议与"泰国4.0"战略背景下的中泰高等教育合作研讨会上，泰国暹罗大学分别与中国六盘水师范学院、山东农业工程学院，泰国孔敬工业社区教育学院与中国山东交通学院，泰国清迈北方大学与中国山东农业工程学院分别签订了合作协议，在各院校之间的人才培养、科学研究、合作开发、师资互派等方面加强合作。[3]

2020年，新冠肺炎疫情席卷全球，但没有阻碍住中泰教育交流发展的不发。10月，南亚东南亚教育合作云上论坛在中国昆明召开，全球300位教育界官员、校长、专家、学者采用线上、线下相结合的方式，以"守望相助、携手同行"为主题，探讨后疫情时代教育国际合作新途径。在开幕

---

[1] 马勇幼. 泰国：孔子学院十年成规模 [N]. 光明日报，2016-10-06.
[2] 马勇幼. 中泰校企联盟成立 为中企培养当地人才 [N]. 光明日报，2017-02-12.
[3] 中国东盟高教合作形式多样 [N]. 中国教育报，2019-07-24.

式上，昆明医科大学还与泰国皇太后大学签署两校谅解备忘录，云南多所职业学校加入"澜湄职业教育联盟"。[1]

2020年10月20日下午，中泰高等教育合作联盟在昆明成立。参加该联盟的有160多所高校，包括北京外国语大学、华中科技大学、江苏大学、昆明理工大学等百余所中国高校和泰国的暹罗大学、北清迈大学、宋卡王子大学等58所高校。该联盟的成立是中泰两国高等教育合作潜力的真正体现，极大地促进了两国在高校师生交流、学分互认等方面的突破。联盟每年组织成员院校开展互访交流活动，推动中泰大学"2+2"课程合作项目、长短期交换生项目、学分互认和课程对接项目在联盟成员中落地，积极打造中泰高校科研合作平台。联盟由中泰双方14所大学和教育机构共同发起，致力于在"一带一路"倡议和泰国国家发展战略框架内，推动两国高等教育互通合作，促进高等教育为区域经济发展服务，并通过中泰合作带动中国与东盟高等教育交流的扩大和深化。[2]

2021年9月，由江苏大学、中泰高等教育合作联盟主办，贵州大学承办的第三届中泰高等教育合作论坛暨中泰高等教育合作联盟年会举行。中泰140多所大学的360多名代表通过线上线下结合的方式，以"开启后疫情时代合作新模式，推动'一带一路'视阈下中泰高等教育合作"为主题进行了探讨交流。[3]

回顾中泰两国教育交流与合作的历史，可以发现以下几个明显的特点。

（1）中泰两国教育交流与合作关系的发展是在两国基本关系发展基础上的具体展现。教育关系很难超出基本的国家关系，即使在个别情况下可以

---

[1] 胡远航，杨丽娇. 南亚东南亚教育合作云上论坛昆明开幕聚焦后疫情时代教育国际合作[EB/OL].（2020-10-20）[2022-07-19].http://baijiahao.baidu.com/s?id=1681060792577160632&wfr=spider&for=pc.

[2] 中国教育在线. 中泰高等教育合作联盟成立[EB/OL].（2020-10-20）[2022-07-19]. https://yunnan.eol.cn/yngd/202010/t20201026_2026266.shtml.

[3] 张东. 第三届中泰高等教育合作论坛暨中泰高等教育合作联盟年会召开[EB/OL].（2021-09-28）[2022-07-19]. https://baijiahao.baidu.com/s?id=1712126934707414118&wfr=spider&for=pc.

开展教育文化的交流，但范围也不大，效果也往往不佳。因此，要实现中泰两国教育交流与合作的良好发展，两国关系的大环境必须优良。

（2）中泰两国政府特别是中央政府及其教育管理部门之间的教育交流是非常友好而密切的。两国政府本着共同发展、合作共赢和为两国人民造福的宗旨，制定了具有远见的友好合作与发展政策，提出了许多具有战略意义的愿景规划，为两国教育交流与合作的具体实践指明了前进方向，铺平了道路。

（3）高等教育领域是中泰两国较早而且较多开展交流与合作的领域。在中泰两国政府关于两国教育交流与合作的政策引领下，两国的高等教育领域开展了形式多样的交流合作。中泰两国在教育方面的密切合作大大促进了两国全面战略伙伴关系的深化，是中国—东盟交流和合作的典范。

（4）中泰两国教育交流与合作不仅发生在普通高等教育领域、高等职业技术教育领域，也发生在普通中小学教育领域和中等职业教育领域。

（5）进入21世纪，中泰两国的教育交流与合作明显增多，并向多领域迈进，呈现多层次、多项目、多方式、多主体的特点。

总的来说，中泰两国的教育交流与合作是全方位、多领域、多层次的，而且是卓有成效的。两国的教育交流与合作前景广阔，充满新的机遇。可以预见，两国的交流与合作必将开出更加绚丽多彩的花朵，结出更加丰硕的果实。

第二节 交流现状、模式与原则

自2013年习近平主席提出"一带一路"倡议以来，中泰教育交流与合作得到了巨大发展。2020年是中泰建交45周年，中泰两国政府和人民见证了两国友好合作的辉煌成绩。

一、现状与模式

（一）双向留学：双方互派留学生，规模不断扩大

互派留学生是中泰两国教育交流合作的重要形式和内容。两国政府通过签署高校课程学习、学分互认、学位学历互认等协议，为两国学生选择到对方国家留学提供了政策依据和保障。两国政府还通过设立国家奖学金为留学生的学习和生活提供资金支持，促进了两国留学生数量的增长。令人欣喜的是，现在越来越多的泰国青年乐于来中国学习中国文化，同时，也有越来越多的中国学生到泰国留学。参加汉语课程学习、攻读硕士或博士学位是泰国来华留学生的主要目的。

根据泰国教育部的数据，2016—2018 年，中国赴泰国留学的人数逐年增长。到 2018 年，中国已经成为泰国留学生的最大生源国，中国在泰留学生占泰国所有国际生的 50.7%。2019 年，在泰国的各类中国留学生（中小学生、本科生、硕士和博士研究生、短期交换生、访问学者）近 4 万人，位居泰国国际学生的首位。[1]

根据中国教育部的统计数据，2005—2019 年（2015 年除外），泰国来华留学生人数持续增长，2005 年为 3 594 人，2010 年为 13 177 人，2013 年为 20 106 人，2018 年为 28 608 人，[2] 2019 年则达到 3 万人，在全球近 200 个来华留学的国家中，泰国仅次于韩国来华留学人数，位列第二。泰国来华留学生主要包括学历生和非学历生。学历生主要是专科生、本科生、研究生，其中以本科生居多，研究生近年来呈现增长趋势；非学历生则主要是一些短期留学者和普通进修生，他们大多是来中国学习汉语和中国文化，而且呈现逐年减少的趋势。

---

[1] 姜羽歆. 中泰两国留学生教育及深度合作的战略举措 [J]. 科教导刊，2020（19）：12.

[2] 姜羽歆. 中泰两国留学生教育及深度合作的战略举措 [J]. 科教导刊，2020（19）：11.

（二）合作办学：开展多种形式的教育交流与合作

中泰两国院校之间的合作办学形式多样，开展学历学位教育、交换生教育、短期教育培训和项目合作等，培养双方需要的人才。

中泰双方高等院校之间的合作办学是重要内容，也是中泰教育交流的主要形式。中泰双方的高等院校积极开展学历教育合作，主要模式有4种：本科教育有3+1模式，就是学生在中国学习3年，在泰国合作院校学习1年（第三学年或第四学年），毕业后获中国本科文凭；本科2+2模式，即前2年在中国学习，后2年在泰国学习，毕业后获泰国本科文凭；本科1+3模式，是学生在中国就读1年后，到泰国就读3年，毕业后获泰国本科文凭。专科2+1模式，是指前2年在中国学习，后1年在泰国学习，毕业后获中国专科文凭。

项目合作是中泰教育交流的另一重要形式。中泰两国政府非常重视开展两国的项目合作。2013年，泰国副总理兼教育部部长蓬贴率团访华，在推动两国的全面战略伙伴关系、落实中泰教育合作交流计划、推进两国在教育领域的交流合作等方面与中国教育部达成了共识，双方确定扩大交流合作计划，发挥各自优势，深化交流合作项目。其中就包括推动泰国学校与中国北京大学、北京劲松职业高中、天津职业技术师范大学、上海开放大学、建平中学5所学校开展合作；在北京大学建立泰国语言文化中心和中泰纳米科技中心，与高等教育出版社在教材数字化、高等教育与职业教育领域开展合作；继续开发《体验汉语中小学系列项目（泰国版）》等。[1]

交换生项目也是中泰教育交流合作的重要项目。中泰学校合作办学的形式还有中泰夏令营活动，以及短期的语言培训，比如中泰非语言专业的学生到语言对象国进行一年的学习等。中泰两国发挥地方和院校的积极性，

---

[1] 中华人民共和国教育部.借力高层对话，深化交流合作，中泰两国教育界务实合作携手"共赢"[EB/OL]. （2013-06-26）[2022-07-19]. http://www.moe.gov.cn/jyb_sjzl/s3165/201306/t20130626_153519.html

鼓励其结合自己的特点和优势进行校际合作。

（三）签订双边协议，建立多边合作联盟：中泰教育交流与合作的重要形式和平台

建立教育联盟是中泰教育交流与合作的重要形式，教育联盟的建立和运行，为中泰双方教育的交流提供了平台，促进了双方教育的发展。中泰两国建立的教育联盟主要有高等教育联盟、职业教育联盟、校企教育联盟等。

中泰高等教育合作联盟涉及高校多，影响也大。该联盟于 2020 年 10 月由中泰两国 14 所大学和教育机构发起成立，吸引了 160 多所高校加入。该联盟致力于在"一带一路"倡议和泰国国家发展战略框架内，推动中泰高等教育互通合作，促进高等教育为区域经济发展服务，并通过中泰合作带动中国与东盟高等教育交流的扩大和深化。[1]

高等职业教育联盟是中泰两国为促进双方高等职业教育的交流与合作建立的多校联盟。作为中国与东盟合作的天然桥梁，泰国是"一带一路"倡议的重要伙伴。自 2016 年起，泰国政府全力推进以创新为核心的"泰国 4.0"战略，促进经济转型升级，增强竞争力。而职业技能人才的培养是"一带一路"倡议与"泰国 4.0"战略中共同的重点，职业技能人才的培养与储备将为两国经济合作发展增添新的动力。

2018 年 4 月，中国重庆工程职业技术学院、泰国孔敬大学孔子学院共同发起成立了中泰职业教育联盟，并得到了来自中泰双方 40 多所优质高职院校的积极响应和参与。[2] 中泰职业教育联盟成立后，成员不断增多，至 2020 年，已发展到 70 多个成员。

---

[1] 中国教育在线. 中泰高等教育合作联盟成立 [EB/OL].（2020-10-20）[2022-07-19]. https://www.eol.cn/yunnan/yngd/202010/t20201026_2026266.shtml.

[2] 华龙网. 共赢公享 同成同生 中泰职业教育联盟成立大会暨中泰高等职业教育发展交流会 [EB/OL].（2018-04-19）[2022-07-19]. http://education.cqnews.net/html/node_415972.htm.

中泰校企联盟是首个由中泰两国教育机构及企业联手搭建的跨国人才培养平台。该联盟2017年2月在泰国曼谷成立，中国高校联盟与泰中人才交流协会、泰国中国企业总商会以及泰中记者协会签署了合作备忘录。该联盟通过探索中泰跨国人才培养机制，凝聚产业界和教育界的共识和合力，为满足驻泰中资企业不同行业的人才需求提供保障。

（四）合办孔子学院，开设语言课程，开办语言培训班，促进汉语泰语互教互学

泰国是建立孔子学院最早的国家之一。

2006年，泰国设立第一家孔子学院——孔敬大学孔子学院和第一家孔子课堂——岱密中学孔子课堂。至2018年，泰国大学共开设孔子学院16家，见表12.1。

表12.1 2006—2018年泰国孔子学院

泰国孔子学院	中国合作院校	成立时间
孔敬大学孔子学院	西南大学	2006年8月
农业大学孔子学院	华侨大学	2006年10月
皇太后大学孔子学院	厦门大学	2006年11月
清迈大学孔子学院	云南师范大学	2006年12月
曼松德·昭帕亚皇家师范大学孔子学院	天津师范大学	2006年12月
玛哈色拉坎大学孔子学院	广西民族大学	2006年12月
宋卡王子大学普吉孔子学院	上海大学	2006年12月
川登喜大学素攀孔子学院	广西大学	2006年12月
勿洞市大学孔子学院	重庆大学	2006年12月

续表

泰国孔子学院	中国合作院校	成立时间
宋卡王子大学孔子学院	广西师范大学	2006年12月
朱拉隆功大学孔子学院	北京大学	2007年3月
东方大学孔子学院	温州大学 温州医学院	2009年9月
海上丝路孔子学院	天津师范大学	2015年6月
易三仓大学孔子学院	天津科技大学	2015年9月
华侨崇圣大学中医孔子学院	天津中医药大学	2016年10月
海上丝路·帕那空皇家大学孔子学院	云南大理大学	2018年6月

孔子学院开展汉语交流与教师培训、举办研讨会和文化展览、举行汉语演讲、比赛活动，为促进中泰教育和文化交流发挥了积极作用。比如，针对泰国汉语教师数量少、水平不够等问题，中国大学与泰国大学合作开办孔子学院和孔子课堂，促进泰国的汉语教学和中华文化传播。泰国孔敬大学孔子学院针对泰国的现实需要，充分利用自身优势资源，自2015年开始，开设针对泰国需求的职业院校高铁培训班，对参训学员进行语言培训，学员合格后被推荐到中国的铁路学院继续学习专业知识。高铁培训班是中泰职业教育合作的成功案例，通过双方职业院校开展密集的项目合作，从汉语教育和培训双向发力，进一步推动了双方教育行政部门的接洽并签署合作框架协议，为职业院校搭建了更高的合作平台。[1]

中国的大学设泰语课程，开展泰语教学，培养泰语人才。北京外国语大学等高校率先开设了泰语课程，进行泰语教学。泰国中小学把汉语列入必修课程，成为第二外语。

---

[1] 马勇幼.泰国：孔子学院十年成规模[N].光明日报，2016-10-06.

（五）举办会议、论坛，开展学术和教学交流

中泰两国的政府、普通高等院校、职业教育技术院校、校企联盟，甚至中小学学校，通过举办多种形式的论坛，开展学术研讨与教学交流，加强双方多领域、多层次、多方面的教育交流与合作。2020年10月，在云南昆明举办了以"守望相助、携手同行"为主题的东南亚教育合作论坛，300多位教育界官员、校长、专家学者在线上线下进行了交流。该论坛设置了几个分论坛：南亚东南亚大学联盟论坛、中泰高等教育合作论坛、南亚东南亚医学教育与医疗卫生合作论坛、澜湄职业教育联盟论坛等。在中国国内，除了昆明现场外，还设立30多个分会场。

2019年7月，中泰高等教育合作研讨会召开，在创新创业、汉语教学、师资互派等多方面展开研讨与合作。

2020年10月，中泰高等教育合作联盟成立。与此同时，还举办了中泰教育合作论坛，160多所中泰两国的大学代表以"创新课程合作模式，促进大学协同发展"为主题，采用线上和线下相结合的方式，就中泰教育合作模式创新及最佳实践等进行了研讨。

（六）组团互访互学，交流探讨，发挥优势，共同发展

中泰两国的学校在互访期间，相互交流学校的历史发展情况、培养目标、课程设置、学术发展，还参观学校的建设、教学实际与设备，实地感受学校特色，达到了良好效果。开展互访交流活动的学校多、涉及面广，是学校教育的基本形式。比如，2010年12月，泰国教育部职业教育委员会和民办教育委员会联合组织了泰国职业中专以及各类中小学校长研修团，

到中国山东枣庄进行了 3 天的友好访问和教育交流活动。[1]

2019 年 10 月，20 多名泰国学生参加了中国西南大学学生旅游文化营，他们走进重庆市北碚区复兴小学，参观校园的行知长廊和复兴儿童线描画，感受了解学校文化。[2]

进入 21 世纪以来，特别是"一带一路"倡议提出以来，中泰两国学校和教育机构之间进行的互访教育活动不断增多，内容不断丰富，参加的学校数量也不断增加。

（七）举办各种形式的比赛，检验教育交流成果，深化交流合作

中泰两国政府和民间通过举办汉语演讲、计算机比赛、机器人制作比赛等活动，检验了双方交流合作的经验与成果，推进了合作深化。

孔子学院常年开办"汉语桥"项目，为外国学生学习汉语课程、学校举行汉语教学活动提供了平台。不少泰国留学生就是通过"汉语桥"实现了自己的愿望。比如，泰国留学生罗俊勇曾经获得第四届"汉语桥"中学生中文比赛一等奖，并来到中国西南大学继续学习，成为了精通重庆话、热爱京剧的"中国通"，毕业后回到泰国华文学校任教。

在泰国，"诗琳通杯"汉语演讲比赛影响很大，它促进了汉语在泰国的传播和教学。

2010 年 2 月，泰国朱拉隆功大学成功举办了以泰国公主诗琳通名字命名的第三届"诗琳通"杯汉语演讲比赛，主题为"经济腾飞的中国"。

为庆祝中华人民共和国成立 70 周年、恭贺诗琳通公主荣获友谊勋章，朱拉隆功大学孔子学院于 2019 年 11 月举办了第十届"诗琳通杯"泰国大学生

---

[1] 国务院新闻办公室门户. 泰国中小学校长研修团赴山东枣庄开展教育交流 [EB/OL].（2010-12-14）[2022-07-19]. http://www.scio.gov.cn/m/ztk/dtzt/46/14/2/2/Document/826846/826846.htm.

[2] 中国网. 交流中泰教育 共建友谊之桥 [EB/OL].（2019-11-04）[2022-07-19]. http://guoqing.china.com.cn/2019-11/04/content_75372572.html.

汉语演讲比赛。本届演讲比赛以"中泰情·汉语缘"为主题，倡导以诗琳通公主为榜样，努力学习汉语，吸引了来自泰国11所高校的19名选手参加。

中泰两国还举办中学生创客比赛，进行教育交流新探索，开辟中泰教育交流新路径。2018年8月，泰国曼松德·昭帕亚皇家师范大学孔子学院和泰国岱密中学孔子课堂中国电子学会现代教育技术分会、多家合作企业，在曼谷举办了首届"中泰少年创客大赛"。创客教育是中国近年来兴起的新型教育模式，其核心是使用数字化工具创造实物。此次大赛是中泰教育领域的新探索，为中泰教育交流合作开辟了新路径。[1]

（八）向泰国派出汉语教师，助力汉语在泰国的教学和人才培养

2003—2010年，应泰国教育部的邀请，先后有9批4 484名中国汉语教师志愿者到泰国任教，极大地支持和带动了泰国汉语教学的发展。至2010年，中泰建交35周年时，泰国有1 600多所学校开设了汉语课程，学习汉语的学生人数达60多万。

到2020年，中国累计派出汉语教师和志愿者7 000多人，在此基础上通过增派志愿者、帮助培养本土教师、增加来华留学生等方式，推动泰国大、中、小学各阶段的汉语教学。

二、交流原则

中泰两国是平等互利的好朋友、好伙伴。2021年是中泰两国建立正式外交关系46周年。建交以来，中泰两国本着相互尊重、平等互利的基本原

---

[1] 杨舟. 中泰学生首次举行创客比赛[EB/OL].（2019-08-06）[2022-07-19]. https://baijiahao.baidu.com/s?id=1641116144850133444&wfr=spider&for=pc.

则发展睦邻友好合作关系，共同面对挑战，实现互利共赢。在这样的基本精神指导下，中泰开创并发展了良好的教育交流与合作关系。中国教育部在《推进共建"一带一路"教育行动》中，不仅提出了与"一带一路"国家共建教育的美好愿景，而且提出了开展教育交流合作的原则。这些原则，同样适用于中国与泰国的教育交流与合作。具体来说，这些原则就是：育人为本，人文先行；政府引导，民间主体；共商共建，开放合作；和谐包容，互利共赢。

（一）育人为本，人文先行

教育是培养人的事业。育人是教育的出发点和归宿。教育的一切活动都是为了培养社会和国家需要的人才。中泰两国开展教育交流与合作，其根本出发点和归宿就是提高中泰两国人口的素质，培养具有国际性的、符合各自国家建设发展的合格人才。在这个过程中，中泰两国必须牢牢把握以人为本，坚持人文交流先行，建立双方人文交流的机制，搭建起民心相通的桥梁。

回顾中泰两国交往的历史，可以看到，人文交流是基础，也是背景。2013年10月，李克强总理在参观泰国清迈园博园时就指出，要加强中泰人文交流，增进两国人民感情。人文交流拉近中泰两国人民的心理距离，增进了两国人民的感情。

人文先行要求教育要以文化为基础，把传播文化精神作为教育的要义，不能抛开文化进行单纯的教育。中泰两国不管开展什么层次和领域的教育交流合作，都要把握好中华文化的方向和精神实质，特别是不能偏离中国的文化制度和文化特色。教育的第一重点就是传播优秀的中华文化，实现中泰两国人民的文化相通、心理相容。

中泰两国教育交流与合作的实践也表明，学习汉语、学习中华文化是许多泰国留学生的优先选择。泰国中小学生在学习中国文化的过程中接受了教育，实现了教育与文化的融合。

（二）政府引导，民间为主

所谓政府引导，民间为主，就是中泰两国政府通过制定教育政策，搭建教育平台，创设教育条件，提供教育环境和资金支持，引导着两国教育多层次、多领域、多方面的交流与合作。整合教育资源，加强沟通协同，充分发挥学校、企业以及其他社会力量的主体作用，活跃教育合作局面，丰富教育交流内涵。构建教育政策信息交流通报机制，为中泰两国学校和社会力量开展教育合作交流提供政策咨询；积极签署双边教育协议，实现学分互认、学位互认，协同推进两国教育共同体建设。中泰两国签订了一系列教育交流与合作的协议、协定、声明等，比如2007年的《中华人民共和国教育部与泰王国教育部关于相互承认高等教育学历和学位的协定》，2009年的《中泰教育合作协议》，2013年的《中华人民共和国教育部与泰王国教育部关于加强在职业教育领域合作的谅解备忘录》，都提出了专门的关于教育领域的合作交流政策。

在政府的教育政策引导下，中泰两国的高等教育院校、职业技术院校、中小学，以及其他民间机构，纷纷开展教育的交流与合作，发挥了主体作用。

（三）共商共建，开放合作

所谓共商共建，开放合作，就是坚持通过相互协商，共同建设，推进双方教育发展规划相互衔接，实现双方教育融通发展、互动发展。

多年来，中泰两国通过相互协商，共同建设，实实在在地进行教育政策沟通，畅通合作渠道，着力语言互通，努力增进民心相通，堪称中国与东南亚国家教育交流与合作的典范。在未来的中泰教育交流与合作中，仍然必须坚持共商、共建、开放、合作的原则。在人才培养方面，中泰两国要加强友好协商，推进实施"丝绸之路"的留学计划、合作办学计划、师资培训计划和人才联合培养计划。共建丝路合作机制，加强教育高层互访和磋商，充分发挥国际合作平台作用，实施中泰教育援助计划，并开展中泰之间的"丝路金驼金帆"表彰工作，不断扩大中泰之间的教育交流与合作。

（四）和谐包容，互利共赢

加强不同文明之间的交流对话，互学互鉴，促进不同文明和谐共生发展，从来都是中国对待世界文明的基本态度。教育文明是人类文明的重要组成部分，自然也遵循人类文明交流发展的基本原则。中国文化具有很强的包容性，主张人类社会和谐共生，共同发展。在中泰教育交流与合作的过程中，中国政府一直坚持和谐包容、互利共赢的原则，积极促进两国民间开展友好合作，提倡尊重彼此教育关切和主张，寻求教育发展的最佳契合点和教育合作的最大公约数，以最有利于双方人民的方式开展教育的交流与合作，实现中泰在教育领域的互利互惠。

2021年4月，中国国家主席习近平在博鳌亚洲论坛2021年年会开幕式上发表主旨演讲《同舟共济克时艰，命运与共创未来》，提出要平等协商，开创共赢共享的未来；要开放创新，开创发展繁荣的未来；要同舟共济，开创健康安全的未来；要坚守正义，开创互尊互鉴的未来。其精神实质就是新时代亚洲乃至全世界面向未来所应遵循的基本原则，为中泰两国未来教育交流合作提供了指导思想。

第三节 泰国的汉语教育

一、泰国汉语教育的状况

进入 21 世纪以来，随着中国经济的持续高速发展，中国的国际地位越来越高。作为中国的国家通用语言和联合国官方语言的汉语，也成为热门语言。

2003 年，中国向泰国派出了首批汉语教师志愿者。目前，汉语在泰国是除了英语之外的第二外语。2006 年，学习汉语的人数 20 多万，到 2010 前后，就达到近百万人。特别是 2013 年中国国家主席习近平提出"一带一路"倡议以来，世界范围内的汉语热持续升温，学习汉语的国家和人数不断增多。其中，泰国是典型的代表，学习汉语的人数众多，在东南亚首屈一指。2016 年，泰国有 3 000 多所学校开设了汉语课程，汉语教育形成了幼儿园、小学、中学、大学的完整体系，所有的公立学校都把汉语列入必修课程。

中泰合作开展汉语国际教育。在东盟国家中，泰国的汉语教育特点突出，成效巨大。除了上述表现外，中国政府还设立奖学金，为来华的泰国留学生提供资金支持。中国高校与泰国高校联合培养了各层次人才，留学生从本科生到研究生，人数不断增多。比如广西民族大学，从 1994 年到 2017 年，共接收泰国留学生 2 591 人次；与此同时，学校派出专科生、本科生、研究生到泰国留学者总计 6 227 人。[1]

---

[1] 高鲜菊.汉语国际教育与中泰合作交流研究 [J].南宁职业技术学院学报，2018（3）：26-29.

二、泰国汉语教育成功的主要原因

（一）中泰两国政府合作的推动

中泰两国政府制定汉语教育政策，签订汉语教育合作协议，全面推动汉语教学发展。比如，2006年12月，中国国家对外汉语教学领导小组办公室与泰国教育部门签订了教育合作协议，中国教育部采取一系列政策和措施，与泰国充分合作，把泰国汉语教学办成国外汉语教学的典范。这些政策和措施包括派志愿者到泰国任教，为泰国培养汉语教师，与泰国合作研制适合泰国中小学的汉语教学大纲、编写教材，建立汉语考试点，举办汉语能力考试、汉语演讲比赛、展览和教学观摩活动。泰国统一将中国的对外汉语能力考试作为泰国汉语教师资格标准考试等。

2011年9月，中国国家汉办与泰国教育部民校教育委员会在曼谷签订了合作培养汉语教师协议。按照协议，中国国家汉办从2011年起，每年提供70个泰国本土教师赴华进修一年的奖学金名额，承担学员在华学费、住宿、生活费和医疗意外保险等。这些政策和措施为泰国汉语教学培养了大量汉语教师，进一步推动了泰国汉语热。

（二）泰国的汉语教育政策

中泰两国建交后，泰国逐渐认识到学习汉语对于开展两国政治、经济、文化、科技和教育等领域的交流与合作的意义，积极采取有利于汉语教学发展的政策和措施，切实推动了汉语教学的发展。

1978年，泰国政府颁布文件，批准全国所有的商业院校开设汉语课程。20世纪80年代，泰国教育部规定，对汉语教师、校址以及学生的名额放宽限制；放宽汉语教师资格、汉语教授实践和年限。1992年，泰国工商界提议放宽汉语教育，获得泰国内阁通过，汉语教育开始从基础教育渗透到高等教育的各个层面；政府还颁布教育计划，再次放宽汉语教育管制，汉语成为泰国社会与经济发展的交流语言。1998年，泰国教育部将汉语列入高等学校外语入学考试选考科目。2001年，泰国教育部颁发了国家基础教育课程大纲，汉语成为泰国的第二外语，21世纪汉语教学的主要依据从此确定。2003年，泰国教育部发布文件，把汉语作为选修课纳入课程体系。2005年，泰国教育部先后颁布了《泰国促进汉语教学以提高国家竞争力的战略规划（2006—2010）》等21世纪的汉语教学的纲领性文件，使泰国汉语教学更加科学化和规范化。

2008年，泰国《2008年基础教育核心课程》规定了泰国中小学课程的八大学习领域，汉语被列入其中。

2010年，泰国皇家学会起草了《泰国语言政策》草案，呼吁加强外语的多元化。2014年，泰国教育部在"一带一路"倡议背景下制定了《汉语教学发展规划》，提出了汉语教学改革政策，成为泰国"汉语热"的推进剂。[1]

由上可见，泰国政府颁发了一系列关于汉语和汉语教学的文件，制定了积极推进汉语教学的政策，大大促进了泰国汉语教学实践，产生了积极的效果。泰国的汉语热与泰国有利的汉语教学政策的制定和实施有着很密切的关系。

（三）泰国王室的影响推动

泰国的汉语热与泰国王室的重视和切实推动有着很大的关系。泰国王室，以诗琳通公主为代表，对汉语的传播发挥了巨大的推动作用。她不仅自己非常喜欢汉语，学习中华文化，而且实实在在地通过多种活动，推动

---

[1] 赵惠霞，鲁芳. 泰国的汉语教育政策变迁与汉语教育的发展 [J]. 河南理工大学学报（社会科学版），2019（1）：67-73.

汉语教学。她积极推动泰国大学开办孔子学院，以自己的名字命名汉语演讲比赛，支持泰国社团举办春节汉语活动，宣传中华文化。在她的带动和推动下，泰国从王室到民间，汉语热潮不断涌起，在东南亚形成了独特风景。

（四）泰国经济发展和文化交流的需要

泰国社会经济文化的发展增加了对汉语教育的需要。随着中国的国际地位不断提高，经济影响力越来越大。泰国出于与中国经济的紧密联系，客观上越来越需要更多的汉语人才，以增加与中国的贸易往来，促进本国经济发展。中泰文化交流的需要也使泰国汉语教学需求不断增大，泰国举办的中国春节文化活动，更是吸引了众多泰国民众参加，这些都在客观上增加了汉语需求和汉语教育动因。从实际来看，在泰国的许多中国企业需要大量既懂泰语又懂汉语的人才，而且懂得汉语的人在泰国更容易找到工作，获得更好的薪酬。这促进了泰国年轻人学习汉语的热情。

（五）孔子学院和孔子课堂的作用

泰国是东南亚首个开办孔子学院的国家。据统计，截至2019年上半年，全球共开设孔子学院532所、孔子课堂1 129个。其中，泰国有孔子学院16所、孔子课堂11个，位居亚洲第二。泰国是汉语教学发展最快的国家之一，教学规模已经初步形成。孔子学院和孔子课堂的设立，对于泰国汉语热的持续和汉语教学活动的开展发挥了积极而广泛的作用。

三、泰国汉语教育的挑战

泰国汉语热引发了更多的汉语教学需求,但蓬勃发展的汉语教育也面临一些挑战。这些挑战又客观上影响了汉语教学质量的提高。主要包括:师资问题、教材教学问题、学生学习问题,以及汉语水平标准和考试问题。

(一)师资问题

师资是泰国汉语教育面临的首要问题。优质的师资是提高泰国汉语教学质量的基本保证;没有高水平的汉语教师,就不可能有好的汉语教学,也就不可能提高学生的汉语水平。

泰国的汉语师资包括输入型汉语教师和本土型汉语教师。中国教育部中外语言交流合作中心和国务院侨务办公室多年来选送了一批又一批汉语志愿者到泰国从事汉语教学和培训工作。但这些志愿者大多是汉语教育专业的硕士研究生或本科生,他们从事汉语教学的经验不足,在泰国的时间一般只有1—3年,教师的持续性和稳定性不强。这些教师的薪酬和考核结果与汉语教学的效果和质量也往往没有多大关系,对汉语教学的效果产生一些不利影响。而即使这样,泰国的汉语教师也远远不足。

此外,泰国的学校还会通过中国国家汉办或其他中介聘请一些汉语教师,这些教师因薪酬不高等问题,也很难留得住。

泰国本土汉语教师也存在不少问题。其中一个问题就是,泰国本土教师的汉语水平与泰国《促进汉语教学提高国家竞争力战略规划(2006—2010年)》的规定要求相差很大,许多教师达不到标准(小学教师的汉语水平不低于中国汉语水平考试5级,中学教师汉语水平不低于6级)。

（二）教材教学问题

泰国2006年《促进汉语教学提高国家竞争力战略规划（2006—2010年）》和2014年《汉语教学发展规划》中都提及开发优质教材，支持修订适合泰国汉语教学的优质汉语教材，但实际是泰国的教材建设缺乏系统化规划，导致资源浪费，而且汉语教材资源总体不足，导致教学效率低下。

此外，在汉语教学体系方面存在着授课时数不足、课程缺乏连续性、教材不统一、教材内容陈旧、标准不一致、教学方法单调乏味不能引发学生兴趣等方面的问题。这些都需要很好地解决。[1]

（三）学生学习问题

学生的学习也产生了不少问题，如有的学生没有兴趣学习汉语，自己没有学习的动力，而是由于父母的要求或同学的压力才勉强学习汉语的；有的只是在应付教师的授课，不按照教师的要求做，降低学习的目标要求；有的中途停止学习，半途而废，根本无法应付汉语考试；有的则是因为看不到学习汉语的直接好处而放弃继续学习。

上述问题是学生学习汉语的目的、动力和情感兴趣问题，这些因素显然是影响学生学习汉语的重要因素。除此之外，由于汉语和泰语属于不同的语言系统，在字形和构词法等方面存在很大的差异性，也是重要的影响因素。

---

[1] 范彩霞."一带一路"沿线国家汉语教学状况——以泰国为例[J].兴义民族师范学院学报，2020（8）：108-112.

（四）汉语水平标准及考试问题

为适应世界各地汉语学习及考试的需要，中国国家汉办从 1990 年起，先后研制并实施了汉语水平考试（HSK）、汉语水平口语考试（HSKK）、中小学生汉语考试（YCT）、商务汉语考试（BCT）和孔子学院/孔子课堂测试（HSKE）等多种考试，为汉语学习者学习汉语和考试制定了标准。汉语水平考试作为国家级的标准化考试，不仅为汉语学习者提供了汉语水平检验的统一标准，而且成为评价汉语教学效果和学生学习质量的重要依据。

但是，就泰国汉语教学与考试来看，还存在一些问题，比如汉语水平考试的设备不足，考点数量也不足，考试及格率不高等，需要针对这些问题，采取更加积极有效的措施。[1]

四、泰国汉语教育的展望

随着中泰在政治、经济、文化和教育等方面合作交流的深入发展，泰国汉语学习者人数还会增加，人们对汉语教学方法和质量提高的要求也会越来越高。展望未来，泰国汉语教育必须积极面对存在的问题，制定长远规划，采取更加切实可行的措施，不断改进教学模式，推进汉语教育高质量发展。

（一）审视汉语教学定位，确定适宜目标

语言是文化的先导。要在未来促进泰国汉语教学向高水平、高质量发

---

[1] 沈毅，杨安飞. 泰国汉语水平考试推广模式探讨——以清迈孔院为例 [J]. 文教资料，2020（22）：198-201.

展，中泰两国要通力合作，努力提高汉语的地位，制定高远的发展目标。随着中泰全方位合作的加深，有必要从"一带一路"建设和构建人类命运共同体的视域重新定位汉语国际教育的目标。对中国来说，在新的时代背景下，将汉语国际教育仅仅定位为传播汉语和中国文化已经不合时宜。"文明因多样而交流，因交流而互鉴，因互鉴而发展。我们要加强世界上不同国家、不同民族、不同文化的交流互鉴，夯实共建亚洲命运共同体、人类命运共同体的人文基础。"[1] 这应是指导我们开展汉语国际交流的基本思想。

（二）制定完善汉语教学和考试的指导性和系统性标准和大纲

目前，无论是中国，还是泰国，都为汉语教学制定了一些课程标准或教学大纲，同时也有汉语水平考试标准。在此基础上，充分考虑泰国汉语学习者的需求、兴趣、动机、感情、技能和知识等，将设计重点转向学习能力的获得，结合泰国对外语的课时、标准规定，制定符合泰国中小学汉语教育的课程大纲和考试标准，注意课程体系的完整性、衔接性和适宜性。

（三）建设专业化、职业化、可持续、高水平的师资队伍

师资是汉语教学的核心。造就一支高质量、高水平、专业化、职业化的汉语教师队伍，是泰国汉语教学质量提升的重要保障。中国要加强对派往泰国的汉语教师的选拔，提高要求和标准，特别注重其政治素养、汉语教学能力、跨文化交流合作能力，通过面试、笔试、试讲等多方式考察，选派优质师资。中泰两国要加强合作，积极培养泰国本土汉语教师，提高培训质量，增强泰国本土汉语教师的自我发展能力，打造一批扎根本土、

---

[1] 习近平.深化文明交流互鉴，共建亚洲命运共同体——在亚洲文明对话大会开幕式上的主旨演讲 [EB/OL].（2019-05-15）[2022-07-19]. http://www.gov.cn/gongbao/content/2019/content_5395471.htm?ivk_sa=1024320u.

持续服务泰国汉语教育的教师队伍。中泰两国政府要密切协商,增加泰国汉语教师来华深造、培训、交流机会,提供汉语交流平台,促进汉语教师的专业成长。

(四)共同开发成体系、高质量、适应泰国汉语教学要求的汉语教材

汉语教学,教材为基。没有适合的汉语教材,要培养符合需要的汉语能力也是困难的。中泰两国要齐心协力,合作编写适合泰国国情的汉语教材。中泰两国教育部门可以设立汉语教材合作项目,拨付专款,招募两国汉语教育专家学者和一线汉语教师,研究开发教材。中国国家汉语教育中心机构研究开发国际汉语教材内容的大型语料库;组织专家学者和一线教师研制汉语材料,供泰国汉语专家从中抽取使用;编写地方化教材,以适应泰国学生的汉语学习需要。形成汉语教材的合作研发、使用跟踪、动态评估的一体化发展模式,加强教材使用的跟踪研究,及时更新,在实践中不断完善汉语教材,建立适合泰国国情的高质量汉语教材体系。[1]

(五)发展满足学生汉语学习需要的教学策略和方式方法

泰国目前的汉语教学方法也是以教师为中心、以教材为中心、以课堂为中心,主要采用翻译法教学,学生的学习被动接受的多,主动学习的少。因此,应该转变教师的教学观念,改进教学方法,多采用任务型教学方式,使学生乐于学习。同时,可采用激励竞争性教学,与任务型相结合,强化竞争与合作学习,提高教学效率。教师要根据不同学生的汉语水平,灵活

---

[1] 鲁芳,赵惠霞."一带一路"建设和构建人类命运共同体视域下泰国的汉语国际教育发展策略[J]. 东南亚纵横,2020(3):94-101.

结　语

中泰两国是相伴千年的好友，拥有传统友好的交往关系。

2022年是中泰建交47周年。经过47年的发展，两国关系获得了全方位的良好发展：在政治、经济、文化、教育、军事等众多领域都开展了互利互惠的合作，中泰两国人员往来从中央到地方、从官方到民间全面展开；"中泰一家亲"的传统友谊经受住了经济全球化时代的考验，中泰全方位的、健康稳定的睦邻友好合作关系已牢固确立；中泰关系已经超越了社会制度、意识形态的差异，成为不同社会制度国家和睦邻相处的典范；中泰关系的顺利发展，不仅对两国的进步与繁荣发挥了促进作用，而且对东南亚地区的和平与发展有着重要影响。

文化教育是"一带一路"沿线国家人文交流的重要内容。其中，教育在"一带一路"沿线国家发展中具有举足轻重的地位，发挥着基础性、全局性、先导性作用。教育是"一带一路"沿线国家共同的交流需要和发展需要，是"一带一路"国家共同的人文情怀。

泰国是"一带一路"沿线国家，也是包括联合国教科文组织亚太总部在内的不少国际组织的所在地。在东南亚国家中，泰国较早地学习和引进英美国家的教育模式，特别是采用美国的学制、课程内容和教学方法。这在基础教育和高等教育中都有充分体现。泰国高等教育的国际化程度比较高，与世界主要国家都有着比较密切的联系，并开展多种形式的交流与合采用多种教学方法，因材施教，充分照顾学生的个性差异，多样化教学并举。适当增加高中阶段的汉语教学时间，通过语法课、听说课、书法课、文化课等多模式教学，改变枯燥的听说读写，增添学习新趣点。[1]

总之，要采取多种方法，创造良好的汉语教学环境，不断增强教学适应性，提高汉语教学的趣味性和质量，促进学生汉语能力的发展。

---

[1] 严欢，郭坦，陈万瑜. 泰国高中汉语教学"三教"问题分析及对策 [J]. 教育观察，2020（3）：98-130.

作。但是，泰国教育没有因此失去自己的民族文化特色。泰国教育深深地扎根于自己的文化传统和历史之中，表现出浓重的佛教文化特色。泰国教育在本土佛教文化和西方文化之间找到了很好的平衡，以自己独特的节奏变化着、发展着。

泰国是中国的友好邻邦，是中国"一带一路"倡议的积极支持者和践行者，在东盟国家中发挥着积极的影响。中国高度重视同泰国进行文化教育的交流合作，特别是两国建立正式外交关系以来，文化教育的交流合作获得了长足发展，取得了丰硕成果。在基础教育领域，中泰两国中小学开展了课程教学方面的交流研讨、校园文化建设的相互观摩；在高等教育领域，中泰两国更是成果喜人，互派留学生，高校教师交流，建立高校教育联盟，多方面多领域的学术会议交流，课程教学的研讨，人文活动交流，是中泰两国教育交流最活跃、最广泛、最深入、成果最丰硕的领域；在成人教育、职业教育领域，中泰两国也开展了互利共赢的合作，为两国培养了社会需要的专业人才，促进了经济社会发展。

汉语教育是中泰两国已经实现了友好交流合作的特殊领域。中华文化自古以来就对泰国产生了积极影响，汉语教学在其中发挥了不可比拟的作用。泰国是东南亚最早开办孔子学院的国家，也是开办孔子学院最多的东盟国家，还把汉语列入中小学课程。这既反映了中泰两国在语言文化方面的独特关系，也代表着中泰两国在文化教育交流与合作的水平与高度，是中泰两国友谊的象征。

站在新的历史发展节点上，中泰两国需要继续秉承平等协商、互利互惠、合作共赢的原则，以更大的气魄、更高的目标和要求、更加美好的愿景，开展更加务实、更广泛深入、更富有成效的交流与合作。这不仅需要继承已经获得的友好合作经验，在已经开展了良好合作的高等教育领域继续深化交流，拓展层次，提高质量水平，而且要不断拓展新的教育交流合作领域，特别是在目前比较薄弱的学前教育、成人教育、网络教育等领域，增加课程教学内容与方法、人才队伍建设、学校组织管理等多方面的交流活动，力争取得突破性进展。而要做到这些，中泰两国需要进一步在政府层面、学校层面和具体人员层面加强认真研究，真正找到共同关心的教育问题，切实弄清楚那些薄弱领域，探索更加有效的合作方式，建立更加便捷有效的合作机制，推动两国教育交流合作迈上新台阶。

我们期待中泰两国的文化教育交流合作有着更加美好的未来，期待中泰两国在"一带一路"倡议的美好愿景引领下，跨入更全面、更深入、更富有成效的新发展时期。

参考文献

一、中文文献

《畅游泰国》编辑部．泰国 [M]．北京：华夏出版社，2018．

《泰国攻略》编辑部．泰国攻略 [M]．北京：华夏出版社，2020．

北京师范大学中国教育与社会发展研究院"一带一路"国家教育发展研究课题组．"一带一路"国家教育发展研究 [M]．北京：北京师范大学出版社，2017．

本书编写组．习近平总书记教育重要论述讲义 [M]．北京：高等教育出版社，2020．

蔡昌卓．东盟基础教育 [M]．桂林：广西师范大学出版社，2014．

蔡昌卓．东盟教育概论 [M]．桂林：广西师范大学出版社，2015．

蔡昌卓．泰国教育 [M]．桂林：广西师范大学出版社，2020．

陈逢华，靳乔．阿尔巴尼亚文化教育研究 [M]．北京：外语教学与研究出版社，2021．

陈晖，熊韬，聂雯．泰国文化概论 [M]．广州：世界图书出版广东有限公司，2014．

陈晖，熊韬．泰国概论 [M]．广州：世界图书出版广东有限公司，2012．

陈艳艺．泰国汉语教育现状及规划研究 [M]．广州：世界图书出版广东有限公司，2016.

冯增俊，陈时见，项贤明 . 当代比较教育学 [M]. 2 版 . 北京：人民教育出版社，2015.

冯增俊，李志厚 . 泰国基础教育 [M]. 广州：广东教育出版社，2004.

顾明远 . 顾明远教育演讲录 [M]. 北京：人民教育出版社，2014.

国家信息中心"一带一路"大数据中心 ."一带一路"大数据报告（2016）[M]. 北京：商务印书馆，2016.

国家信息中心"一带一路"大数据中心 ."一带一路"大数据报告（2017）[M]. 北京：商务印书馆，2017.

国家信息中心"一带一路"大数据中心 ."一带一路"大数据报告（2018）[M]. 北京：商务印书馆，2018.

贺国庆，朱文富，等 . 外国职业教育通史 [M]. 北京：人民教育出版社，2014.

胡博巍 . 中泰文化教育交流与贸易发展探析 [M]. 延吉：延边大学出版社，2018.

黄雅婷 . 塔吉克斯坦文化教育研究 [M]. 北京：外语教学与研究出版社，2021.

教育部课题组 . 深入学习习近平关于教育的重要论述 [M]. 北京：人民出版社，2019.

阚阅，徐冰娜 . 泰国教育制度与政策研究 [M]. 北京：人民出版社，2020.

李洪峰，崔璨 . 塞内加尔文化教育研究 [M]. 北京：外语教学与研究出版社，2021.

李枭鹰，唐敏莉 . 泰国高等教育政策法规 [M]. 桂林：广西师范大学出版社，2013.

刘辰，孟炳君 . 阿联酋文化教育研究 [M]. 北京：外语教学与研究出版社，2021.

刘迪南，黄莹.蒙古国文化教育研究[M].北京：外语教学与研究出版社，2021.

刘捷.教育的追问与求索[M].北京：人民出版社，2021.

刘捷.专业化：挑战21世纪的教师[M].北京：教育科学出版社，2002.

刘进，张志强，孔繁盛."一带一路"高等教育研究（2019）：国际化展望[M].北京：北京理工大学出版社，2020.

刘生全.教育成层研究[M].北京：教育科学出版社，2011.

刘欣路，董琦.约旦文化教育研究[M].北京：外语教学与研究出版社，2021.

卢晓中.比较教育学[M].北京：人民教育出版社，2020.

陆有铨.教育的哲思与审视[M].北京：人民教育出版社，2016.

潘懋元.东南亚教育[M].南京：江苏教育出版社，1988.

强海燕.东南亚教育改革与发展（2000—2010）[M].广州：广东高等教育出版社，2010.

秦惠民，王名扬.高等教育与家庭流动[M].北京：科学出版社，2019.

秦惠民.教育法治与大学治理[M].北京：人民出版社，2021.

任钟印.东西方教育的覃思[M].北京：人民教育出版社，2017.

沈毅.泰国孔子学院语言文化传播研究[M].长春：吉林人民出版社，2019.

石筠弢.学前教育课程论[M].2版.北京：北京师范大学出版社，2014.

孙有中.跨文化研究论丛[M].北京：外语教学与研究出版社，2019.

滕大春.教育史研究与教育规律探索[M].北京：人民教育出版社，2019.

田禾，周方冶.泰国[M].3版.北京：社会科学文献出版社，2016.

王承绪，顾明远.比较教育[M].5版.北京：人民教育出版社，2015.

王定华，秦惠民.北外教育评论：第2辑[M].北京：外语教学与研究出版社，2021.

王定华，杨丹.人类命运的回响——中国共产党外语教育100年[M].北京：

外语教学与研究出版社，2021.

王定华. 教育路上行与思 [M]. 北京：人民出版社，2020.

王定华. 美国高等教育：观察与研究 [M]. 2版. 北京：人民教育出版社，2021.

王定华. 美国基础教育：观察与研究 [M]. 2版. 北京：人民教育出版社，2021.

王定华. 新时代高品质学校建设方略 [M]. 长春：东北师范大学出版社，2019.

王定华. 中国基础教育：观察与研究 [M]. 北京：人民教育出版社，2021.

王定华. 中国教师教育：观察与研究 [M]. 北京：人民教育出版社，2020.

王吉会，车迪. 刚果（布）文化教育研究 [M]. 北京：外语教学与研究出版社，2021.

王晶，刘冰洁. 摩洛哥文化教育研究 [M]. 北京：外语教学与研究出版社，2021.

王名扬. 美国公立研究型大学内部质量改进的实证研究 [M]. 北京：中国社会科学出版社，2020.

吴式颖，李明德. 外国教育史教程 [M]. 3版. 北京：人民教育出版社，2015.

习近平. 论坚持推动构建人类命运共同体 [M]. 北京：中央文献出版社，2018.

习近平. 习近平谈"一带一路" [M]. 北京：中央文献出版社，2018.

谢维和. 我的教育觉悟 [M]. 北京：人民教育出版社，2016.

杨汉清. 比较教育学 [M]. 3版. 北京：人民教育出版社，2015.

杨鲁新，王乐凡. 北马其顿文化教育研究 [M]. 北京：外语教学与研究出版社，2021.

叶曙明. 泰国华侨华人史话 [M]. 广州：广东教育出版社，2018.

易朝晖. 泰国国家概况 [M]. 重庆：重庆大学出版社，2013.

苑大勇. 国际高等教育协同创新与人才培养比较研究[M]. 北京：知识产权出版社，2020.

张德祥，李枭鹰. 越南、老挝、泰国、柬埔寨、缅甸教育政策法规[M]. 大连：大连理工大学出版社，2019.

张方方，李丛. 安哥拉文化教育研究[M]. 北京：外语教学与研究出版社，2021.

张弘，陈春侠. 乌克兰文化教育研究[M]. 北京：外语教学与研究出版社，2021.

郑通涛，方环海，陈荣岚. "一带一路"视角下的教育发展研究[M]. 广州：世界图书出版广东有限公司，2017.

中山大学东南亚史研究所. 泰国史[M]. 广州：广东人民出版社，1987.

朱睿智，杨傲然. 莫桑比克文化教育研究[M]. 北京：外语教学与研究出版社，2021.

二、外文文献

OECD/UNESCO. Education in Thailand: An OECD-UNESCO perspective, reviews of national policies for education[M]. Paris: OECD publishing, 2016.

Office of the Education Council of Ministry of Education. Education in Thailand[M]. Bangkok: OEC, 2017.

กระทรวงศึกษาธิการ. คู่มือการดำเนินงานหลักสูตรการศึกษานอกระบบระดับการศึกษาขั้นพื้นฐาน พุทธศักราช 2551 (ฉบับปรับปรุง พุทธศักราช 2555)[M]. กรุงเทพมหานคร: รังษีการพิมพ์, 2012.

กระทรวงศึกษาธิการ. แผนปฏิบัติราชการ ประจำปีงบประมาณ พ.ศ. 2563 (ฉบับปรับปรุงตามงบประมาณที่ได้รับจัดสรร)[M]. กรุงเทพมหานคร: ม.ป.พ, 2020.

กระทรวงศึกษาธิการ. รายงานผลการดำเนินงานสำนักงาน กศน. ประจำปีงบประมาณ พ.ศ. 2562[M]. กรุงเทพ: ม.ป.พ, 2019.

กระทรวงศึกษาธิการ. แนวทางการจัดทำรายงานการประเมินตนเองของสถานศึกษาตามมาตรฐานการศึกษานอกระบบและการศึกษาตามอัธยาศัย พ.ศ. 2562[M]. กรุงเทพ: ม.ป.พ, 2020.

สำนักงานปลัดกระทรวงศึกษาธิการ. คู่มือนักศึกษา กศน. 2563[M]. สงขลา: ม.ป.พ, 2020.

สำนักงานเลขาธิการสภาการศึกษา กระทรวงศึกษาธิการ. แผนการศึกษาแห่งชาติ พ.ศ. 2560—2579 [M]. กรุงเทพมหานคร: บริษัท พริกหวานกราฟฟิค จำกัด, 2017.

สำนักงานเลขาธิการสภาการศึกษา. สภาวะการศึกษาไทย 2561/2562 การปฏิรูปการศึกษาในยุคดิจิทัล[M]. กรุงเทพฯ: สำนักงานเลขาธิการสภาการศึกษา, 2018.

สุนทร สุนันท์ชัย. หลักและปรัชญาการศึกษาตลอดชีวิต[M]. นนทบุรี: โรงพิมพ์มหาวิทยาลัยสุโขทัยธรรมาธิราช, 1989.

เสาวนีย์ เลวัลย์. เอกสารประกอบการสอนวิชาการวางแผนงานและการประเมินผลการศึกษาผู้ใหญ่ มหาวิทยาลัยศรีนครินทรวิโรฒ[M]. กรุงเทพ: ม.ป.พ, 1993.

หน่วยศึกษานิเทศก์ กระทรวงศึกษาธิการ.คัมภีร์ กศน[M]. กรุงเทพมหานคร: หจก. เอ็น.เอ.รัตนะเทรดดิ้ง, 2020.